# 〈インディアン〉と〈市民〉のはざまで

## 合衆国南西部における先住社会の再編過程

水野由美子 著
Yumiko Mizuno

名古屋大学出版会

〈インディアン〉と〈市民〉のはざまで　目　次

その出発のときからアメリカ合衆国は開拓国家をもって自任してきた。

――フェルナン・ブローデル『文明の文法II――世界史講義』

# 序章

合衆国の領土内で出生したすべての非市民のインディアン（all non-citizen Indian）は、合衆国市民であることをここに宣言する。ただし、シティズンシップ（citizenship）の付与は、トライバルな、あるいは他の形態の財産に対してすべてのインディアンが有している権利を侵害するものではない。

——一九二四年制定の通称「インディアン市民権《シティズンシップ》法」(1)

一九六〇年代の合衆国における「エスニック・リバイバル」以降、先住民（ネイティヴ・アメリカン）の歴史的経験は、他のマイノリティ集団の事例とのアナロジーで論じられてきた。その基調は、アフリカ系やアジア系などの「人種」マイノリティと同様に、先住民も長らく「市民」としての「十全な権利の行使を拒否」されてきたというものである。たとえば、デレク・ヒーター（Derek Heater）は、『市民権とは何か』と題した著書のなかで、合衆国のアフリカ系アメリカ人や先住民と市民権《シティズンシップ》の関係について、以下のように述べている。

独立宣言から三世代もの間（一八六三年の奴隷解放まで）、何百万ものアフリカ系アメリカ人は非市民であるばかりでなく、自由でさえなかったのである。そして憲法修正第一四条・一五条が南北戦争後に追加されて、人種や肌の色にかかわりなく平等な公民的・政治的権利が付与されたが、それにもかかわらず広範な差別と排斥的暴力に対する対策はいささかも考慮されなかった。…中略…

　われわれはここでまた、一九世紀において本格的な大量虐殺の対象であった先住民《ネイティヴ・アメリカン》が、米国市民の地位の付与対象に数えられなかった事実を付け加えることもできよう。実際、一九二四年になってはじめて彼らは出生時に自動的に市民権《シティズンシップ》が付与されるようになったのである。[2]

ヒーターは、州による市民権《シティズンシップ》侵害の禁止や「人種」などを理由とした投票権拒否の禁止を定めた憲法修正第一四条（一八六八年）・修正第一五条（一八七〇年）にもかかわらず、「市民」としての「十全な権利の行使を拒否されてきた」代表的な事例として、アフリカ系アメリカ人やアメリカ先住民に言及している。続いて、「市民権《シティズンシップ》は今までも、また今も理想的な形で実現されて」いないと述べ、「市民の法的地位をもつが、しかし差別のせいで実際には十全な権利の行使を拒否されている」「二流市民」の典型として、両者を同列に論じている。[3]この文脈では、先住民はアフリカ系アメリカ人と同じく「二流市民」として位置づけられているのである。

　この種の議論はすでに通説視されており、学術書や一般向けの概説書における歴史叙述の前提となっている。もちろん、アフリカ系アメリカ人と同様に、先住民もさまざまな「差別」や「抑圧」を経験してきた。このことは論を待たない。

　しかしそれと同時に、先住民＝「二流市民」説では説明できない事実も存在する。一例として、合衆国憲法第一条の「課税されないインディアン」という文言を取り上げたい。何の税金がなぜ「課税されない」のだろうか。この単純な問いに答えるためには、ある権利の「受給資格《エンタイトルメント》」としての「インディアン」という視点は欠かすことができない。その際、「インディアン」という法的地位を、さまざまな権利と義務の集積（あるいは「モザイク」[4]）として捉えることが肝要となる。そうすれば、「インディアン」に対する免税とは、インディアン個人ではなく、ある土地の所有権は永遠にインディアンのものであると定める条約や協定に依拠した一定の形態の財産に起因する特性」[5]であることが理解できよう。この一事をもってしても、通説の先住民＝「二流市民」説では解明できない、「インディアン」という法的地位に付随する固有の権利・義務があることがわかる。

## *1*　本書の主題

合衆国は、建国以来、ある特定の集団に「インディアン」という法的地位を付与し、「市民」とは明らかに異なる処遇をしてきたことは厳然たる事実である。しかし、「インディアン」という法的地位を論じるにあたっては、いくつか確認しておくべき事実関係がある。

第一に、「インディアン」という用語の定義についてである。法学者フィリクス・コーエン（Felix Cohen）によれば、「対インディアン政策という点で連邦政府が交渉相手としているのは、インディアン・トライブという政体（political entities）の成員あるいはその子孫であって、特定の人種に属する個人ではない」。さらにコーエンは、「インディアン」という用語を用いる際には、民族学的概念と法的概念を区別することは非常に重要であると指摘している[6]。このことは、成員の意思や帰属意識にかかわりなく国家によって認定されない限り、ある集団は「インディアン」（厳密には特定の「○○トライブ」）という法的地位を得られないことを意味している。この「法的地位《ステイタス》」という視点は、「インディアン」という語がもっぱら民族学的な意味で用いられてきた日本においては、等閑に付される傾向があったのではないだろうか[7]。

ただし合衆国においても、「インディアン」という用語はもっぱら民族学的な意味で用いられてきた。たとえば、アレクサンダー・サクストン（Alexander Saxton）は、「ヨーロッパ出身の北米人は、インディアン、アフリカ人、東洋人という三つの人種的対峙を経験した」と述べ、「インディアン」を「人種的」マイノリティのひとつと捉えている。また、一九六〇年代の「エスニック・リバイバル」以降、「人種的マイノリティ」や「エスニック・グループ」のひとつとして、「インディアン」の事例をアフリカ系やラティーノ/ナ、アジア系の歴史的経験と同列に論じる傾向が強まった。(8) けれども、このような「人種」・「民族」パラダイムでは、「インディアン」をさまざまな「権利・義務関係が付着した法的地位」(9)として捉えることができないという欠点がある。

さらに上述の「人種」・「民族」パラダイムでは、法的概念としての「インディアン」の恣意性や両義性を解明することができないという、より重要な問題点が挙げられる。領土膨張の過程において、国家側がある先住社会を「インディアン」として同定・分類した/しなかったことの意味は、合衆国という近代国民国家の形成と国民統合の過程における本質的な問題である。にもかかわらず、民族学的な「インディアン」概念と法的なそれとを混同したままの従来の歴史叙述においては、その意義は不問に付されてきた（詳細な研究史については次節を参照）。

それに対し、法的な意味と民族学的な意味の「インディアン」を区別して前者に注目することによって、以下のような問いを立てることが可能となる。まず、誰が誰に対してどのような事実経過のなかで「インディアン」という法的地位を付与・認定し、あるいはしなかったのだろうか。また、そのことは「インディアン」と同定された側からみて、どのような権利や義務（制約）として認識されたのだろうか。法的概念としての「インディアン」の生成過程に着目することによって、その恣意性・政治性が明らかになり、その歴史的意義を解明することが可能となろう。(10)

第二に、「インディアン」という法的概念と「市民」概念との関連についてである。ここで、一八八九年に内務省インディアン局長に就任したトーマス・モーガン（Thomas F. Morgan）による年次報告書の一部をみてみよう。

モーガンの所信を披瀝したこの報告書は、同化主義を唱えた政策論の典型として、後世の研究者のあいだでも広く知られている。そこには、先住民行政における基本方針として、次の三点を含む七項目が挙げられている。

第一に、わが国においてインディアンが占める変則的な地位は、以後、廃止されるべきである。保留地システムはいわば「滅びゆく部類のもの」に属しており、ただちに消滅すべきである。

第二に、そのための論理的帰結として、インディアンに対しては、インディアンとしてではなくアメリカ市民として、われわれの国民的生活へ同化することがいまや求められている。

第三に、…中略…インディアンと合衆国政府との関係は、彼らの個人性を承認するという前提にのみ依拠しなければならない。すべてのインディアンは、一人の成人として処遇されなければならず、成人の権利と特権を享受し、なおかつ義務を果たさねばならない。(11)

ここで、「インディアン」という法的身分に対置されているのは、「アメリカ市民」であるという点に留意したい。モーガンの主張は、一言でいえば、ある集団のみに認められた「インディアン」という「変則的な」法的身分を解消すべきだというものだった。具体的には、保留地制度を廃止し、その居住者を「インディアン」としてではなく個々の「市民」として処遇すべきであると訴えたのである。そして一八八〇年代以降、「インディアン」という法的地位に対しては「変則的」という形容が広く用いられるようになり、その解消が最大の政策目標となった。(12)「インディアン」の法的地位＝「変則的」という図式的理解は、単に一九世紀末の政策論にとどまらず、後世の歴史叙述の前提にもなっている。従来の歴史叙述においては、「インディアン」＝「変則的」な法的地位との理解に基づき、「市民」という法的身分を事実解釈の基準として、「変則」である「インディアン」を論じるという傾向が強い。けれども、「市民」を基準として、「インディアン」という法的身分を「変則」あるいは「逸脱」として捉えるアプローチでは、「インディアン」の「二流市民」的側面、つまり「市民としての権利の剝奪・一部否定」という側面のみが強調されやすい。その結果、「インディアン」=「二流市民」説が定着することになった。

しかし、市民対非市民の二項対立の図式に性急に当てはめてしまうと、「インディアン」という法的身分に伴う権利と義務の体系そのものへの考察がなおざりにされてしまうのである。実際のところ、「インディアン」固有の権利・義務について、具体的には一定の土地の「占有権」や「課税されない」権利などの諸権利や共有財産を継承する義務（保留地内の私的占有地の売却禁止など）について、事実関係を正確に理解することはそれほど容易ではない。

もちろん、近年の先住民史研究においては、「インディアン」という法的地位自体の特性や両義性が論じられてきた。従来の研究では、一八三一年の最高裁判決（チェロキー・ネイション対ジョージア事件判決）以来頻繁に用いられるようになった「国内従属国家」（domestic dependent nations）や「インディアン」と合衆国の「後見関係」（guardianship/wardship）といった概念を用いて、「インディアン」という法的地位の特殊性が指摘されてきた。[13]「インディアン」という法的地位について、「市民」を基準として「逸脱」や「変則」と捉えるのではなく、それ自体の特性を見極めようという姿勢には共感をおぼえる。

けれども、「インディアン」という法的地位の特性を把握するためには、このようなアプローチではまだ不十分である。最大の問題点は、「国内従属国家」や「後見関係」といった概念が、正確に定義されずに分析概念として用いられている点である。そもそも、「国内従属国家」・「後見関係」論の発端は、上述の一八三一年の最高裁判決の判決文で用いられたアナロジーにすぎず、先住民政策史の実証研究によって裏付けられたものではない。[14]たしかに、一八三一年の判決には、合衆国と特定トライブとの関係を「後見人に対する被後見人の関係に類似している（resemble）」と述べた一文がある（強調は引用者）。これに関して、ある法学者は次のような問題点を指摘している。

これはアナロジーであったにもかかわらず、「一旦、『後見関係』(guardianship) や『被後見人』(ward) といった用語が使われると」用語のみが一人歩きしてしまい、「通常用いられている法的な意味と混同される」おそれが生じてしまったという。そして、「インディアン」(という政体の成員) 個人について、(たとえば精神障害などの理由によって選挙権の行使等に制約を課すケースと同様に)「後見を受ける」地位に属するかどうかに関しては、司法内で見解の対立がみられると指摘している。(15) このように、「国内従属国家」・「後見関係」論は、先住民政策史の実証研究によって構築されたものではない。それにもかかわらず、「インディアン」という法的地位をめぐる理念と実態の整合・乖離を検証する作業は十分になされてこなかったのである。

より具体的にいえば、先行研究においては、「国内従属国家」や「後見関係」といった抽象的な概念があたかも具体的な権利や義務を規定しているかのようにみなし、個々の法規や特定集団に対する施策を直ちにこれらの概念と結びつけて解釈してしまう傾向がみられる。しかし現実には、ある集団が法的な意味での「インディアン」であるのかどうかといった点についてさえ、連邦・州それぞれの立法・行政・司法の三権のあいだで、真っ向から対立する見解がみられたケースは多数存在している。本論で詳述することになるが、ある集団がある局面においては「インディアン」として処遇されたにもかかわらず、別の文脈では「市民」と認定された事例は枚挙にいとまがない。したがって、ひとつの史実について、それをただちに「国内従属国家」や「後見関係」といった修辞的な構図に結びつけるのではなく、関連史実を精査したうえで具体的な意味内容を明らかにしなければならないのである。

第三に、「インディアン」と「市民権《シティズンシップ》」という法的地位の関連についてである。英国の社会学者T・H・マーシャル (T. H. Marshall) は、市民権《シティズンシップ》を以下のように定義している。

シティズンシップとは、ある共同社会の完全な成員である人びとに与えられた地位身分である。この地位身分を持っているすべての人びとは、その地位身分に付与された権利と義務において平等である。そうした権利や義務がどのようなものとなるかを決定するような普遍的原理は存在しない。[16]

ここで、冒頭に引用した一九二四年制定の通称「インディアン市民権《シティズンシップ》法」（以下、二四年市民権法と略記）をみてみよう。この法律により、「インディアン」は「トライバルな、あるいは他の形態の財産に対して」有している権利は引き続き享受しつつ、「市民権《シティズンシップ》」＝「市民たる権利・義務関係が付着した法的地位」を付与されることになった。とくに注目したいのは、同法の後半部分の文言である。「トライバル」な財産とは、連邦政府の信託地である保留地やその土地に付随する採掘権など、国家によって「インディアン」（厳密には特定の「〇〇トライブ」）と同定された集団の共有財産を意味している。同法によれば、「インディアン」は、市民権《シティズンシップ》付与後も引き続き「トライバル」な財産権を享受するという。「インディアン・トライブ」の一員として、「市民」には認められていない権利を保持しながら、市民たる権利を行使することには、何の矛盾も留保もないのだろうか。

先住民史に関連する既存の研究書や概説書の多くは、何らかの形で二四年市民権法に言及してきた。その大半は、同法にみられる「インディアン」への市民権《シティズンシップ》付与と「トライバル」な関係の保持という両義性について指摘している。たとえば、歴史学者のフレデリック・ホクシー（Frederick Hoxie）は次のように述べている。二四年市民権法は、一九世紀末以来の「同化キャンペーン」——先住民から主権を剥奪し主流社会への統合を唱える「改革者」の主張や運動——の完成を意味するものであったものの、先住民の「市民としての権利」は、「人種的劣等性」に基づく「後見関係」——合衆国によって後見を受ける法的身分——によって制約を受けたという。[17]同法に関するこうした叙述は既存の研究書や概説書にもみられ、いわば通説視されている。けれども、二四年市民権法で何がどう変わったのか、あるいは変わらなかったのかが不明でありながら、「同化政策」・「同化主義」の完成と言い切られている点に対しては、疑問が残る。もし同法によって同化政策が完成したのならば、合衆国の建国以来、現在も厳然と存在している保留地の存立基盤や、「市民」とは異なる「インディアン」という法的地位の存続については、どう説明するのだろうか。また、ホクシーによる一文の後半部分によると、「インディアン」という法的地位に付随する権利・義務と「市民」のそれとのあいだには、何らかの齟齬があったことがうかがえる。しかし従来の研究では、「インディアン」という法的地位が保持されつつ市民権《シティズンシップ》が付与されるとはどういうことなのか、史料と史実に立脚した論証はなされてこなかったのである。このことは、当時の事実関係のなかで、「インディアン」／「市民」という法的地位に付随する権利・義務の具体的内容を把握する必要があることを示唆している。

以上のような問題関心から、本書の課題を以下のように設定する。本書では、「インディアン」かつ「市民」という両義的な法的地位におかれていた典型例であるプエブロとナヴァホ[18]の事例に即して、「インディアン」と同定することと／されることの通時的・共時的な意義を検討し、さらに「インディアン」と対置されていた「市民」概念の歴史性・政治性を逆照射することを課題とする。元来、「インディアン」という法的地位は、合衆国の領土膨張の過程で国家側によって創出されたものである。したがって、「インディアン」という法的概念の発展動向と実践過程を跡付ける作業は、必然的に、合衆国という国民国家の形成過程や「市民」の生成過程についても再考を促す。本書では、「インディアン」という法的カテゴリーの歴史的生成・変容過程に注目することによって、「市民」であるという地位と実践についても新たな視点を提供することを目的とする。この比較の視点によって、これまで等閑に付されてきた側面――「市民」への包摂の暴力性や市民権《シティズンシップ》の範囲と限界――について考察を加えることが可能となるだろう。

具体的な研究方法としては、かつて国家によって「インディアン」と同定された集団が「市民」でもあると宣言された一九二〇年代から四〇年代前半に主に焦点を当て、「インディアン」／「市民」という法的地位に為政者側・先住諸社会側それぞれがどのような可能性と限界があると考えたのかを具体的・内在的に考察していく。なお、本書のような歴史実証研究の場合、設定した主題に合わせて事例研究の対象を適切に選定することが肝要となる。たとえば、「インディアン」という法的地位を自発的に放棄した人々や、「インディアン」という法的地位を暴力的手段によって一方的に剥奪された先住社会の事例については、本書では扱わない。なぜなら、これらの事例からは、「インディアン」という法的地位の生成・変容過程や、その地位から派生した「受給資格《エンタイトルメント》」の内実を通時的に検証することはできないからである。

本書において、プエブロとナヴァホ（と合衆国によって認定された先住社会）という二つの先住社会に注目する理由は、以下の通りである。まず両先住社会は、南西部の自然環境と生活空間を共有し、米墨戦争（一八四六〜四八年）後の同じ時期に合衆国によって併合された。そして一九世紀半ばから現在に至るまでの約一五〇年間、連邦政府（内務省インディアン局）は、両者を実質的に「インディアン」として処遇し、不十分ながらも保留地を画定して維持してきた。この土地基盤の安定が一助となり、両先住社会では、既存の社会組織や生業経済の基盤が短期間のうちに根底から覆されることはなかった。つまり、両先住社会は、「インディアン」という法的地位の解消を第一義とする一九世紀的な同化政策の対象とはならなかった（「インディアン」という法的身分と保留地制度は温存された）典型である。またそれゆえに、無計画な保留地解体策の弊害が明らかとなった一九二〇年代以降、両先住社会は、保留地を基盤とした諸改革の重点施策地域となった。したがって、「インディアン」／「市民」という法的地位が並存していた両先住社会の事例を取り上げ、理念と実態の整合・乖離を精査することによって、この二つの法的地位それぞれに付随する権利・義務関係を具体的に把握することができよう。さらに、それぞれの先住社会側の論理もあわせて論じることで、「インディアン」／「市民」という法的概念を当時の事実経過のなかで再検討することが可能となる。

本書においては、国家側による命名という法的措置を含めて、誰がどのような文脈においてどの集団を「インディアン」あるいは「市民」とみなしたのか、そしてそれに対して当該先住社会側ではどのような対応がみられたのかを検証する作業を重視する。とりわけ、為政者側とプエブロ側・ナヴァホ側それぞれが「インディアン」や「市民」といった法的地位に託した願望や認識のずれに着目し、それが意味するところを分析していく。それによって、「インディアン」／「市民」といった命名作業は、場当たり主義と形容すべき曖昧さと矛盾に満ちたものであったことを示すとともに、非対称的な権力構造におかれた被支配側にも多様な対応策や戦略がみられたことを浮き彫りにする。そしてその過程で、「強大で一枚岩的な支配側」や「無力な犠牲者である被支配側」を単純に措定することはできないことを示してゆく。

とりわけ、法的地位としての「インディアン」の権利や義務を論じる場合には、法理と実態の整合と乖離を検証する作業は欠かすことができない。「どのような関心や圧力によって、様々な権利［・義務］が生まれてきたのか、この点を適切に理解しない限り、特定の諸権利［・義務］がどのような意義を有しているのか、という点を正確には理解できない」[19]（［　］内は引用者。以下同様）からである。したがって個々の論争や施策において、「インディアン」／「市民」という法的身分それぞれに伴う権利・義務関係の集積（「モザイク」）のうち、どこが具体的に争点になっているのか、あるいは捨象されているのかについて、その背景や過程を検証していく必要がある。また、「インディアン」かつ「市民」という曖昧な法的地位について、ある局面ではその曖昧さが問題化され、別の文脈では黙殺されてきたのならば、その歴史的意義を読み解かなければならない。その過程で、「インディアン」という法的地位を付与された側からみれば、「市民」という法的地位《ステイタス》は、自明な「正則」では決してなかったことも明らかになるだろう。

このような主題は、合衆国史に限定された特殊なものではない。本書の主題を世界史的な文脈に位置づける際には、「分節社会」（a segmentary society）という人類学的概念が有用であろう。ここでいう「分節」とは、アーネスト・ゲルナー（Ernest Gellner）によれば、「それが一部をなすところのより大きな社会の小さな変形にすぎず、より大きな単位で行われることをすべてより小さな規模で行いうる」ということであり、「分節社会」とは独力で自己再生産が可能な社会を意味する。[20] この概念を用いれば、本書の主題は次のように設定される。それは、「大規模で集権化された」近代国民国家によって主権を一方的に宣言された「分節社会」の歴史的事例研究を通じて、近代国民国家の成立によって所与のものとされた「市民」という概念について、その範囲や限界も含めて再解釈・再検討することである。さらに、本論での歴史的実証研究に基づき、「国民国家が近代の唯一の器とみなされるようなそうした世界史観全体[21]」を批判的に捉えなおすための問題提起をしていきたい。

本書の課題をこのように設定した場合、ここでいくつかのキーワードを定義しておく必要がある。

まず、「インディアン」/「インディアン・トライブ」とは、前述のコーエンにならい、「国家（連邦政府・連邦議会）によって認定されたインディアン・トライブというある政体の成員あるいはその子孫」（強調は引用者）を指す法的概念であると定義する。そして、引用文中や部局名（たとえば「内務省インディアン局」など）、あるいは法的概念であることを限定・強調する必要のある場合は「インディアン」/「インディアン・トライブ」（あるいは特定の「〇〇トライブ」）という用語を用いることとする。それに対し、ヨーロッパ人入植以前から北米大陸に居住していた人々の総称として——国家による認定の有無に必ずしも限定されない民族学的概念として——「先住民」（または「先住社会」）という用語を使用する。

次に、「市民」（citizen）とは、「ある政治的共同体の構成員であり、政治的共同体に忠誠義務を負う[22]」者を指す。

それに対して「国民」（national）とは、当該国の「国籍を持つ者」と定義する。合衆国の移民および国籍法では、「合衆国の国民」とは、「合衆国の市民、または合衆国の市民ではないものの合衆国へ永久的忠誠を誓う者」と規定されている。現在では、アメリカン・サモアやスウェイン島で生まれた人々が「市民ではない国民」（non-citizen national）であるとされる。法学者の近藤敦によれば、「市民ではない国民は、アメリカ国籍を対外的に証明するパスポートをもつが、合衆国憲法が保障する参政権をはじめとする市民権を持たない国民」である。[23] なお、本書が対象とする一九世紀後半以降の南西部においては、かつてのメキシコ領居住者は、一旦「市民ではない国民」との法的地位を付与されている。したがって、本書の関心からいえば、上述の意味で「市民」と「国民」を分別することは重要である。

最後に、「市民権《シティズンシップ》」については、「市民」と政治共同体とのあいだの権利・義務関係の集積、およびそれらが付着した法的地位と定義する。[24] 従来、citizenship は「市民権」と訳されてきた。しかし、上述のマーシャル論文の翻訳者である岩崎信彦と中村健吾が指摘するように、「市民権」と訳してしまうと、「成員資格（membership）や地位身分（status）というニュアンスが伝えられず義務の側面が軽視され」るという問題点がある。加えて、「市民権」という訳語は、「市民的権利」（civil rights）や「市民の権利」と混同されたり、「国籍や参政権といった狭い意味で使われることが多い」という問題点も指摘されている。[25] そのため、主に政治学や社会学の分野では、「シティズンシップ」とカタカナで表記する論者も増えてきている。ただし合衆国史研究においては、「市民権」という訳語はこれまで広く用いられてきたため、本書では、「市民権《シティズンシップ》」と振り仮名をつけた形で表記する。

## 2　合衆国と日本における先行研究の特徴と本書の位置づけ

以下では、本書に関連する範囲で、合衆国の人類学界と歴史学界における研究動向の概略を述べたい。合衆国での先住民研究を牽引してきたのは、歴史学者ではなく人類学者だったからである。次に、日本における先住民研究について主に歴史学界での動向と特徴を把握したうえで、本書の位置づけと構成について述べる。

### 人類学と歴史学――合衆国における先住民研究

二〇世紀以降の合衆国における先住民研究の二つの大きな流れとしては、人類学の分野での特定の先住社会に特化した研究と、歴史学の分野における政治・政策史の文脈での研究が挙げられる。ここでは、両分野における先住民研究の足跡を略述しておこう。

まず人類学界においては、二〇世紀初頭に、「近代アメリカ人類学の父」フランツ・ボアズ（Franz Boas）やその門下生など、いわゆる「黄金時代」を築き上げた研究者によるフィールドワークに基づく精緻な記述を特徴とする研究が次々と現れた。この時期には、L・H・モーガン（L. H. Morgan）以来の単線的進化主義が依拠していた発展的・進化的意味を含む単数形の文化概念から、相対的な複数形の文化概念への移行がみられ、先住民の諸文化は個別的な特性をもつひとつの有機体として捉えられるようになった。(26) しかし、社会進化主義に反発して打ち出されたこのような文化相対主義的な文化理論にも、現時点からみれば問題がないわけではない。内堀基光が指摘するように、「名指しされた人間集団」とその文化を固定的に同一視する傾向、つまり文化の本質主義的な見方を助長するという「わな」があったからである。(27) ただしここでは、人類学の学説史について詳述するいとまはないため、本書の目的にあわせて以下の二点を確認しておきたい。一つには、文化相対主義的な文化概念（とそれに基づく先住民文化観）は、現在はともかく一九二〇年代〜三〇年代においては、ラディカルな主張であったという事実である。そして第二に、当時の人類学界においては、その功罪はともかく、先住社会は国内の異文化社会として重要な「研究対象」とみなされていた点である。

人類学者は、当然ながら歴史的実証研究を第一の研究対象とはしていない。しかし、一九四〇年代には、先住民研究に従事する人類学者のあいだで歴史学的研究への関心が高まった。その背景には、実社会からの実践的要請があった。過去の不当な土地取引に関する補償手続きを定めた一九四六年インディアン請求委員会法[28]の制定後、多くの人類学者が「インディアンの専門家」として法廷や連邦聴聞会などの場で証言や情報提供を求められるようになったからである。これがひとつの契機となり、一九四〇年代から五〇年代の人類学界においては、民族誌の「歴史化」が盛んに行われるようになった。

続いて一九六〇年代以降には、先住民研究を牽引してきた人類学界に対して、先住民の知識人による人類学批判が高まった。その急先鋒がコロラド大学教授（当時）のヴァイン・デロリア・ジュニア（Vine Deloria Jr.）であった。スー（Sioux）と呼ばれるトライブ出身のデロリアは、一九六九年に出版された著書『カスターは汝の罪を背負いて死せり』のなかで、辛らつな人類学批判を展開したことで知られている。デロリアは、人類学者の研究を「知識のための知識」を量産しているにすぎず、「われわれのために何か手助けをしてくれることなどない人々の…中略…観察の対象になる必要はない」と喝破した。そして、学者たちは「大学というトーテムポール」の頂点を極めるために「インディアンの人々」を利用しているにすぎないと断じたのである[29]。デロリアは、いわゆる「西洋による他者の表象の政治性・歴史性[30]」の問題を俎上にのせたのである。

デロリアによる同書に対しては、人類学界において大きな反響と反発が巻き起こった。ある人類学者によると、デロリアの著書を取り上げた一九七〇年のアメリカ人類学会の会合は、「まるで自虐的な儀式のようであり、それ以降、同学会の会合では、同様の雰囲気が支配するようになった」という。[31] ただし、感情的な反発だけではなく、冷静な対応もみられた。たとえば、翌年の同学会総会では、フィールドワークを行う際の注意事項をまとめた倫理行動基準が採択されている。また一九九七年には、それより約一八年前のデロリアによる人類学批判論に関するシンポジウムが開催され、人類学と植民地主義の関連を批判的に検討するという目的で論文集も刊行された。[32]

現在でも人類学界においては、先住民研究に限らず過去の人類学的な研究業績全般にかかわる問題について、真摯な論議と模索が繰り返されている。具体的には、旧来の人類学における歴史的文脈を軽視した「民族誌的現在」への批判、先住民などの「被支配者」を「部族《トライブ》」として同定・分類してきた「本質主義」的な認識への批判、人類学と植民地主義とのかかわりの再検討などである。さらに一九九〇年代以降のポストコロニアル研究の興隆を受けて、これらのテーマは各種学会で常に論じられている。

他方の歴史学界においては、先住民の存在を無視するいわば「否認のパラダイム」は長らく挑戦を受けることがなかった。人類学界とは対照的に、一九六〇年代以前までの歴史学界においては、先住民研究は人類学の領域に属し、アメリカ合衆国史を専攻する者の研究対象ではないという「常識」があったといわれている。たとえば、一九五〇年代に大学院生だったロバート・バークホッファー（Robert Berkhofer）は、ある高名な歴史家からこう諭されたという。「インディアン史はアメリカ史の一部ではない」から、先住民関連のテーマを選ぶことは、「歴史学者としての職歴を築く上で不利になる」。[33] その背景には、合衆国においては建国以来、国家が特定の集団に対して、「外国人」ではないが「市民」とは異なる「インディアン」という法的身分を付与してきたという事情があった。そのため、「インディアン」は外交史と国内史いずれの対象にもなりにくく、取り上げられるとすれば例外・特殊な事例として単独に扱われるにとどまった。

歴史学界において先住民研究をめぐる「常識」が揺らぎはじめた契機は、一九五〇年代半ば以降の公民権運動の高揚や「第三世界」の台頭である。当時、アメリカ史を専攻していた大学院生にとって、国内の民族的・文化的マイノリティの存在は無視できないものとなった。こうした社会状況の変化に対応して、歴史学における先住民研究は、まず制度・政策史研究の分野において盛んになった。その最大の成果は、連邦政策批判という実践的な関心を抱く研究者が、従来の歴史学界では対象外とみなされてきた先住民に焦点を当て、とくに支配─被支配の構造のなかで連邦政府の先住民政策の変遷を検証した点にあるといえるだろう。(34) しかし、この政策史的アプローチにも問題がなかったわけではない。第一に、先住民諸集団の主体性や多様性、流動性などは捨象されるきらいがあったという点が挙げられる。(35) その結果、「インディアン」(あるいは特定の「〇〇トライブ」)という本質主義的な集団を措定し、単純で直線的なナラティヴにすべてが還元されてしまうという弱点があった。また第二に、制度・政策史研究では、法令の制定過程や為政者側の言説分析に重点がおかれるため、法令の施行過程や諸施策の実態の検証は後回しになるという問題点もあった。一例として、保留地の個別割当てを目的とした一八八七年一般土地割当法(通称ドーズ法)を挙げたい。同法は、アメリカ史の概説書でも必ず言及される重要な法令である(詳しくは第1章参照)。しかし、本書が対象とする南西部では施行されていない。このように、法令が成立したことと(その施行の有無を含めた)実態とは別個の問題であるにもかかわらず、この差異は、制度・政策史的研究では往々にして軽視されてきた。ところが、当然ながら先住民にとっては、ある法律の制定過程のみならず、それが自らに適用されるか否かが極めて重要な関心事となる。本書において、法律の制定過程よりもむしろ、施行過程やその実態を重視するゆえんは、ここにある。

続いて一九七〇年代以降には、従来の制度・政策史偏重を批判する形で、先住民の主体性を前提とした社会史研究が盛んになった。ここでは、本書と直接関連する西部史(Western History)研究の興隆とその特色について把握しておこう。

一九八〇年代前後から、アメリカ史学界において長らく傍流的位置にあった西部史が脚光を浴びるようになった。とりわけ、硬直していた西部史観を脱却しようとする「新しい西部史」研究が盛んになった。歴史学者のパトリシア・リメリック（Patricia Limerick）は、自らが主導する「新しい西部史」を次のように定義している。「新しい西部史」の研究者とは、「フロンティア」という概念の「民族主義的で人種差別的」側面に自覚的であり、「侵略、征服、植民地化、収奪、開発、世界市場の拡張」といった概念を用いて西部社会の形成と変遷を論じる研究者の自他称である。さらに、当該地域の歴史を「男性と女性、インディアン、ヨーロッパ人、ラテンアメリカ人、アジア人、アフリカ系アメリカ人といった多様な人々が流入・遭遇し、また自然環境とも相対する」場とみなす立場であるという(36)。そして、リメリックやリチャード・ホワイト（Richard White）などの歴史学者によって、合衆国西部を舞台とした従来の歴史叙述が再検討されることになった(37)。

「新しい西部史」を標榜する研究者に共通する特徴として、一九世紀末に歴史学者フレデリック・ジャクソン・ターナー（Frederick Jackson Turner）が唱えた「フロンティア学説」以来、頻繁に用いられてきた「フロンティア」という概念に批判的である点が挙げられる(38)。そのため、ここで「フロンティア学説」の主旨とその意義を整理しておこう。ターナーは、一八九三年に「アメリカ史におけるフロンティアの意義」と題した論文を発表し、その後も同様のテーマで数多くの論考を著したことで知られている。ターナーの学説は、様々な論点を含んではいるものの、以下のように要約できるだろう。まずターナーは、広大な「開拓のための辺境地《フロンティア・オブ・セツルメント》」の消滅を唱えた一八九〇年の国勢調査報告書に言及し、このフロンティアの終焉をアメリカ史の一大画期と位置づけ、「フリーランドが存在し、それがたえず後退してアメリカ人による開拓が西にむかって進んだことが、アメリカの発展を説明する」と述べた。さらに、広大な土地空間の存在と入植地の西漸とがアメリカ民主主義やアメリカ独自の制度の生成と発展に多大な影響を与えたと主張した。合衆国の独自性を強調するアメリカ・ナショナリズムの高揚期にあって、このような見解は時宜を得たものとなった。アメリカ外交史の碩学ウィリアム・アップルマン・ウィリアムズ（William Appleman Williams）の言葉を借りれば、「ターナーの学説は大学間を駆け巡り、津波のごとく大衆文学の領域まで押し寄せ」、学者のみならず一般市民のあいだにも急速に浸透していったのである。[39]

では、なぜ一九八〇年代以降に西部史の再解釈が盛んになったのだろうか。その背景には、「抑圧」されてきた少数集団に焦点を当てた社会史研究の飛躍的増大があった。[40]これらの研究成果を踏まえると、合衆国の西部は「辺境地」や（「ある社会段階」の意の）「フロンティア」ではなく、複数の文化の混交性や流動性を前提とした、「接触地域」や「ボーダーランド」と捉えるべきとの歴史解釈が一層の説得力をもつようになった。[41]その結果、先住民とヨーロッパ系入植者の接触・遭遇に関する歴史叙述においては、一方的な強制改宗や侵略の場としてだけではなく、先住民側の主体的な対応や戦略を含めた相互作用がみられる「共通の関心領域」として捉える傾向が強まった。[42]先住民側の主体性を重視することによって、それまでの歴史叙述における西洋中心主義的な解釈の再考を促したのである。[43]

こうした傾向は、大筋において現在も続いていると言っていい。なお、「新しい西部史」に代表される社会史的アプローチの課題については、日本における先行研究の動向を述べた後、本書と関連づけながら論じることとする。

## 「否認のパラダイム」——日本における先住民史研究

日本における先住民史研究の最大の特徴は、残念ながら量が少ないことである。アメリカ先住民について、何らかの言及がなされないアメリカ史の概説書は皆無であるにもかかわらず、質・量ともに豊富なアフリカ系アメリカ人や日系人研究と比べ、先住民研究の蓄積は量的には貧弱と言わざるを得ない状況である。たとえば、一九世紀後半については部分的な「インディアン戦争」——アパッチのある一集団のリーダー的存在であったジェロニモ(Geronimo)は、なぜか最も有名な人物である——のエピソードだけであったり、一八八七年一般土地割当法に代表される重要な法規に言及しつつも単純な事実誤認が散見される場合も少なくない[44]。パトリシア・リメリックは、二〇世紀のアメリカ人にとって奴隷制(slavery)の問題は真摯な研究領域に属しているが、それとは対照的に、征服(conquest)の問題は大衆娯楽の領域に属し、その「物語」の基調は「冒険《アドヴェンチャー》」のままであると指摘している[45]。具体的な事情は異なるとはいえ、このことは、日本における一般的な先住民観にも当てはまるのではないだろうか。

ただしここで注目すべきは、先住民に関する体系的な実証研究はほぼ皆無であったにもかかわらず、一九七〇年代頃までの日本の歴史学界では、特定の理論的視角からのアメリカ先住民観が形成されてきたという事実である。この先住民観の形成に大きな影響を与えたのは、マルクス主義史観であった。その背景には、マルクスとエンゲルスがそれぞれの著書のなかで、人類進化の発展段階論に基づくアメリカ先住民観を提示したL・H・モーガン(L. H. Morgan)著『古代社会』を全面的に取り上げたため、『古代社会』が日本において「コミュニストの聖典」となったという事情があった[46]。このことが一因となって、マルクス主義的な歴史研究が隆盛を極めた一九七〇年代初頭までの日本の学界においては、アメリカ先住民(当時は民族学的な意味で「インディアン」という用語が使われた)は文明の段階に先立つ前段階の典型例として、しばしば引き合いに出されることになった[47]。

この点に関して二人の先学の例をみてみよう。まずは、大塚久雄の『共同体の基礎理論』を取り上げたい。大塚は同著のなかで、「人類は英雄時代を経過しつつ野蛮状態から文明の段階に入りこむことになる」と主張している。その文明の前段階の例として、L・H・モーガンを引用しつつ大塚が挙げているのは、「無階級的『部族』共同態(あるいはいわゆる氏族制社会)の典型として紹介されているところの、白人文明に接触する以前の北米インディアン人種イロクオイ族」である。また本田創造は、『アメリカ黒人の歴史』のなかで、「インディアンがまだ氏族社会の段階にあった狩猟民で農耕に適していなかった」と述べている。(48) 合衆国奴隷制研究の第一人者として、アフリカ系アメリカ人の歴史に真摯な関心を寄せる著者が、先住民については十把一絡げに「狩猟民」と誤認しているのはいささか突飛な印象を与える。けれども、奴隷制にまつわる資本蓄積の流れを照射すればするほど、理論的には必然的に、資本蓄積とは無関係とされた「インディアン」の諸社会は「周辺」の闇の中に消えてしまうことになる。このように、歴史の理論構成を重視する当時の傾向は、結果として、多様な先住諸社会を一括して「インディアン＝狩猟民族」とみなす通説を植え付けることになった。換言すれば、人類の「発展」を一つの体系として捉えるという理論的要請への傾倒は、きめの細かい実証による理解を妨げ、「分節社会」を先史時代の遺風として一括する本質主義的な先住民観を補強する結果となったのである。

では、このように極度に類型化された先住民像の問題点は何だろうか。第一に、歴史的な事実に反するという点が挙げられる。北米のみならず世界各地において、大規模で集権化された社会と接触した「分節社会」では、狩猟採集から農業へ移行したケースのほかに、農業から逆に狩猟・漁撈に特化させられたり、農業から牧畜へ移行するなど、多様な事例があることが明らかになっている。つまり、その適応形態は接触時期や期間、そして当該社会の持つ諸条件によって多様であり、けっして単線的ではない。(49) また、本書が対象とする合衆国南西部の先住社会に限ってみても、ヨーロッパ系の入植以前の生業経済の基盤としては、農耕の比率がもっとも高かった（詳しくは次節を参照）。したがって、単線的な発展図式や史的唯物論では、これらの「分節社会」の動態やその歴史的意義を解明することはできない。ところが、日本においては、L・H・モーガンの一九世紀的先住民観が一九七〇年代になっても引き合いに出されていたことが示すように、先住社会に関する実証的研究への関心は低いままであった。

第二の問題点としては、「インディアン＝狩猟民族」という言説のもつイデオロギー性への批判的視点の欠如という、より重要な点が挙げられる。「インディアンは未開な狩猟採集民ゆえに土地の使い方を知らない」――こうした言説は、一七世紀にはじまるヨーロッパ系の入植時には、ヨーロッパ的な「財産権」(土地所有の権利を含む)の概念のみを正当とみなすために、そして合衆国建国後は、一旦締結した条約を一方的に破棄し、「余剰地」と称して先住民の占有地を接収したり、強制的移住策を正当化する論理としてしばしば登場してきた。[50] 前述のヴァイン・デロリアが、極度に類型化されたインディアン観こそが「現代の先住社会におけるトライバリズム」(自発的な組織化や適応の動き)を抑圧するものであると激しく批判しているのは、このためである。[51] さらに、「インディアン＝狩猟民族」観は、一九世紀以降の「高貴な野蛮人」や「滅びゆくインディアン」という表象の起源となり、二〇世紀以降には合衆国における一般的な「現状認識」として定着することになった。パトリシア・リメリックが指摘するように、こうしたステレオタイプこそが、保留地における貧困や疾病の蔓延、土地や天然資源の不正搾取、人権侵害といった多種多様な「現実の問題からの逃避」を可能にしてきたのである。[52]「インディアン」＝過去の遺物とみなすことによって、諸施策への批判的視点や説明責任は回避できるからである。とりわけ、生活空間を共有していないために「現実の問題」に直面する機会の少ない日本においては、このような先入観はもちろんのこと、前述の社会経済史的決定論も長らく挑戦を受けることはなかったといえるだろう。

そのため近年の日本では、本質主義的で一枚岩的な「インディアン」観や、そこから派生した「無力な被害者」史観からの脱却をめざすべく、特定の先住社会に即した実証的な歴史研究の充実がはかられた。合衆国における社会史全般の動向や「新しい西部史」研究の影響を受け、総じて、客体としてのみ描かれてきた先住民の歴史主体性を主要な論点とする論考が主流であるといえるだろう。一例としては、チェロキーの奴隷制について論じた佐藤円と大平原地帯の先住社会の歴史的記憶に関する内田綾子による一連の論文や、二〇世紀の先住民関連法のなかで最も重要といわれる再組織法の審議過程に周到な考察を加えた野口久美子による論考などが挙げられる。[53] これらの研究は、単なる「受身の被害者」としての一枚岩的な「インディアン」を措定できないことを明らかにしてきた。過去の本質主義的な先住民観を克服するために、これらの歴史実証的なモノグラフが蓄積されてきたことの意義は、極めて大きいといえよう。

## 本書の位置づけと構成

以上のように、近年の日米両国の歴史学界においては、かつて「歴史をもたない人々」あるいは「特殊・例外」とみなされていた先住民史への関心が高まった。その背景には、両国における社会史的研究の興隆があった。ただし、いくつかの課題も残されている。本書との関連でいえば、それは以下の点に要約できるだろう。すでにみたように、とくに「新しい西部史」研究では、合衆国西部は「人種」・「民族」的マイノリティのみならず、売春婦などの社会的弱者やモルモン教徒などの宗教的少数者にとっての「共通の関心領域」として捉えられてきた。しかし、こうした「共通の関心領域」を措定することで、先住民を「抑圧」された少数集団のひとつとして叙述する傾向が強まった。その結果、歴史叙述において、法的な意味での「インディアン」と民族学的な意味での「インディアン」が区別されることなく混在することになった。この問題点については、すでに述べた通りである。もちろん、両者の区別が重要ではない局面もあるだろう。たとえば個々人の帰属意識に焦点を当てた場合、両者を峻別することは第一義的には重要ではない。しかし、合衆国西部を特徴づけてきた「開拓」や「領土拡張」の歴史的意義を検討する場合には、国家自らがある集団を「インディアン」と同定し、「市民」とは明らかに異なる処遇をしてきた事実経緯の検証は、非常に重要な作業となる。領土拡張の過程で、なぜ「インディアン」という法的地位がある集団に付与されたのか、あるいはされなかったのか。その経緯や背景を精査し、当時の事実関係のなかでその意味内容と意義を解明する作業は、まだ十分になされていないといえよう(54)。

本書の章構成は次の通りである。まず第I部では、一九世紀末〜一九一〇年代の南西部における「かつての異国の自国化」過程について、実際の諸施策と先住社会側の対応とを関連づけて検討する。第1章ではプエブロ、第2章ではナヴァホに即して、一旦は「インディアン」として同定されたこれらの先住社会に対して「市民」としての同化圧力が次第に強まっていく経緯を追う。その際、二つの先住社会側の対応と実際の施策を関連づけて論じる。次に、第II部においては、「インディアン」という法的地位の解消を第一義とした一九世紀末の諸施策が、実際には「圧政」ともいうべき著しい権利侵害や違法行為を黙認・助長していた事実が露呈し、主に連邦議会を中心として改革の機運が高まっていく経緯を検証する。第3章はプエブロ、第4章はナヴァホに直接関連した一九二〇年代の改革運動や議会審議を取り上げる。ここでは、為政者側・先住民側を問わず、「インディアン」かつ「市民」という曖昧な法的地位ゆえに、特定の施策や法制度に託した願望や解釈という点で、諸勢力のあいだにどのような協調や対立がみられたのかを精査する作業を重視する。そして第III部では、第II部にみた改革論が一九三〇年代以降にどのような施策となって実現したのか、あるいはしなかったのかを論じる。具体的には、同化政策の代替を標榜した諸改革について、プエブロ（第5章）とナヴァホ（第6章）それぞれの社会に即したケース・スタディーを行う。とりわけ、首都ワシントン（連邦行政・司法・立法府）で語られる理念や構想と現場における実情・願望との乖離を比較検討する。

なお、第I部〜第III部のすべてにわたり、土地制度と法的地位、学校教育の三つの領域に重点を置き、諸施策の共時的な展開と通時的な変遷を関連づけた考察を行う。この三つの領域を重視する理由は、以下の通りである。まず、「インディアン」という法的概念の内実を規定しているのは、一定の土地の排他的占有権を特定集団のみに付与するという保留地制度に代表される土地制度と、「市民」とは異なる固有の権利・義務を伴う法的身分である。そして学校教育は、とくに一九世紀末以降、「インディアン」の「アメリカ市民化」のための必須の機関として、対先住民政策の根幹をなすようになったからである。第1章で詳述するが、実態として、一九世紀末から二〇世紀初頭にかけての連邦政府主導の先住民教育政策には、先住文化の弾圧や強制的就学などさまざまな弊害があったのは厳然たる事実である。しかしここで注目したいのは、合衆国連邦政府がなぜ、特定の集団のみに無償で初等教育を提供してきたのか、その法的・政治的根拠は何かということである。初等教育の普及には、莫大な費用がかかる。アフリカ系やメキシコ系などのマイノリティの歴史を繙けば、初等教育の機会を制限されていることが、「二流市民」的処遇の一因であったことがわかる。(55) それとは対照的に、「インディアン」に対しては、国庫への過重な負担への批判にもかかわらず、なぜ連邦政府主導で無償教育を提供（実態としては強要というべきケースが多かった）してきたのだろうか。この無償教育政策が一部の「インディアン・トライブ」に対して実施された／実施されなかった法的・社会的・政治的要因は、対先住民政策全般と関連づけなければ解明できない。本書が、学校教育政策と「インディアン」という法的地位・土地制度の関連性に注目する理由はここにある。(56)

なお、本書の引用文中には、現在では不適切とみなされる表現が含まれているが、史料としてそのままの形で引用してあることをあらかじめお断りしておく。

## 3　前史としての「もう一つのコロニアル・ヒストリー」

本論での分析に移るまえに、本書に直接関連する範囲で、合衆国による併合以前のナヴァホ・プエブロ社会の政治的・経済的・社会的状況について略述しておこう。

アメリカ合衆国の大学での「アメリカ史」の講義において、コロニアル・ヒストリー（Colonial History）といえば、プリマスやヴァージニアなどの北東部・東部沿岸の主としてイギリス系植民地史を指すことはいわば常識となっている。それとは対照的に、現在の合衆国南西部のスペイン植民地史については、言及すらされない場合もある。その理由は、合衆国という国家の建設に際して、当時は合衆国の一部ではなかった当該地域は、当然のことながら積極的な役割を果たさなかったためである。けれども、併合後の先住社会の再編過程を分析対象としている本書においては、この「もう一つのコロニアル・ヒストリー」を前史として踏まえておく必要がある。とりわけ、本書が対象とするプエブロ・ナヴァホに即して、スペイン・メキシコ時代の先住諸社会とそれに臨む支配権力のあり方の特徴を整理しておきたい。

## 生業経済の諸類型

一六世紀末のスペイン植民地ヌエボ・メヒコ設立時には、現在のメキシコ北部・合衆国南西部に相当する地域には、すでに多様な先住社会が存在していた。

人類学者のエドワード・スパイサー（Edward Spicer）は、一六世紀末のスペイン植民地設立時における現在の合衆国南西部・メキシコ北部の先住諸社会について、生業経済を指標として次のように類型化している(57)。当時の先住社会は、人口の多い順に、「散村（ranchería）―農耕型」、次いで「村落（pueblo）―農耕型」と「バンド（band）―狩猟採集・農耕型」、そしてごく少数ではあるが「バンド―非農耕・非定住の狩猟採集型」の四つに大別できるという。第一の「散村型」社会では、居住形態や社会構造、（高低差を利用するために冬期と夏期に耕地を求めて移動する）季節移動の有無などの点では若干の相違があるものの、とうもろこし、かぼちゃ、豆類の栽培が生業経済の基盤であるという共通点があった。一六世紀末の時点では、当該地域の先住人口の約六割（約一五万人）が、この「散村―農耕型」社会に属していたと考えられている。第二の「村落―農耕型」に該当するのは、とうもろこしを主穀とする集約的な灌漑あるいは乾地農業を営む定住農耕民であり、スペイン人がプエブロ（スペイン語で村落の意）と名付けた人々である。一六世紀末の時点で、現在の合衆国ニューメキシコ州のリオグランデ川流域とアリゾナ州の台地に二〇余の村落があり、約四万人が居住していたといわれている。各村落は政治・行政面では独立していたが、生業経済や社会構造、民俗文化上の類似点は多かった[58]。具体的には、各プエブロとホピ（一九世紀末まではモキ〔Moqui〕・プエブロと他称されていた）を指す（詳細については図1-1参照）。第三のカテゴリーの典型は、スペイン人によってナヴァホやアパッチと呼ばれたアサパスカン（Athapaskan）語系の人々（当時約一万五〇〇〇人?）である。「バンド」（親族組織に基づく数十～数百人前後の移動集団）単位で狩猟採集を行いつつ、小規模農業を営む社会集団である。彼らは、一四世紀頃に当該地域周辺に移動してきたという点で、この地域ではいわば新参者であった。スペイン系入植者と初めて接触した時点では、定住地をもたず、バンド単位で一定領域内を移動する「遊動民[59]」であったと考えられている。ただしナヴァホの場合、プエブロなどの農耕民との接触を経て、狩猟採集よりも農耕の比重が大きくなっていた。さらにスペイン系入植者との接触によって、後述するようにナヴァホの生業経済は一変することになる。なお、第四のカテゴリーに属するのは、当該地域では少数派（数千人程度）であった非農耕・非定住型の狩猟採集民である。以上のように当該地域では、ヨーロッパ系入植以前から農業を営む先住社会が数多く存在していたという特徴があった。

### スペイン植民地支配とプエブロ

一五九八年、現在の合衆国ニューメキシコ州サンタフェ周辺を拠点として、スペイン植民地ヌエボ・メヒコが建設された（図序-1参照）。これを契機として、元来均質ではなかった先住諸社会では、より一層の多様化・差異化が進むことになった。ここで注目すべきは、初期の支配層は農作業を卑下していたこともあり、土地の所有にほとんど関心を示さなかったという点である。したがって、一定の労働力と農業生産力のある先住社会の存在が植民地経営の必須の条件であった。事実、ヌエボ・メヒコの実質的支配権は、リオグランデ川沿いに集住するプエブロの居住地域に限定されていた。そして、ヌエボ・メヒコにおける植民地経営は、軍事力を背景にプエブロを「臣下」として服従させ、彼らの農業生産力と労働力に全面的に依存した包摂的な経営であった。支配層側にとっては、ヨーロッパ系の入植以前から、数百人～数千人単位で集落を形成して農業を営んでいるプエブロの存在は、きわめて好都合だった。このことは、当時のヌエボ・メヒコの支配層がプエブロのことを「村落のインディオ」(*Indios de los pueblos*) と呼び、支配下にはないナヴァホ、アパッチなどを「野蛮なインディオ」(*Indios bárbaros*) と称して区別していたことからもわかる。(60) つまりヌエボ・メヒコは、近代国家の国境観とは異なり、帰属民の住んでいる土地を版図としていたという特徴があった。この点では、当初から先住民を排除・隔離し、入植を目的としていたイギリス系の植民地経営とは大きく異なっていたといえる。

他方、一方的な儀式によって「臣下」にさせられたプエブロにとっては、植民地建設とは過重な課税と賦役に加えて、カトリックへの強制改宗をも意味していた。スペイン系入植者から農耕の技術に関して学びうることは少なく、新しく導入された鉄製の農具も希少であった。しかし、農業生産高は以前と変わらないにもかかわらず、貢納や賦役が課されることになったのである。地元官吏による法外な徴税と強制無賃労働に加えて、カトリックへの強制的改宗も断行されたため、一六八〇年にはプエブロの叛乱が起こった。植民地府サンタフェはプエブロによって占拠され、一六九二年までの約一二年間、スペイン系入植者は現在の米墨国境まで後退を余儀なくされた。ヘメス・プエブロ出身の歴史家ジョー・サンド (Joe Sando) は、この叛乱を「新世界で最も成功した (先住民による) 叛乱」と形容している。たしかにこの叛乱は、一時的とはいえ、ヨーロッパ系入植者を撤退させた稀有な事例であった。けれども、一六九二年のレコンキスタ (再征服) によってサンタフェはスペイン系によって奪還され、再び

**図序-1**　国境線の変動　1830年代〜50年代

植民地政府の拠点となった。

　プエブロの人々にとって、叛乱の代償はやはり甚大であった。各プエブロの口承によれば、叛乱の最中、常に労働力不足に悩まされていたスペイン系入植者がプエブロの子女を誘拐する事件が多発したという。このことが人々の心に大きな禍根を残したため、再びスペイン人がもどってきたときにはもう武力で追い出そうとは思わなくなったと語り伝えられている。[61] こうした植民地時代の経験は、一九世紀後半以降のプエブロの人々の「アメリカ合衆国政府」観にも少なからぬ影響を与えることになる。

　レコンキスタ後の一六九〇年

代後半以降、ヌエボ・メヒコの植民地経営の方針は大きく変わった。その背景には、スペイン帝国の国力低下に乗じて、他のヨーロッパ諸国によるスペイン領植民地への干渉が強まったため、国防の観点から入植を促進する必要性が高まったという事情があった。そして、教会や公共の施設を基点として土地を測量し、先住民プエブロとスペイン・メキシコ系（「イスパーノ」）[62]の入植者を対象として、一定の面積の土地（通常約一万七五〇〇エーカー）をスペイン国王が下賜する形で所有権を保証するという土地下賜（land grant：スペイン語では mercedes＝恩賜地）制度が導入された。

まず、プエブロに対する土地下賜《ランドグラント》制度について、サンタアナ・プエブロを例にその概要を述べたい。最初の下賜地《グラント》には、居住地区とその周辺の農地のみが含まれていた。これは長年の占有農地のごく一部でしかなかったため、一七〇九年には、グラント外の農地を「共同購入」する最初の試みがなされ、スペイン植民地政府によって承認された。このようなグラント制度の実質的な機能は、プエブロがすでに占有していた土地の一部について、スペイン植民地政府が各村落単位でその土地を「下賜」して所有権を保証することであった。また、グラント内の土地の私的占取や管理に関しては一定の自治が認められていた。一六二〇年代以降、リオグランデ川流域の各プエブロでは、スペイン人立入禁止の規則のもとで「族長《ガバナー》」（governor）を自選する制度が確立したという。[63]

他方、イスパーノの入植者に対しても、通常一〇家族以上を対象とした村落グラントあるいはコミュニティーグラントとよばれる下賜地が与えられた。グラント内には、一般に、グラントの被授与者が私有する宅地と一区画の畑の他に、エヒード（ejido）と呼ばれる入会地・共有放牧地があった。そしてこのエヒードの共同使用権は、選出された個人あるいは評議会の審議を経て配分されることになっていた。またグラント内の住民は、通常、防衛の義務を負うかわりに土地や水に対する税金を免除されたという。[64]ヌエボ・メヒコ北部に多いこれらの入植村では、エヒードにおける羊の放牧と農耕が生業経済の基盤であった。

以上のように、各プエブロとイスパーノ入植村は、それぞれ村落単位のグラントを基盤として、少なくとも法制度上はヨーロッパの一大帝国であったスペインの末端組織として組み込まれることになった。「プエブロ・グラント」という呼称には「先住民プエブロに対するグラント」と「入植者イスパーノに対する村落（スペイン語でプエブロ）グラント」という二つの含意があったことが示すように、両者の間には村落単位での土地保有という土地法制上の共通点があったことを強調しておきたい。

なお、叛乱の一因でもあった宗教に関しては、レコンキスタ後にはカトリック教会側とプエブロ側で歩み寄りがみられ、いわゆる協調の時代が続くことになった。叛乱前のような強制的な改宗や習俗の弾圧は少なくなる一方で、リオグランデ川流域の各プエブロではカトリックへの改宗がすすみ、各村落の中心にある広場（プラザ）の一角には教会が建てられた。そして、ある守護聖人の日にはミサの後に伝統的な農耕儀礼を行うことが「許可」されるなど、カトリックの信仰に基づく習俗の継承が模索されるようになった。この習俗と前述の土地下賜制度をめぐっては、一九二〇年代に論争が巻き起こることになるが、この点については第3章で詳述する。

## スペイン植民地支配とナヴァホ

プエブロとは異なり、ナヴァホはスペイン植民地政府による直接的な支配を受けていない。そのため、カトリックへの強制的改宗や土地下賜制度などの諸施策の対象とはならなかった。ところが、スペイン系入植者との間接的な接触を通して、ナヴァホの生業経済は一変することになる。この点に関しては、生業経済の形態や農耕の技術に関して植民地支配前と後でほとんど変化がみられなかったプエブロやホピとは極めて対照的である。

一七世紀前半、現在のアリゾナ州の一部を視察していたスペインの探検家ドン・ファン・デ・オニャーテ（Don Juan de Oñate）一行は、ナヴァホのあるバンドと思われる「さすらいの民」（Querchos）に遭遇したと記録している。

ただしスペイン系植民者にとっては、植民地支配の利点はなく、この地域への関心は低いままであった。他方、当時のフランシスコ会士による記録には、「ナヴァホというアパッチ」（Apaches of "Navaju"）という呼称が頻繁にみられ、布教のためにプエブロから情報収集をしていたことがうかがわれる。たとえば、一六三〇年にある修道士が本国スペインに送った書簡によれば、他のアパッチ（前述のアサパスカン語系の先住民）とは異なり、「ナヴァホというアパッチ」は「偉大な農耕民」であると記されていた。「ナヴァホ」とは、プエブロの一言語であるテワ語で「畑」を意味する言葉が語源であるという。このことは、言語的には同じグループに属するナヴァホとアパッチのあいだには、すでに生業経済の点で第三者にわかるような違いがあったことを示唆している。当時のナヴァホ社会では、すでに農耕の比重はかなり大きかったと考えられる[65]。

ところが、スペイン人が新大陸に持ち込んだ家畜によって、ナヴァホの生業経済は大きく変わることになる。その家畜のなかで最も重要なものは、馬と羊であった。まず馬については、ヌエボ・メヒコ植民地においては、帰属民であるプエブロには馬を所有する権利は与えられていなかった[66]。それとは対照的に、ヌエボ・メヒコの支配圏外のナヴァホなど他の先住民にとって、馬は自らの勢力拡大には不可欠な手段となっていった。次に羊については、ヌエボ・メヒコでは、初期のスペイン系入植者によって三〇〇〇頭あまりの羊が持ち込まれたといわれている。そしてプエブロに対しては、羊毛や毛織物を貢納させるために家畜飼養の技術が伝授された。他方のナヴァホの場合、その後およそ一世紀をかけて牧羊という新しい生産文化への道を自発的に拓いていった。ここで重要なのは、家畜を飼うという行為ないしは文化という意味での「家畜飼養」と、生活様式あるいは生業経済の基盤としての「牧畜」の区別である[67]。羊は、プエブロ社会では農耕に付随する家畜飼養の対象にとどまったのに対し、ナヴァホ社会では牧畜という新しい生活様式をもたらすことになったのである。一八世紀後半以降、アルプスやピレネーでみられるような移牧《トランスヒューマンス》（平野部で冬を越し、夏期には涼しい台地へと移動する人間ぐるみの家畜群の移動）と農耕の混合形態がナヴァホの生業経済の基盤となった。さらに、一七九五年の時点であるスペイン人の報告書に「ナヴァホの毛織物はスペインのそれよりも優れている」と記されていたように、ナヴァホの羊毛製ブランケットは交易品として注目されるまでになった。ナヴァホ保留地では二〇世紀半ばに至るまで、一八世紀にスペイン系入植者が持ち込んだチュロ（Churro）種の羊が多くみられたのは、こうした歴史の遺産であった。[68]

ナヴァホ社会の統治形態も、移牧という生産文化に適合的であった。拡大家族を基本単位とする「居住集団」（residence group）は、通常、最年長の男性がリーダーを務め、移動の時期や場所、儀礼の日程などを決定する権限を有していた。さらに地域による若干の差異はあるが、「腕組み」を意味する「ナタニ」（nat'ani）と呼ばれるリーダーが居住集団間の争いごとの調停を行ってきた。ただし、ナタニには必ずしも強制力はなく、あくまでも人格や富、知識・知恵といった個人的資質による権威によって人々を緩やかに統率していたと考えられている。つまり、緩やかな属人的支配のもとで政治的自律性をそなえた地域集団が各地に存在していたのである。[69]

以上のように、プエブロとは異なり、ナヴァホはスペイン植民地政府による政治的・経済的・宗教的支配の対象とはならなかった。これは後述するメキシコ領時代も同様である。ところが、生業経済という点では、スペイン系入植者が持ち込んだ家畜によって、ナヴァホの経済的基盤は一変した。以後、ナヴァホ社会においては、牧羊と農耕を組み合わせた遊牧的牧畜が生業経済の基盤となってゆく。

### メキシコ統治時代――一八二一～四八年

一八二一年のメキシコ独立を契機として、ヌエボ・メヒコはメキシコ領となった。基本的な法制度は継承され、イスパーノと各先住民グループの関係にも大きな変化はみられなかった。ただし、メキシコ時代には、有力者個人に下付された広大な下賜地《グラント》が急増したため、イスパーノ内部の階層分化に拍車がかかった。新興国家ゆえの財政難から、国防強化や政治的な報酬、借金返済を目的として土地下賜制度が濫用されたためである。メキシコ時代最後の知事マヌエル・アルミーホ（Manuel Armijo：在任期間一八三七〜四六年）が下賜した総計約一六五〇万エーカーの土地は、スペイン植民地・メキシコ両政府による下賜地全体の約半分に相当するといわれている。これらの個人所有の農場は、村落グラントからなるイスパーノ入植村からは独立しており、完全な私有地であった。またスペイン植民地政府とは異なり、メキシコ政府は「アングロ」（アングロサクソン系の意）との通商を自由化したため、地元の名門ペレラ家のようにキャラバンを組んで合衆国のセントルイスなどに派遣し、独自の交易ネットワークを築き上げて富を蓄える者もあらわれた。主にメキシコ時代の土地下賜制度と通商自由化政策によって、イスパーノ人口の約五パーセントを占める農場・牧場主（ranchero）や資産家を意味する「リコ」（rico）が台頭するようになった[70]。以上のように、一九世紀半ばのメキシコ領ヌエボ・メヒコにおいては、土地制度に関する限り、少数の農場・牧場主が私有する広大なグラント、先住民プエブロに対する村落グラント、イスパーノ入植者に対する村落グラントの三つが並存していたのである。

独立直後のメキシコ政府にとって、ヌエボ・メヒコは北部の辺境地にすぎず、その先住社会に対して十分な関心を払う余裕はなかった。その結果、ヌエボ・メヒコでは、現地在住の市長（alcaldes）を筆頭とした地方官吏による不法な土地取引や横領が急増することになった[71]。このことは、プエブロにとっては、所有するグラント内における不法占拠者が急増したことを意味していた。このプエブロ領内の不法占拠の問題は、後述するように一九二〇年代の大論争を経て三〇年代半ばに一応の解決に至るまで、プエブロ指導層にとって積年の政治課題となった。

他方、もともと植民地支配を受けていないナヴァホの場合、メキシコ独立による直接的な影響はほとんどみられなかった。ただし一九世紀初頭以降、ヌエボ・メヒコにおいて権力の真空状態が続くと、食糧、物品、人身の掠奪などが頻発するようになり、ナヴァホは掠奪の加害者と同時に被害者となった。まず、この時期にはナヴァホによるホピ（当時の呼称ではモキ・プエブロ）やプエブロの一部の村落への掠奪が急増した。たとえば一八三七年には、オライビというホピの村がナヴァホのあるバンドによって襲われ、一時は住民の大半が村を去るほどの被害にあった。その一方で、常に労働力不足に悩むスペイン・メキシコ系によるナヴァホやプエブロなど先住民の子女を標的とした奴隷取引も増加した。一八〇〇年代のスペイン・メキシコ系の家庭には、数百人のナヴァホの奴隷がいたといわれている。逆に、ナヴァホの有力者の世帯にも、プエブロなど他のトライブ出身やメキシコ系の奴隷がいたという。(72)

## メキシコ支配の遺産

このように、当該地域におけるメキシコ統治時代は、合衆国による併合までの約二七年間と比較的短く、対先住民政策自体に大きな変化はなかった。ところが後に合衆国領となった時に、メキシコ時代の市民権《シティズンシップ》に関する法令の存在が、先住者の法的地位との関連で問題になる。

メキシコ独立の理念を謳った一八二一年のイグアラ綱領には、「ヨーロッパ人、アフリカ人、インディアンの区別なく、すべての居住者は市民である」との一文がある。この「人種間の平等」の原則は、スペイン本国とのあいだで締結されたコルドバ条約や翌年のメキシコ議会による制定法においても追認された。「人種間の平等」とは、現在でも理想とされながら実現は困難な理念である。新興国メキシコにおいても、理想であって実態ではなかった。ただしここで重要なのは、メキシコ時代には、先住民を含めたすべての居住者をメキシコ市民とする法令が存在していたという事実である。メキシコ時代の先住民統治の実態ではなく、プエブロなどの先住民も含めたすべての住民を「メキシコ市民」として処遇すると明記したこれらの法令の存在こそが、後に合衆国領となった際に問題となってゆく。

一九世紀半ばの合衆国による併合は、元来多様かつ相互に依存・敵対していた諸社会のあり方に一層複雑な変化と影響を与えることになった。ヌエボ・メヒコが合衆国ニューメキシコ準州へと変わることは、プエブロにとっては「三つめの旗の下」に組み込まれることを意味しており、イスパーノにとっては「故郷における異邦人」となることを意味していた。このいわば故郷の併合という点では、イスパーノは合衆国の移民マイノリティよりも先住民やカナダ・ケベックのフランス系に類似している。こうした歴史的経験は、「われわれのほうが先住者《ネイティヴ》」という自意識を伴う。(73) では、併合後に合衆国が自らの法制度をかつての異国へ延長して自国化する過程において、当該地域の先住者の法的地位や既存の法制度はどのように変わったのだろうか。それに対して先住者はどのように対応したのだろうか。次章からは、これらの点について検討する。

# 第Ⅰ部　合衆国による併合と南西部先住社会

## ――一九世紀後半～一九一〇年代――

第I部では、米墨戦争の終結した一八四八年に合衆国に併合された先住社会に焦点を絞り、「インディアン」という法的地位が付与される経緯とその意義を論じる。これから詳しくみていくように、「インディアン」という法的地位の創出は、領土膨張による「異国の自国化」過程で、先住民の処遇をめぐる国家側のディレンマの所産であった。しかし、一九世紀末以降、領土の拡張から国民統合へと優先課題が変化するにつれ、一変して、「インディアン」という法的地位に付随するさまざまな「変則性」はその障害とみなされるようになった。以下では、一九世紀後半から二〇世紀初頭という比較的長い時期を対象として、「インディアン」という法的概念を当時の事実関係のなかに位置づけ、「インディアン」に対する諸施策の具体的内容を明らかにする。第1章ではプエブロ社会、第2章ではナヴァホ社会に即して、法的地位と土地制度、学校教育の三つの領域に重点を置く。前二者は、国籍や市民権《シティズンシップ》などの法的な身分規定と直結しており、「インディアン」という法的概念の歴史性・政治性を検証する上での重要性はいうまでもない。また学校教育は、「インディアン」という法的身分を解消し「アメリカ市民」として統合する政策の要と位置づけられてきたのである。

# 第1章　「インディアン」と「市民」のあいだ
## ──併合後の先住民政策とプエブロ社会──

一八四六年に勃発した米墨戦争の結果、メキシコは、国土の約半分に相当する広大な土地をアメリカ合衆国に割譲・売却することになった。一八四八年のグアダルーペ・イダルゴ条約締結時、当該地域には、約七万五〇〇〇人のイスパーノと約一八万の先住民（内ヌエボ・メヒコにはイスパーノ約六万人、プエブロ約九〇〇〇人）が居住していたといわれている。(1) さらに一八五〇年には、かつてのヌエボ・メヒコは合衆国ニューメキシコ準州となった。以下では、法的地位と土地所有、そして学校教育の観点から、プエブロ社会に即して当該地域が合衆国へ編入される過程を検証する。

### 1　先住者の法的地位と土地制度

国境線の変動に伴って新たに合衆国領となった地域では、先住者の法的身分はどのように変わったのだろうか。

一八四八年に米墨両国間で締結されたグアダルーペ・イダルゴ条約には、併合地の居住者の法的身分に関する以下のような一項がある。(2) 同条約によれば、併合地の居住者は、メキシコの市民権《シティズンシップ》を有する「メキシコ人」と、メキシコの市民権《シティズンシップ》をもたない「野蛮なトライブ」の二つのカテゴリーに分けられる。まず、「メキシコ人」については、「メキシコ市民としての法的地位と権利を保持するか、あるいは合衆国の市民としての法的地位と権利を取得する」という二つの選択肢があるとされた。前者を選択した場合は、一年以内にメキシコ領に移住しなければならない。後者を希望する場合は、「然るべき時期に（合衆国連邦議会の判断で）合衆国市民としてのすべての権利を享受」すると定められた。次に、割譲地の「大半を占有している野蛮なトライブ」については、以下のような規定がある。彼らは「今後は合衆国政府の専属的な管轄下におかれ」、彼らのメキシコ領への「侵入」は合衆国によって取締りの対象となる。要するに、併合地の先住者は、以後すべて合衆国の「国民」（米国籍保持者）として処遇されることになった。ただし、「メキシコ人」と「野蛮なトライブ」の二種類のカテゴリーに分けられ、前者には（「然るべき」手続きを経て）「市民」、後者は「インディアン」というそれぞれ異なる法的地位が付与されることになった。

先住者に対するこうした二分法は、実態としては、とくに土地制度上において大きな混乱をもたらすことになった。その一因は、少なくとも法的理念としては、メキシコ政府はすべての人民を「メキシコ市民」として処遇してきた点にあった。この点については次節で検討する。ここでは、先住者の法的地位の変遷と直接関連する範囲で、同条約締結時の連邦先住民政策の特徴を略述しておこう。

一九世紀半ばの連邦先住民政策の基本方針を知るうえで重要な法規は、それぞれ「インディアン条約」・「通商交通法」と総称される制定法である。最初に、「インディアン条約」と総称される各先住民集団と合衆国とのあいだの合意書について述べたい。合衆国にとって条約締結の最大の目的は、「インディアン・トライブ」の土地を画定し、合法的に「余剰地」を確保することであった。通常の同条約には、合衆国と特定の先住民集団相互の権利・義務にかかわる取り決めが記されている。ただし実態としては、保留地の画定とは、先住民集団による長年の占有地の割譲を意味していた。そのため、大半の「インディアン条約」には、当該集団の不満を軽減させるために、特別な狩猟漁撈権や各種の行政サービスの提供（農具などの支給や技術指導、無償教育の機会の提供など）に関する規定が含まれている。

一般に、米墨戦争後の併合地において締結された「インディアン条約」は、合衆国建国以来の同種の条約と比べて、先住社会の内政に干渉する傾向が強まったといわれている。事実、一八五三年以降の諸条約においては、保留地の個別割当て（私有地化）を実施する権限を大統領に付与する条項が加えられるケースが多かった。それ以前の「インディアン条約」では、土地の分配や使用に関しては、先住社会独自の慣習・規則を尊重する傾向があったことを鑑みれば、明らかに内政への干渉が強まったといえるだろう。さらに一八七一年を境として、先住民諸集団との条約締結は行われなくなり、以後は、各種制定法や行政命令に依拠した先住民政策が講じられることになった。(3) その結果、先住民関連の法案審議過程においては、ローカルな利益を代表した下院議員の発言権が強まったと言われている。というのも、「インディアン条約」の批准には上院の同意のみが必要だったのに対し、通常の法律の制定には両院の同意が求められるからであった。

次に、「通商交通法」についてその法的性格を把握しておこう。合衆国憲法第一条には、連邦議会の権限として、「インディアン・トライブとのあいだの通商を規律する」との規定がある。この条項に基づき、建国以来、「通商交通法」と総称される多数の議会制定法が制定されてきた。その第一号は、一七九〇年七月に制定された法律である。同法には、先住民との交易の許諾に関する項目の他に、先住民の占有地における土地売却や、非先住民による先住民に対する犯罪・侵害訴訟に関する規定などがあり、これらすべての業務は連邦政府の管轄であることが明記された。その後、同種の法律によって、非先住民のあいだで最も需要が大きい商品であった（先住民が利用・居住する）土地について民間での売却を禁止する一方で、不正や詐欺の温床となっていた武器・酒類の販売を規制するなど、先住民／非先住民間のあらゆる取引に関する細則が定められた。このように、先住民との通商や土地などの取引については、各州ではなく連邦政府が排他的な管轄権を有する「先住民業務における連邦主権」が原則となった[4]。こうして合衆国においては、条約締結や通商の規制を通じて、合衆国連邦議会が「インディアン」と認定した集団に対する法を制定し、連邦政府（内務省インディアン局）がその執行等の諸業務を担当するという法的・行政的制度が定着していく。

ここで留意すべきは、建国以来の合衆国の連邦法においては、「市民」とは一線を画する「インディアン」という特殊な法的地位を認めてきたという事実である。連邦法のもとでは、連邦政府が対処すべき「インディアン」とは、「特定の人種に属する個々人ではなく、インディアン・トライブというある政体の成員あるいはその子孫」と定義される（序章参照）[5]。なぜ、「インディアン」という法的地位を創出する必要があったのだろうか。

北米大陸における合衆国の優位が確立される一九世紀初頭までは、連邦政府は「インディアン」との条約締結に腐心していた。その背景には、合衆国独立当初から「西方の領土」に対して、独立一三州に加え他のヨーロッパ諸国が領有権を主張していたため、連邦政府としては、先住民との土地取引の交渉権を独占する必要があったという事情があった。つまり、先住民が利用・居住する土地に対して、合衆国連邦政府が単独で取引の交渉権を獲得することは、西方への領土拡張のための必須の条件だったのである。加えて、一八四〇年代のオレゴン領有や南西部併合によって、少なくとも国家の現状認識としては、（首都ワシントンからみた）「西方の無主地はなくなった」とみなされるようになった。そのため、先住民の「西方の無主地」への排除（強制移住）策は、次第に実行困難となった。こうした状況のなかで、特定の先住民集団との交渉成立（実態としては法律や武力による強制性を伴う場合が多かった）の際には、「インディアン保留地」と一般市民の入植地は区別され、前者は「インディアン・トライブ」が「共同の権原」(communal title)を有する連邦信託地と認定されることになった（南西部の主要保留地については、図

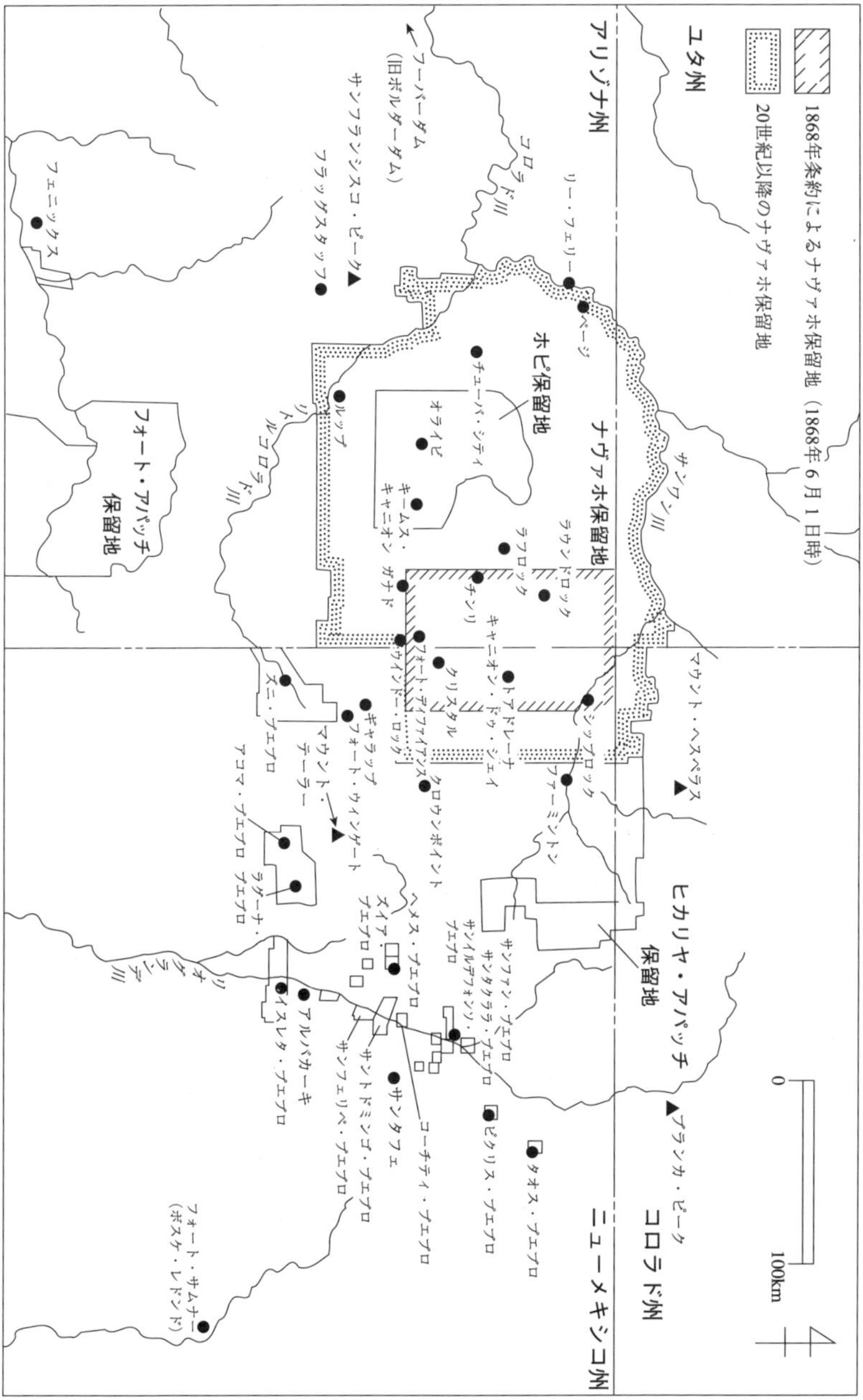


**図1-1**　南西部の主要保留地の位置

1-1参照)。したがって保留地においては、原則として、居住者個人が居住地を自由に売却・譲渡する権利は認められていない。この点こそが、「インディアン」の土地=「連邦政府の信託地」と「市民」の私有地との最も本質的な差異である。つまり、「インディアン」という法的地位は、少なくとも当面は「市民」として同化させないが排除もしきれないという、領土拡張の過程で合衆国が直面したディレンマが生み出したものであった。

## 2　プエブロは「インディアン」か?

このように、「インディアン」という法的地位は国家側の裁量によって付与されたりされなかったりするため、どの集団が法的な意味での「インディアン」であるかは決して自明ではない。とりわけ南西部は、合衆国領となる以前に他の主権国家の植民地や領地であったため、先住者の法的地位をめぐっては混乱がみられた。事実、プエブロが合衆国の連邦法のもとで「インディアン」と認定されたのは、併合から六〇年以上も経た一九一三年のことである。ここでは、プエブロの事例に即して、「インディアン」という法的地位と土地制度の関連性を検証する。

併合直後のニューメキシコ準州では、準州の法律によって、プエブロは「トライバル・インディアン」には含まれないと規定されていた。また準州裁判所においても、二〇世紀初頭に至るまで、プエブロは、連邦法のいう「インディアン」ではないとの見解が主流であった。たとえば、一八六九年の準州最高裁判決では、プエブロは「正直かつ勤勉で法を順守する市民」であり、連邦政府の管轄外にあるとの判断が示された(6)。「かつてメキシコ市民であった先住民は、グアダルーペ・イダルゴ条約に基づき、合衆国でも市民である。そのため、各自の判断で土地を売却できる」。当時のニューメキシコ準州裁判所では、同様の主旨の判決が繰り返されている(7)。こうして準州においては、プエブロの土地は保留地（連邦政府の信託地）ではなく、プエブロは一般市民と同様にその土地を売却できるとされた。

前節でみたように、ある先住民集団を法的な意味で「インディアン」として処遇することは、土地所有に関していえば、一定の土地を当該集団の占有地として保留し、国家が信託管理することを意味していた（したがって、当該集団の成員が保留地の一部を勝手に売却することはできない）。しかし、財産の自由を保証された「市民」ならば、スペイン・メキシコ時代の下賜地《グラント》であっても、合衆国の法理に拠れば売却できることになる。こうした状況のなかで、プエブロのグラントの一部を「購入」（実際には横領や不法占拠のケースが多かった）したと主張する地元の地主や政治家の圧力を受けて、準州の裁判所や議会では、「プエブロ＝市民」説が主流となっていった。

さらに一八七七年には、連邦最高裁判所は準州裁判所の見解を追認し、以下のような判決（合衆国対ジョセフ事件判決。以下、一八七七年の判決とする）を下している。

土地の共有と長老重視という内政形態に関しては、プエブロインディアンはニューメキシコの他の住民とは異なる。けれども、これらの点に関しては、もっぱらシェーカー教徒や他の共同体的社会と類似しているといえる。従って、これを理由としてわれわれがここでいう［連邦法でいう］インディアン・トライブとして分類されるべきではない。(8)

この判決以降、連邦・準州を問わず法曹界では「プエブロ＝市民」説が主流となった。ただし、十全なる権利をもつ「市民」としてではなく、単に土地売買の権利をもつという意味において「市民」とみなされたのである。

それとは対照的に、連邦行政府は、当初からプエブロを「市民」としてではなく「インディアン」として処遇していた。一八五〇年代以降、内務省インディアン局は各プエブロに職員を配属し、「インディアン」のみを対象とした農業の技術指導や学校教育の提供などの行政サービスを実施していた。つまり連邦行政府は、当初から「プエブロ＝インディアン」説を採っていたことになる。

以上のように、準州と連邦それぞれの司法府・行政府のあいだで、プエブロの法的地位をめぐって矛盾する見解がみられたにもかかわらず、一貫性のない諸施策がそれぞれのレベルで施行されていた。それに対して連邦議会は、二〇世紀初頭までこの状態を放置し、沈黙を保っていた。

法的地位をめぐる混乱に対して、プエブロ側は、どのように認識し対応したのだろうか。ここでは、各プエブロの指導層の動向に注目したい。前述の一八七七年の判決は、サンタクララ・プエブロ公認の歴史書の言葉を借りれば、プエブロを「煉獄」（この場合は「中途半端な状態」の意）に追いやった[9]。なぜなら同判決は、プエブロは「インディアン」ではないと明言したものの、「市民」であるとは宣言していないからである。なお、スペイン時代からのグラントに対するプエブロの所有権については、連邦議会による承認を受けて一八六四年にすでに公有地譲渡証書が発行されていた。一八七七年の判決によれば、これらの土地は連邦政府の信託管理下ではなく、他の市民と同様に準州政府・準州裁判所の管轄下におかれることになる[10]。しかし、プエブロが「市民」であるとは明言していないために、準州の選挙権などの「市民」としての権利は、依然として否定されたままであった。「インディアン」でも「市民」でもないプエブロは、準州において、土地が争点となる場合は「市民」となり、選挙権が問題となるときは「インディアン」とみなされることになった。

これに対し、各プエブロの指導層は、サンタフェのインディアン局事務所に赴いて陳情を繰り返していた。インディアン局長の年次報告書（一八六九～七三年）によれば、プエブロの指導層は、市民として処遇されることを望んでいないと主張し、さらに合衆国の法について無知である故に法を濫用され欺かれる危険性があると訴えたという。また、当時のプエブロ指導層は、準州の選挙権も必要としていないと主張した。なぜなら、「市民」として処遇されれば、土地問題については連邦政府ではなく準州の議会・裁判所の管轄となり、土地への州税も課されるからだった。その背景には、準州議会議員や弁護士自らが、少なくともプエブロからみれば不法占拠者である場合が多く、準州議会や準州裁判所による立法措置や判決は、プエブロにとっては圧倒的に不利であったという事情があった。こうした状況を見据えて、プエブロの指導層は「プエブロ＝インディアン」説を主張していたという事実は、注目に値する。(11)「インディアン」という法的地位には、「市民」にはない制約とともに利点があることを示唆しているからである。

当時のプエブロ指導層は、自らの法的地位が曖昧なため、準州・連邦それぞれの行政府の動向を注意深く観察していたようである。連邦政府（内務省インディアン局）は当初から「プエブロ＝インディアン」説を採っていたものの、プエブロ側は、当局による農具の支給などの行政サービスを拒否することも多かったという。彼らが懸念していたのは、これらの進物の代償として、長年の占有地を奪われるのではないかということだった。(12)

さらにプエブロ指導層が恐れていたのは、土地への課税であった。一八七七年の判決後のニューメキシコ準州では、準州知事を筆頭に、「インディアン」ではないプエブロの土地への課税を主張する声が高まっていたからである。それに対して一八八五年秋には、プエブロの代表団が首都ワシントンを訪れ、課税反対のロビー活動を行った。ところが一八九九年には、ついに準州内のバナリロ郡《カウンティ》が同郡内のプエブロの土地への課税を実施し、一九〇四年、準州最高裁判所は同郡の主張を認める判決を下した。危機感を抱いた各プエブロの指導層は、同年四月、サンタフェに一同に会し、連邦議会に対し課税反対の嘆願書を提出した。(13)万一、土地に州税が課されるようになれば、現金収入の少ない各プエブロでは、物納により税を支払うことになることは火を見るより明らかであった。

以上のように、二〇世紀初頭までのニューメキシコ準州においては、「プエブロ＝市民」論と「プエブロ＝インディアン」論が混在していた。プエブロは、土地が争点となるときは「市民」となり、準州の選挙権が問題となるときは「インディアン」として処遇されたのである（当時の同準州では、「インディアン」には参政権は与えられていない）。こうした混乱に対して、それまで沈黙を保っていた連邦議会は、プエブロの法的地位を確定する必要性を認識するようになった。そして、まず一九〇五年には、プエブロの土地は非課税であることを明記した法律が制定された。続いて一九一〇年のニューメキシコ州昇格の法律によって、プエブロの占有地は「インディアン保留地」であると明記された。こうしてプエブロの土地は、「インディアン保留地」として州政府ではなく連邦政府の信託管理下におかれることになった。

司法府においても、プエブロは「インディアン」であるとの共通了解がみられるようになった。一九一三年の連邦最高裁判所では、プエブロは「インディアン」ではないと宣言した一八七七年の判決は誤りであるとの見解が示された。この裁判では、サンタクララ・プエブロ保留地におけるアルコール飲料の販売の合法性が争われた（「通商交通法」により、当時の「インディアン保留地」ではアルコール飲料の販売は違法であった）。そして、プエブロは連邦法でいうところの「インディアン・トライブ」であるから、「合衆国のインディアン被後見人（Indian wards）の土地におけるアルコール飲料の販売禁止やその土地への州税免除」の対象となるとの判断が示された[14]（合衆国対サンドヴァル事件判決。ちなみに本書のカバーと扉の写真は、本件に関するプエブロの陳情団といわれている）。プエブロは「インディアン・トライブ」ではないとの司法界の「常識」は、ここに覆されることになった。

以上の法律や判決によって、プエブロは、正式に法的な意味で「インディアン」と認定された。プエブロの法的地位に関して、州・連邦の三権のあいだでようやく一定の合意に達したのである。合衆国による併合から、実に約半世紀以上も経っていた。

一九一三年の最高裁判決は、ニューメキシコにおける積年の土地問題に対して大きな影響を与えることになった。なぜなら、この判決によって、プエブロは、不法占拠者を相手取った土地訴訟の際の法的根拠を得ることになった。

プエブロが「インディアン」であるならば、その土地の私的売買は禁止されているからである。他方、プエブロ領域内の不法占拠者にとっては、同判決は寝耳に水だった。彼らにとっては、自らの土地の所有権を「合法的に」確立しなければ、退去を命じられる可能性がでてきたのである。[15] その結果、その後十数年にわたって、ニューメキシコ州では、元来のプエブロ・グラント内外の所有権を確定することが地元最大の政治的課題となった。

プエブロの法的地位と土地所有権については、スペイン・メキシコ両政府承認の下賜地《グラント》を保有するイスパーノ（序章参照）と比較すると、その特徴がより明確になるだろう。

グアダルーペ・イダルゴ条約によれば、イスパーノの村落グラントは合衆国においても尊重されることになっていた。しかし、スペイン・メキシコ時代の証書などの物的証拠はほとんど残っておらず、仮に存在していたとしても、その真偽を識別することは容易ではなかった。このような状況では、詐欺や投機目的での土地買い占めが横行するのも当然であった。トーマス・カトロン（Thomas B. Catron）がその典型である。一八六六年にニューメキシコにきたカトロンは、大学時代の友人と法律事務所を開き、三年後には準州裁判所判事になった。カトロンは、準州の土地の開発や投機に関与していた弁護士・政治家集団「サンタフェ・リング」のボス的存在と目されており、一八九四年までには、二〇〇万エーカー以上の土地を所有する全米でも有数の地主になっていた。これに対して、イスパーノの農場・牧場主や富裕層のあいだでは、これら「アングロ」の弁護士との政治的連帯によって、自らの社会的地位や経済的基盤を維持しようとする動きがみられた。通婚によって、文字通り両者の絆が一層強化されることもしばしばであった。[16]

一八八五年に準州知事に就任したエドモンド・ロス（Edmund G. Ross）は、「この準州の災いのもとはリングの存在である」と喝破し、地元の土地紛争についてこう述べている。

数十年前、狡猾で抜け目のないアメリカ人がここにやってきて、スペインやメキシコによる小さな下賜地《グラント》が多数あることを見つけ、ごく一部をタダ同然で購入した。彼らはスペイン語を習得し、メキシコ系住民のご機嫌をうかがい取り入って、購入した下賜地を拠点に徐々に買収・拡張していき、意のままに土地所有証書をねつ造し、それに対する議会の承認を取り付けていったのである。(17)

まさにこうした状況に陥っていたグラントの一つが、ニューメキシコ準州北部のモラ・グラントであった。同グラントの住民九二〇人は、一八七八年に連邦政府に対して再審議の嘆願を行った。住民達の訴えによれば、売ったおぼえのない土地所有権がいつの間にか買収されており、今や「地代を払うか立ち去るかを迫られている」のだった。(18)

合衆国の土地に関する法制度は、イスパーノにとっては言語の違いを含めて異質のものであった。その専門家である弁護士は、本当に自らの利益を擁護してくれるのだろうか。そのような不安から、「良い弁護士は悪い隣人をつくる」（*Buen abogado, mal vecino*）——英国の格言「良い囲いは良い隣人をつくる」をもじったものであったが——と諷刺と警世の意をこめて囁きあったという。(19)

しかし、イスパーノの村落グラントの存立を根底から揺るがしたのは、これらの詐欺行為よりもむしろ、土地への課税と合衆国の土地関連法の適用という、あくまでも「合法的な」措置であった。合衆国の法の下では、スペイン・メキシコ時代には非課税であった土地に州税が課されるようになった。このことがいかにイスパーノにとって打撃となったかを、あるグラントの例でみてみよう。アントン・チコ・グラントの総面積は、一八六〇年に合衆国に承認された時点では二七万五〇〇〇エーカーであった。その後、税金を支払うために土地が次々と売却され、一九三九年には三分の一以下に減少し、賃貸されている部分を除いた六万三〇〇〇エーカーに七〇〇家族が居住しているという過密状態であった。(20)

加えて、村落グラントが依拠する土地の共同所有の概念は、併合時の合衆国の法理では認められず、グラント内のエヒード（入会地・共有放牧地）は「多数の個人的な所有権の集合体」であると解釈された。そのため、グラントの居住者のなかには、このような「アングロの法」を利用して評議会の合議を経ずにエヒードの使用権を売却し、売却益を借金返済に充てようと目論む者もあらわれた。またエヒードの多くは、一八五四年から八〇年のあいだに、公有地監督官によって合衆国政府の公有地と誤認されてしまったという。その結果、土地問題が表面化した一九二〇年代には、プエブロのグラントだけでなく、イスパーノのグラントも所有権をめぐる疑惑と不正の渦中にあった。けれども、「インディアンの友」を自任する人々が主導した先住民政策改革運動の高まりのなかで、「インディアン」であるプエブロの土地問題のみが世論の関心を集めることになる。[21] この点については、第3章で詳述する。

「インディアン」という法的地位を生み出した合衆国の法理の特殊性は、併合地ニューメキシコにおいて最も鮮明に浮き彫りにされることになった。プエブロ・イスパーノそれぞれの村落グラントは、スペイン・メキシコ時代には、土地法制上に限れば同等の扱いであった。ところが、合衆国の法の下では、両者の間に一線が画されるようになった。その過程で、自らを「市民」ではなく「インディアン」であると主張したプエブロ指導層の戦略の根底には、一般市民と同様の所有権を与えられた土地よりも、保留地として信託管理される土地の方が、長年の占有権を守るという点では価値があるという判断があった。[22] 連邦政府の信託地となれば、所有権を賃借・売却・譲渡する権利（最も基本的な市民的権利である財産権の一部）などは大幅に制限されるものの、土地に課される州税は免除されるうえに州裁判所の管轄外となる。この州税と州裁判所こそが、土地が先住者の手から離れていく二大経路であったことは、イスパーノ入植村の変遷や、個別土地所有化政策が実施された先住諸社会の歴史が如実に物語っている。

実態としては、併合後約八〇年の間にプエブロ、イスパーノはともに当初のグラントの約八〇パーセントを失ったといわれている。それは、土地の私有概念を中心に構成されている「アングロ」の土地法制度のもとで、プエブロやイスパーノが共有地や占有地を喪失する過程であった。その後、「インディアン」となったプエブロの場合には、一九二四年プエブロ土地法や一九三三年プエブロ救済法の制定により、不法居住者からの土地の返還や補償の手続きが定められた。そして、被信託者として保留地の管理責任を有する連邦政府の過失があった場合には、賠償金が支払われることになった。この賠償金や他の連邦助成金を使って土地の購入が行われ、一九四四年時点におけるプエブロの所有地の総面積は一九三三年以前の約一・五倍にまで回復し、現在に至っている。それに反して、「市民」であるイスパーノの場合は、連邦政府の信託責任はないために賠償等の対象とはならず、土地の喪失は決定的となった(23)。ただし、土地所有の実態に関する詳細な分析は本章の射程外であるため、ここでは、プエブロとイスパーノそれぞれの村落グラントは合衆国の法理のもとでは全く異なる法的カテゴリーに属していることを確認しておく。

以上のように、併合地においては、新しい土地法制度への強制的同化が先住社会に求められたのである。その結果、先住者の土地は、合衆国の法理によって「インディアン」の占有地（保留地）と「市民」の私有地という別個の法的地位を与えられて再編されることになった。このように、法的な意味での「インディアン」とは、ヨーロッパ系入植以前の先住者といった自明の存在ではなく、あくまでも連邦議会によって個々に「インディアン・トライブ」であると承認された集団を指すのである。そして、この「インディアン」という法的地位は、つねに土地所有のあり方と密接にかかわっていることを強調しておきたい。

## 3 「変則的」な法的地位への批判——保留地の解体と同化教育論の浮上

「インディアン」という法的地位を創出することは、領土拡張の過程においては、「余剰地」の開放を促進するという入植者側にとっての利点があった。ところが、南北戦争後の混乱もおさまりつつあった一八八〇年代になると、「インディアン」という特殊な法的地位を有する集団の存在は、国民統合を進めるうえでは障害とみなされるようになった。一八八三年にある陸軍元帥が「いまやインディアンは陸軍にとって脅威ではない」と宣言したように、軍事面においても、ある集団を「市民」でも「外国人」でもない「インディアン」として処遇する必然性はなくなったのである。[24] したがって、一八八〇年代以降には、「インディアン」を漸進的に同化することが新たな政策目標として掲げられるようになった。そして、保留地の解体と「アメリカ市民化」教育の普及が対先住民政策上の車の両輪となってゆく。

教育政策を検討する前に、先住民政策の基調をなしている土地政策について、一八八〇年代以降の政策論と諸施策の概要を把握しておこう。

一八八〇年代には、一部の保留地の荒廃や貧困への関心が高まり、「インディアン改革者」(Indian reformers) と称する、主に民間人による「インディアン問題」に特化したロビー団体が相次いで結成されている。[25] まず一八七九年には、他に先駆けて全国女性インディアン協会が創設された。この協会は、表向きにはプロテスタント諸派による超教派組織と称していたものの、主にバプティスト教会から資金援助を受けており、一八八五年の同協会の報告書によれば「インディアンに福音を説くこと」を第一の目的として掲げていた。また一八八二年には、フィラデルフィアの資産家ハーバート・ウェルシュ (Herbert Welsh) らによって、主にプロテスタント系の会員からなるインディアン権利協会（The Indian Rights Association：以下、ＩＲＡと略記）が創設された。この協会は、一〇年後には約一三〇〇人の会員を擁する最も発言力のあるロビー団体となり、歴代のインディアン局長や行政官を輩出するようになった。

当時、急速に会員を増やしていたＩＲＡは、一八八四年の同協会の報告書によれば「インディアンの文明化」と「われわれ人民の一般生活への彼らの同化（absorption）」を活動目標として掲げていた。そして同協会の創設者ハーバート・ウェルシュによれば、この目標を達成するためには「広漠たる文明の大海原のなかの島」である保留地は解体されるべきであり、「インディアン」は個々人として「野蛮の闇からキリスト教的文明の清らかなあけぼのへ」導かれるべきであった。さらにウェルシュは次のように述べている。

部族組織の野蛮人としてのインディアンは、文明の荒波に抗して生き残ることは当然不可能である。しかし、異教と無知からの個々人の救出と野蛮な遊動民から勤勉なアメリカ市民への変容の可能性は非常に高い。…中略…このような変化を完全に達成するためには、立法措置は不可欠である。(26)

この言葉通りに、ＩＲＡは、一八八七年一般土地割当法（保留地の個別土地保有化を促進し、割当てを受けた先住民に市民権《シティズンシップ》を付与する権限を大統領に与えた法。通称ドーズ法）制定の立役者となった。なお、「部族関係」の破壊はかえって「文明化」を遅らせるとして、土地割当策に反対していた全国インディアン擁護協会などのロビー団体も存在していた。しかし、ＩＲＡのウェルシュが「インディアンをインディアンのままで放置し、部族関係や保留地に手をつけない」と同協会を批判していたように、同協会は幅広い支持を得ることはできず、一八八七年法成立後に自然消滅した。(27)

歴史学者のフランシス・プルーカ（Francis Prucha）は、一九世紀末の時代思潮として「福音主義プロテスタンテイズムとアメリカニズムのほぼ完全なる同一視」があり、当時の「インディアン改革者」はこうした理念を共有していたと指摘している[28]。たしかに、当時の全国レベルでの政策決定過程に限っていえば、プロテスタント系の改革諸団体が圧倒的な発言力をもっており、アメリカ福音主義の特徴である個人の救済という理念が先住民政策論の基調をなしていたのである。

このような時代思潮を反映して、一八八〇年代以降、インディアン局の公式見解としても「同化」という言葉が多用されるようになった。その典型は、序章で引用したトーマス・モーガン・インディアン局長による一八八九年の年次報告書である。ここでは、一九世紀末の先住民政策論に通底した思想としての「同化」とは、「インディアン」という法的地位と処遇の解消という法制・行政面での差異化の消滅を第一義としていたことを確認しておきたい。そして、そのためには、土地制度と社会制度の一元化、つまり保留地制度・部族政府の解体が最も重要な政策目標とみなされるようになったのである。具体的には、保留地を法的措置によって個々人に割り当てる一方で、若年層を対象とした学校教育を通じて、アングロサクソン・プロテスタントの言語・規範への同化を強制し、先住社会既存の政治・社会組織（当時は「部族関係」という婉曲表現が用いられた）を解体する必要があると考えられたのである。

ただし、プエブロやナヴァホを含む南西部の先住諸社会に対しては、結果的に、保留地の個別土地割当政策（一八八七年一般土地割当法など）は、一部を除き実施されていない。入植地としての魅力に欠ける当該地域では、むしろ「変則的」かつ複雑な土地所有については保留しておき、まずはインディアン局所管の学校における同化教育が進められることになった。以下では、「インディアン」という「変則的な地位」が温存される一方で、まずはどのような教育政策が講じられたのかを把握する。

保留地の解体のための立法措置と並行して、内務省インディアン局所管のいわば国立の「インディアン・スクール」（先住民のみを対象とした学校）が急速に整備されることになった。一八七九年には、初の保留地外寄宿学校がペンシルバニア州カーライルに開校された。その三年後には、連邦議会はカーライル校への大幅な予算の増額を認める一方で、カーライルをモデルとした寄宿学校を各地に設立するための予算も次々と承認していった。そして二〇世紀初頭までに、アルバカーキ（一八八四年開校）やサンタフェ（同一八九〇年）、フェニックス（同一八九〇年）などを含む合計二五の保留地外寄宿学校（総生徒数約六〇〇〇人）に加え、八一の保留地内寄宿学校（同約八〇〇〇人）と一四七の通学学校（同約三五〇〇人）がインディアン局所管の学校として設立・運営されることになった。(29) これらの学校の運営費はすべて国庫負担であり、授業料が免除されるのはもちろん、制服や食事も支給される文字通りの無償教育であった。当時は、各州の州政府がようやく一般市民の初等教育の普及に本腰を入れ始めた頃であった。(30) また、奴隷解放後の南部においては、アフリカ系アメリカ人が初等教育を受ける機会は著しく制限されていた。これらのことを鑑みれば、当時の首都ワシントンにおいては、かつて連邦自らが創出した「インディアン」という法的地位の解消がいかに重要視されていたかがわかる。

この「インディアン」のみを対象とした無償教育政策には、当然ながら財政的裏づけが必要であった。奴隷制をめぐる国家分裂の危機を乗り越えて一部の先住民の武装蜂起も鎮圧した合衆国政府は、一八八〇年代になってようやく、国家事業としての先住民教育に資金と人材を投入する余裕がでてきたのである。たとえば、トーマス・モーガン局長は一八八九年に行った演説において、「教育がなければインディアンは滅亡か果てしない堕落の運命にある」と訴え、「全インディアンの就学年齢人口はロードアイランド州のそれよりも少ない」のだから「地球上で最も豊かな合衆国政府は、あふれ出る財力をもとにそれほど財政的負担を感じずに」先住民を「偉大な共和国の名誉ある市民」にする任務を遂行することができると訴えた。こうして、一九世紀末の首都ワシントンにおいては、先住民対象の無償教育による国庫負担の増大は、国民統合の観点から正当化できるとの共通了解が形成されつつあった。[31]

では、インディアン局主導の先住民教育政策の実態はどのようなものだったのだろうか。ここでは、カーライル校の事例をみてみよう。同校の創設者リチャード・プラット（Richard Pratt）は、当時陸軍大尉であったが、マイノリティ教育に一家言ある人物として知られていた。というのもプラットは、レッド・リバー戦争（一八七四～七五年）などの大平原地帯における「インディアン戦争」に従軍した後、フロリダの捕虜収容所において捕虜（カイオワ、コマンチ、シャイアンの若者七二名）の再教育に従事した経験があったからである。先住民の捕虜が英語力や実技を比較的短期間で習得していく様子をみて、適切な機会さえ与えられれば「インディアンの市民化」は可能だと確信したプラットは、軍隊式規律のもとで英語教育や実業訓練を行う寄宿学校制度の導入を唱えるようになったという。[32]このように「国立」の先住民対象の寄宿学校の原型が「インディアン戦争」の捕虜収容所であったことは、留意されてよいだろう。

カーライル校は、プラットの言葉を借りれば、「インディアンの青年に農工業や文明化された生活様式一般を修得させることによって、文明化された人々の中でいかに生計を立てていくかを教える職業訓練校」であり、先住民を「アメリカ市民化」することを最終的な教育目標として掲げていた。図1-2は、一八九〇年頃のカーライル校での音楽の授業風景である。初期の大統領の写真や国旗が飾られた教室では、一般公立校の初等教育のカリキュラムの一部を取り入れ、基礎的な読み書き・算術と音楽、図画工作などが教えられた。ただし重点は、学科教育ではなく、農業や木工・鍛冶、家事の技術の習得といった職業訓練に置かれていた。プラットは、この目標を達成するためには、隔離された学校での英語による基礎教育と職業訓練だけでは不十分であると考えていた。そこで導入されたのが、長期休暇中に周辺の農村に生徒を派遣し、ホームステイをしながら実業訓練を行う「課外研修制度」(the outing system)である。この制度は、プラットいわく「文明化された生活への参加」を促進する「最も強力な

**図 1-2**　カーライル校における音楽の授業風景（1890 年頃）

出典）Margaret L. Archuleta, Brenda J. Child, and K. Tsianina Lomawaima, eds., *Away from Home : American Indian Boarding School Experiences* (Phoenix : Heard Museum, 2000), 41.

アメリカ化装置」（the supreme Americanizer）として、数年のうちに「カーライルの右腕」と称されるようになった。「インディアンを消滅させ、インディアンではない個人を創り出す」と豪語していたプラットにとって、「インディアン」の「アメリカ市民化」のための教育の要諦は、家族の絆を断ち、先住民の言語や文化を弾圧したうえで、寄宿舎や課外研修活動での擬似家族を通じて「白人の家庭」の価値観を教え込むことにあった[33]。つまり、プラットは、教育次第で、「インディアン」個々人の「アメリカ市民化」は可能であると考えていたことになる。

そしてインディアン局側も、「アメリカ化装置」としてのインディアン・スクールの存在意義を主張していくことになる。とりわけ英語教育は、先住民対象の無償教育を正当化するうえで必須とみなされた。インディアン局長Ｊ・Ｄ・Ｃ・アトキンズ（J. D. C. Atkins）は一八八六年の年次報告書のなかで、「授業料や生活費が合衆国政府によって支払われているインディアンの生徒は、我が国固有の言語——太陽の下で最も偉大で力強く進取の気性に富んだ国民の言語——以外の言葉を学ぶことは許されない」と主張した。さらに翌年の年次報告書においても、「文明への最初のステップ、インディアンに野蛮な慣習を続ける愚と損害を知らしめる最初のステップは、彼らに英語を教えることにある」と訴えた。税金で運営されている連邦所管の学校では、公用語は英語のみでなければならなかったのである。したがって学校内では、母語の使用は厳禁とされた。規則を破った者に対しては、洗濯用石鹸で口をこすられるなどの罰則が定められていたという[34]。

**図1-3　左**：カーライル校到着時の写真，**右**：カーライル校での3年後の写真（年代不詳）

出典）Robert A. Roessel, Jr., *Pictorial History of the Navajo: From 1860 to 1910* (Rough Rock, Ariz.: Navajo Curriculum Center, Rough Rock Demonstration School, 1980), 123.

学校では、英語に加えて、「アメリカ市民」としてふさわしい外見と振舞いを身につけることも重視された。登校初日には、「文明化」の名の下に、「衛生面」の指導と称して入浴と断髪が行われ、制服や靴が支給されたという。さらに、生徒一人一人の本名を学校用の名前に改めるべく、歴代の大統領やインディアン局長の名前や本名の一部の音をとって英語読みした渾名などを用いた命名がなされた。また、学校での「文明化」の成果を宣伝するために、「入学前」と「入学後」の写真撮影も頻繁に行われ、寄付金集めや連邦議会議員を説得する際に活用されたといわれている（図1-3参照）[35]。外見の改造は、もっとも手っ取り早い

「成果」としてアピールすることができたからである。

これらの「文明化」の指導のうちで、とくに当局のこだわりと先住民側の反発の対象となったのが断髪であった。カーライル校のある生徒のように、「長髪のままでも白人のやり方を学ぶことはできるのではないか」との疑問を抱く者も多かったが、何の説明もなく断行されるのが常だったという。当時の支配的文化（アングロサクソン・プロテスタント的文化）においては、男性の結髪は野蛮とみなされたためである。それとは対照的に、プエブロやホピ、ナヴァホの文化では、長髪は知恵や自然の恵み（雨）などの象徴とされていた。そのため、ホピ出身のアルバート・ヤヴァ（Albert Yava）が指摘しているように、学校教育の有益性を認めていた人々でさえ、断髪に対しては「白人は私たちの流儀に対して無知であり傲慢」と反発したという。しかし、インディアン局は譲歩するどころか一八九六年には保留地に居住するすべての男子の断髪を促す通達を出すなど、あくまでも断髪にこだわる方針は変えなかった。長髪は「未開の因習」を象徴しているため、「ゴルディオスの結び目のように一刀両断」すべきであるとの主張がインディアン局内では繰り返されたのである。(36)

二〇世紀初頭までに、カーライル校は、先住民教育のモデル校とみなされるようになった。このことは、一九〇一年にインディアン局教育部長のエステル・リール（Estelle Reel）が作成した初の統一指導要綱において、「カーライルの課外活動制度」が絶賛され、カーライル校の指導要領を全面的に引用した英語指導法が記載されていたことからもわかる。この要綱によれば、教育の目的は、「自発的な学習者かつ勤勉な労働者の育成」であった。リールは、「インディアンは高等教育や専門教育には不向き」であるとの前提から、学科教育は「３Ｒ」（reading, writing, and 'rithmetic）と呼ばれた初等レベルの読み書き・算術で十分であると考えていた。そのため同要綱には、カリキュラムの大半は、男子は技術科（靴製作や木工、配管の技術習得）、女子は家庭科（裁縫や洗濯、調理の技術習得）に費やすべきであるとの見解が示された。また、週三回程度のキリスト教の宗教教育への出席も義務づけられていた[37]。なお、この統一指導要綱は、全国の「インディアン・スクール」のみならず、（一八九八年の米西戦争の後にスペインからアメリカへ割譲された）プエルト・リコとフィリピンの米国系の現地校にも配布されたという。

ただし実態としては、一九二〇年代になっても、インディアン局所管の先住民学校向けの全国統一カリキュラムは存在していなかった。人材や教材が常に不足していたことが主因であった。しかし、各地からの報告書などを総合すると、教科内容や教育方針に関していくつかの共通点はあったことがわかる。それは、①母語の使用禁止と先住民の文化的要素の排除、②初級レベルの「3R」に限定された学科教育（午前中の数時間のみ）、そして③単純労働、半熟練労働者になるための実業訓練の重視などであった[38]。

無償教育は、少なくとも為政者側からみれば、莫大な予算の確保という問題と直結している。そのため納税者に対して、つねに「成果」をアピールする必要があった。図1-4は、一九二〇年にカンザス州ローレンスで開催されたパレードを撮影した写真である。写真のなかの山車は、インディアン局所管の寄宿学校ハスケル・インスティテュートの生徒が、「過去（一六二〇年）のインディアン」と「現在（一九二〇年）のインディアン」の生活を再現したものであるという。この山車を企画したのはおそらく同校の関係者だが、彼らにとっての「よきインディアン」像をここからうかがい知ることができる。それは、「キリスト教を信仰し、鍛冶や電工などの半熟練・熟練工として働き、選挙があれば投票に行き、有事の際は自ら志願して従軍する」というものであった。さらに、こうしたメッセージを地元住民に送ることによって、「変則的」な法的地位や保留地制度の解消のための必須の機関として、莫大な予算を費やしている無償教育制度を正当化する意図もあった。

しかし、ここで留意すべきは、制度としての学校教育はそれほど容易に定着しなかったという事実である。一八八七年には先住民の就学を義務化する法律が成立したものの、その後二〇年にわたり同種の法律が繰り返し制定されていた。このことが示すように、学校の定員は容易には満たされなかったのである。就学率の向上に腐心していた内務省インディアン局では、一八九三年、子どもの就学を拒否した両親に対して配給を停止する規則を定めた。しかしその翌年には、両親あるいは親族の同意なく保留地外の学校に就学させてはならないという内規を定めるといったように、一貫性のない場当たり的な施策を採っていた[39]。教育担当官が交代するごとに猫の目のように方針が変わったのでは、教育現場での混乱はなおさらであった。

このように、二〇世紀初頭に至るまで、先住民に対する初等教育の普及が遅々として進まなかったのはなぜだろうか。学校教育を普及させたい連邦政府側と先住社会側それぞれに内在した要因が考えられるが、ここではまず前者について検討しよう。

学校教育の普及の最大の障害は、学校教育の無償化・義務化には莫大な経費がかかることであった。前述のように、一八七〇年から一九〇〇年の三〇年間でインディアン局の教育支出は一五〇倍になった反面、学校在籍者数は約七倍増に留まっていた[40]。とりわけナヴァホの場合、次章で詳しく述べるように、一九〇〇年時点での就学率は一〇パーセントにも満たなかった。つまり、モーガン局長のいう「地球上で最も豊かな」合衆国政府といえども、すべての先住民に短期間で初等教育を普及させるだけの資金と人材は十分ではなかったのである。そして数十年のあいだには、先住民教育政策に対して、コスト論的立場からの批判が高まったのも無理からぬことであった。一九二二年にある下院議員が指摘したところによれば、インディアン局の運営には「著しい活躍で知られる湾岸警備隊や四億ドルもの税収をもたらす関税局」とほぼ同額の経費が必要であり、約五万世帯の先住民を管轄するために約五〇〇〇人の職員を抱えていたという。これだけの税金と人員をつぎ込んだ巨大官僚組織に対しては、連邦議会の予算審議の場において、経費の観点からたびたび批判の矛先が向けられていたのである[41]。

ただし連邦政府は、増大する一方の財政的負担について、ただ手をこまねいていたわけではない。一八七〇年代には、先住民教育のための資金不足と人材難を補うための方針として、「コントラクト・スクール」制度が導入さ

**図 1-4**　ハスケル・インスティテュート在校生によるパレード（1920 年）

出典）Archuleta, Child, and Lomawaima, eds., *Away From Home*, 56–57.

れた。[42] これは、合衆国政府と特定のキリスト教団体が契約を交わし、教区学校への連邦助成金を支給する形で学校運営を委託するシステムである。一八九二年にはコントラクト・スクールへの連邦助成金はピークを迎え、インディアン局の教育予算の約四分の一にあたる総額約六〇万ドルに達するまでになった。けれども、助成金をめぐる宗派間の対立が激化したために、一八九七年には教区学校への連邦助成は廃止されることになった。ところが、「教派学校以外の学校が供給できない場所に限り一八九五会計年度の支出額の四〇パーセント以内で」契約を継続することが例外措置として認められたため、実質的には、一九一七年までこの慣行は続いていたという。[43] こうした歯切れの悪い施策が続いていた背景には、従来の政教不分離の実情を改めようとする法制度上の動きがある一方で、人材・資金・ノウハウなどの面で、長年の経験があるキリスト教各団体に依存せざるを得ない現場の事情とが錯綜していたためであった。

## 4　異文化としての学校

インディアン局所管の学校が各地に設立されるなかで、先住諸社会においては、学校教育への反発や憧憬など様々な反応がみられた。なかでもプエブロやホピは、合衆国軍との戦争とは無縁であったものの、大平原地帯から捕虜同然で就学させられていた先住民グループと同様、当初から寄宿学校に在籍していたことで知られている。当局による就学の強制に対しては、プエブロ社会では、当然ながら多くの親たちが反対していた。しかし、過去のスペインによる植民地支配の経験から、強大な外部勢力への抵抗は困難と考え、表面的には黙従する場合が多かったという。[44] それとは対照的に、スペインやメキシコの支配を受けていないホピでは、一八八〇年代に本格化した就学強制策は、前代未聞の外部勢力からの干渉ととらえられた。学校をめぐって、村が二分されるほどの激しい内部対立へと発展したのである。以下では、二〇世紀初頭までのホピ社会の事例に即して、学校教育に対する人々の対応を検討する。それによって、学校教育の功罪を先住社会に内在して理解することができよう。

一八七〇年代に至るまでの合衆国政府は、後述するナヴァホと同様、ホピに対しても放任政策を採っていた（当時、ホピ保留地はナヴァホ保留地内の一管区とみなされていた）。ところが一八八〇年代以降、大陸横断鉄道の開通によりホピの集落から四〇キロあまりのところにフラッグスタッフやウィンスローといった新しい町が次々と建設されるようになると、合衆国政府は従来の放任策を転換し、ホピの村々へ官吏と教師を送ることに関心を示し始めるようになった。手始めに、一八八二年には、チェスター・アーサー大統領の行政命令によって保留地の境界が暫定的に定められることになった[45]。

当時のホピ社会最大の村・オライビの最有力者であったロルローマイ（Lolulomai）は、一八九〇年、アーサー大統領との面会を機に「友好派」（The Friendlies）[46]に転向したといわれている。合衆国政府と協調し、鍬や斧、シャベルなどの「贈り物」は受け取り、子どもたちを学校に送る――これが元々反米派で知られていたロルローマイの新方針となり、トム・ポラッカ（Tom Polacca）などの有力者もこれに追随した。それに対し、ヨケオーマ（Yokeoma）率いる「敵対派」（The Hostiles）の一部は激しく反発してロルローマイを一時監禁するなど、ホピ社会内部は合衆国政府との関係をめぐって二分され、騒然とした雰囲気に包まれていた。奇しくもこの混乱の最中に、一八八七年一般土地割当法（通称ドーズ法）の施行を想定して土地測量士が派遣されてきたため、「敵対派」の一部は測量用の杭を引き抜いて抗議するなどますます態度を硬化させるようになった（ただし結局、同法はホピには適用されなかった）[47]。さらに追討ちをかけるように、保留地内に相次いで通学学校や寄宿学校が開校されたため、ホピ社会内部の亀裂は一層深まる結果となった。

一八八七年には、ホピ保留地内では初の寄宿学校がキームス・キャニオンに設立された。ロルローマイら「友好派」のリーダーは同校の建設を自ら要請していたが、多くの親たちは子どもを学校に送ることを拒否したという。同校では開校して二週間後に、五二人ほどいた児童・生徒が全員逃げ出すという事件が起こったが、初代校長の報告書によれば「校長が子どもを誘拐して首都ワシントンに連れ去ろうとしている」という噂が流布していたことが原因であった。学校という機関に拠らず次世代を育成してきたホピの人々にとっては、子どもを家族から引き離して教育することなど、理解しがたいことであった(48)。

「敵対派」を中心とした人々の抵抗に直面した学校側は、学校の職員だけでなく警察官も動員して強権的な生徒募集を敢行するなど、武力行使も辞さない強制的な就学促進策を講じるようになった。たとえば、C・E・バートン（C. E. Burton）校長は、一九〇三年のある日、夜明けと共にオライビ村の家々を廻って子どもを探したが、一部の人々が抵抗したため、「暴徒」に対して「警察官や部下に銃を抜くよう命じた」と報告している(49)。在籍者数に応じて配分される予算を獲得するためにノルマを果たそうとする当局職員と反対派住民とのこうした攻防は、当時のホピ保留地では日常と化していた。そのうえインディアン局は、ホピの宿敵ともいえるナヴァホを警察官として雇うことが多く、このことが益々ホピの人々の敵愾心をあおる結果となった。牧民のナヴァホが農耕民ホピの農作物を掠奪してきた歴史があったからである。さらに合衆国領となってからは、ナヴァホ保留地内部の一管区としてホピ保留地が画定されたこともあり、土地利用をめぐってナヴァホとの諍いが頻発するようになっていた。

キームス・キャニオン寄宿学校に続いて、オライビやポラッカなどのホピの集落内にも、通学学校が相次いで開校されるようになった。学校教育を普及させたいインディアン局にとっては、プエブロやホピが村落を形成する農耕民であることは好都合であった。なぜなら、集落のなかに、最初の三学年程度を対象とした通学学校を建てることができれば、寄宿学校よりは比較的楽に生徒募集ができるうえに、コスト削減にもなるからである。通学学校修了後、保留地内寄宿学校、さらにある専門分野に特化した保留地外寄宿学校へと進学させるというのがインディアン局にとっての理想のプランであった。他方のホピにとっては、学校は目の前にあるだけに、避けて通れない問題となった。一九〇六年、ついにオライビ村内部の対立は頂点に達し、結局、「敵対派」約三〇〇人がオライビを捨てて四キロほど離れたところに新たにホテヴィラ（Hotevilla）村を建設することで決着した。(50)

こうして、一九一〇年代後半以降のプエブロやホピ社会では、初等教育が普及して数年間の就学は常態となった。ホピ社会内の「敵対派」のあいだでも、子どもたちを就学させるようになった。その第一の要因は、一九〇七年にインディアン局長フランシス・ルップ（Francis E. Leupp）がオライビ在住の両親に学校選択権はあると「譲歩」しつつも就学は義務であると主張したように、就学の圧力は弱まることはなかったためである。続いて一九一一年には、「敵対派」の拠点であるホテヴィラに騎兵隊が派遣され、子どもたちを寄宿学校まで連れていくという事件も起こった。ただしこの事件は、「敵対派」の子どもたちが就学するためには、「警官や軍隊が強制したので仕方なく子どもを就学させざるを得なかった」という舞台設定が必要だというホピ内部からの助言を受けて、インディアン局職員が形式的に騎兵隊の派遣を要請したものだという。実際、面目を失わずに「転向」したホテヴィラの住民は、抵抗もせずに子どもたちを就学させたという。(51)

就学が進んだ第二の要因としては、ホピ側の実利的な戦略という点が挙げられる。自発的に子どもを学校に送れば、インディアン局から金属製の農具などが支給されることもあった。そして学校では、子どもたちに制服が支給され、食事も出される。もちろん、このような「贈り物」は何かのわなであるというのが「敵対派」の考えであった。しかし、「衣服を買うことができない」家庭の経済的事情から、「読み書きや算術を学ぶため、そして衣服をもらうため」にキームス・キャニオン寄宿学校へ行く決断をした「敵対派」出身のドン・タライェスヴァ（Don C. Talayesva）のような例は年々増えていった。(52) このように「敵対派」であっても、生活の苦しさから実を取る動きもみられるようになったのである。

あるいは、就学そのものを否定するのではなく、就学の年数をコントロールするという戦略もみられた。ズニ・プエブロ出身のある男性（匿名）の事例をみてみよう。彼は、叔父の強い勧めもあって、一六歳までに保留地近くのブラック・ロック寄宿学校の最終学年（第六学年）を修了し、一九二一年、ズニ所管の監督官から他の寄宿学校への進学を勧められた。ところが、最初に小学校への就学を熱心に勧めていた叔父は、「交易に必要な英語力や知識は十分身についた」との理由でそれ以上の学校への進学には反対したという。後にこの男性は次のように回想している。「(叔父は) もし私がさらに進学すれば別の職業についてしまい、牧羊から手を引いてしまうかもしれないと思ったのだろう。…中略…当時の状況からすれば、叔父の言うことは正しかったと思う。なぜなら、私たちは多くの羊を所有していて、それ以上の教育はなくても十分やっていくことはできたから[53]」。この叔父なる人物は、交易所で羊毛を買い取ってもらう際に通訳を雇わねばならないことや、取引に不正があるか否かを見極めるだけの教育がないことに対して、つねに不満や不安を抱いていたという。彼は、甥に初等教育を受けさせ、羊毛の取引時の通訳兼交渉を任せようとしたのである。ただし、数年間の就学により英語力や算術を学ぶことは家族戦略のうえでも極めて有益ではあるものの、それ以上の学校教育は「甘やかされて白人のやり方に染まってしまう」恐れがあり、不必要なだけではなくむしろ有害になりかねないのだった[54]。この事例からは、就学の年数を制限することで、従来の生産文化と適合的な就学のあり方を模索する人々の戦略を読み取ることができる。

第三の要因としては、ホピやプエブロでは村のなかに通学学校が建設されたため、就学者と未就学者が生活空間を共有していたことが挙げられる。一般の家庭では、執拗な勧誘に屈して、子どものうちの一人をまず通学させるという場合が多かった。すると子どもの中には、兄弟姉妹の通う学校というものに関心を示し始める者がでてきたのである。P・クォヤワイマ（Polingaysi Qoyawayma）はその一人である。彼女の両親は学校教育に反対しており、姉だけが通学学校に通っていた。クォヤワイマは、姉が着ていた制服のワンピースに憧れ、昼には「白人の食べ物」が出されると聞いて興味を持ち、親の反対を押し切って自らも通学学校に通うようになったと回想している。[55]また、「敵対派」の家庭出身のヘレン・セカクワプテワ（Helen Sekaquaptewa）によれば、毎日繰り返される「敵対派」とインディアン局職員との「かくれんぼ」に疲れ果ててついに学校にいってみると、「友好派」の子どもたちから「友好派」と呼ばれてからかわれたという。学校の帰りに「友好派」の子どもたちが石を投げてくることもあった。[56]通学学校に通う子どもの人数が増えていくに従い、未就学者への圧力も強まり、学校という異質の機関から距離を保つことはますます困難になっていった。

以上のように、世紀転換期におけるホピ保留地では、強制力を伴った「上からの」学校教育の普及策が講じられ、内部で学校の是非をめぐり鋭い対立がみられた。ただし、合衆国軍との武力衝突とは無縁であったホピの人々にとっても、合衆国政府に対する畏怖の念は共有されていた。当時のオライビで少年時代を過ごしたタライェスヴァは、「白人、とくにアメリカ合衆国政府が為しうることに対する恐れの感情は、当時の私たちの心を支配していた最も大きな力」であったと述懐している。[57]この懸念こそが、物質的豊かさへの憧憬や英語運用能力への実利的関心と交錯しながら、「敵対派」「友好派」如何を問わず人々の心を支配していたのである。ヨーロッパ系の入植以前からこの地で土を耕して生きてきた人々にとって、村のなかの通学学校や寄宿学校は、排除することのできない新たな支配文化の象徴となった。

一九二〇年代までには、三年程度の初等教育の機会を提供する通学学校へのプエブロとホピの就学率は、在学期間や出席率など不明な点は多いものの、八〜九割に達していたといわれている。次章で詳述するナヴァホの就学状況とは大きく異なり、プエブロやホピ社会では、三学年程度まで地元の通学学校に通った後に保留地周辺の寄宿学校へ転校するというパターンが浸透しつつあった。[58]一九二七年に公刊されたブルッキングス研究所による調査報告書『インディアン行政の問題点』（以下、通称の『メリアム・レポート』とする）には、プエブロのある指導者の次のような言葉が引用されている。「われわれは子どもたちすべてが教育を受けることを望んでいるが、健康の方が重要であることには変わりない。…中略…寄宿学校で病気になったため送り返された子どもたちのために、通学学校がより高い学年まで受け入れてくれるようになればと思う」[59]。もちろん、メリアム調査団とのやりとりはあくまでも指導層の公式見解にすぎず、人々の深層心理を反映しているわけではない。とはいえ、一九二〇年代のプエブロやホピ社会内部では、初等教育の当否が争点となることは少なくなり、教職員の質の向上や寄宿学校の住環境の改善、通学学校の増設といった教育の質や形態の妥当性が論議の対象となっていたと考えられる。

ただし、当時の先住民対象の学校制度には、先住民文化を抑圧する側面があったことも改めて認識しておく必要があるだろう[60]。一九二〇年代以降になると、首都ワシントンにおいて、一九世紀末以来の先住民教育政策にはさまざまな問題があることがようやく認識されるようになった。とりわけ、かつて学校関係者に絶賛されていた寄宿学校の課外研修制度に対しては、否定的な見解が目立つようになった。その理由のひとつは、課外研修の受け入れ先の環境という点で、カーライル校とその他の寄宿学校では大きく異なっていたことにあった。カーライル校は、先住民教育の分野で長年主導的立場にあったクエーカー教徒の多い農村に囲まれていたため、少なくとも学校側からみれば「信頼できる白人の家庭」が多かった。それとは対照的に、南西部の寄宿学校の周辺には、前述のサンタフェ・リングのような一攫千金を夢見る者の比率が高く、先住民教育には全く関心はないが、地価の上昇を見込んで寄宿学校を誘致するケースが後を絶たなかった。当時のインディアン局教育部長は、一八九二年の時点ですでに次のように指摘していた。「（南西部では）インディアンを騙して誘惑したり、まっとうな社会からのけ者にしたりするのは当然だとみなされている。インディアンの若者を、このような人々に安心して預けることができるはずはない」[61]。実際のところ、二〇世紀初頭の南西部における課外研修とは、一方の在学生にとっては大規模農場での季節労働や炭鉱での肉体労働、あるいは都市での住み込みの使用人としての賃金労働を意味しており、他方の雇用主にとっては都合のいい低賃金労働者の供給源となっていたのである。(62)

前述の『メリアム・レポート』は、寄宿学校制度について次のように批判している。

政府の諸施策は、一般的に、健全な家族生活の発展を阻害する傾向があるといえる。その最たるものは、家庭から遠く離れた寄宿学校における教育政策であった。長年にわたり、幼少の子どもを親から奪い、親と子どもが互いに他人となるまで引き離しておくという施策が講じられたのである。理論的には、子どもを教育して保留地に帰すのではなく、一人一人個別に白人人口のなかに同化させることを目的としていた。この計画では、家族の絆を永久的に破壊し、その代わりに、白人の健全な家庭に彼らを滞在させるいわゆる「課外研修制度」とよばれる制度によって、彼らの家庭の代替となるものを提供することになっていた。しかし、この制度は失敗であった。職業訓練プログラムとして一貫性がなかったことが一因であるものの、より重要な原因はその不自然さにあった。しかし、この欠点はいまだに引き継がれており、今日多くの子どもたちが依然として数年以上も両親や兄弟姉妹に会うこともままならない状態が続いている。(63)

インディアン局所管の「インディアン・スクール」については、一九二〇年代以降、その「不自然さ」ゆえにさまざまな観点から批判が高まっていく。それが、一九三〇年代に具体的な諸施策として具現する経緯とその意義については、第Ⅲ部で詳述する。

本章でみたように、一九世紀後半から二〇世紀初頭にかけての先住民政策の特徴は、端的にいえば、そのときどきの利害関係や財政事情に左右された、ご都合主義あるいは無方針というべきものであった。たしかに一九世紀末以降には、「インディアン」という「変則的」な法的地位の解消を最優先課題とした同化政策論が唱えられ、一部で保留地の個別割当てや同化教育政策として具現した。その反面、「インディアン」という法的地位の解消は、財政的・行政的観点からみて決して容易ではない実態も露呈することになった。なぜなら、「インディアン」という法的地位に付随する権利・義務をめぐっては、為政者側・先住民側を問わず、さまざまな利害や願望が錯綜していたからである。この典型が、本章でみたプエブロの事例であった。次章では、プエブロと同じ時期に合衆国に併合されたナヴァホ社会に焦点を絞り、具体的にとるにいたった対ナヴァホ政策の内容と意義を明らかにする。

# 第2章 「野蛮なトライブ」から「自活しているインディアン」へ
## ——併合後の先住民政策とナヴァホ社会——

旧ヌエボ・メヒコにおいて先住社会の再編が行われていた頃、スペイン・メキシコによる支配の対象とはならなかった先住社会に対しても、合衆国の法理への同化が求められるようになった。ここでは、合衆国内で最大の人口を擁するナヴァホ社会に即して、国家による統合の圧力とナヴァホ側のそれへの対応とを関連づけて検証する。

### *1* 故郷における再出発

一八四八年のグアダルーペ・イダルゴ条約によって、ナヴァホの「故郷」も合衆国領として併合されることになった。一八四九年七月に初代インディアン監督官としてサンタフェに着任したジェームズ・S・カルフーン(James S. Calhoun) によれば、リオグランデ川流域のプエブロの指導層はサンタフェに日参し、掠奪や子女の誘拐を取り締まるよう陳情を繰り返したという。プエブロ指導層は、新しい支配権力である合衆国に対して、権力の真空地帯と化していた地元ニューメキシコの治安と秩序の回復を要請したのである(1)。

このような状況を踏まえて、合衆国政府は、イダルゴ条約でいうところの「野蛮なトライブ」への対応策の定石として、ナヴァホとの条約交渉に乗り出すことになる。ところが、その条約交渉は遅々として進まなかった。一八四九年には、ナヴァホのごく一部のバンドに働きかけて条約を締結したものの、他のバンドによる掠奪までは取り締まることはできなかった。ついに一八六三年四月、業を煮やしたジェームズ・H・カールトン（James H. Carleton）准将は、ナヴァホの指導者数名が掠奪を放置したとの理由で、ニューメキシコ準州にあるフォート・サムナー（Fort Sumner）への移住を一方的に命じる暴挙に出たのである。それに対し、ナヴァホの指導者たちは掠奪の取締りへの協力を約束する一方、当然ながら移住案は拒絶した。しかし、カールトン率いる合衆国軍による耕地・住居の焼打ちや家畜の掠奪が進むにつれ、一八六八年までのあいだに約九〇〇〇人以上のナヴァホが捕虜となり、暫定的な「収容」先となったフォート・サムナーまでの五〇〇キロメートルあまりを徒歩で移動させられることになった。後にナヴァホの人々のあいだで、「ロング・ウォーク」と呼ばれるようになったこの強制移住策は、性急かつ無計画に進められ、二〇〇〇余の人命を奪ったといわれている。さらに、フォート・サムナーは七〇〇〇人あまりが生活するにはあまりにも狭く不毛であったため、多くの人々が栄養失調や病気になった。その反面、フォート・サムナーに集められた「捕虜」の数は、陸軍の予想をはるかに超えており、食糧の配給などで一〇〇〇万ドル以上の費用がかかったといわれている。(2) ロング・ウォーク以前にはナヴァホへの国庫支出はほとんどなかったことを鑑みれば、これは連邦政府にとって予想外の出費であった。餓死や病気の蔓延に対する人道主義的な批判も存在していたが、なによりもコスト論的観点からの批判が高まったため、合衆国政府は政策転換を余儀なくされることになった。

一八六八年六月、合衆国政府とナヴァホのあいだで条約が締結されることになった。条約締結会議は、W・T・シャーマン（W. T. Sherman）将軍率いる合衆国側と、バーボンチート（Barboncito）とマヌエリート（Manuelito）を含む一八名のナヴァホの代表が臨席する中、ナヴァホ語からスペイン語、スペイン語から英語と二人の通訳を介して行われている。この会議の最大の目的は、ナヴァホの今後の居住地を確定することであった。シャーマン将軍側は、以下の三つの案を提案した。それは、「市民として準州の法律に従う」という条件のもと、ニューメキシコ準州の「どこへでも望むところに」家族とともに移住するという案と、「チェロキー・カントリー」（現在のオクラホマ州）の一部へ移住する案、そして、リオグランデ川以西の「あなた方自身の故郷」へ戻るという案であった。この提案に対し、ナヴァホ側を代表したバーボンチートは、怒りをこらえながらこう答えている。

私の故郷以外のところに行くことを要求しないで欲しい。その土地も結局、もう一つのボスケ・レドンド［フォート・サムナーの別称］となるのは、火をみるよりも明らかだ。この地へ来る前にも、ここはよいところだと説得されたが、実際は違った。(3)

結局、両者は、第三番目の「故郷」案で合意した。バーボンチートは、天にも昇る心地で声の震えをこらえながら、「われわれは右や左ではなく、まっすぐわが故郷に帰ることを心から望む」と強く念を押したと伝えられている。そして講和会議の最終日には、キャニオン・ドゥ・シェイ（Canyon de Chelly）を含む三五〇万エーカーがナヴァホ保留地として画定されることになった。これは、ロング・ウォーク以前にナヴァホが実質的に占有していた土地の五分の一に過ぎなかった。しかし、ナヴァホ側は、「われわれの故郷のまさに中心部」が含まれていたことに安堵し、この提案を受け入れている。両者はまた、フォート・ディファイアンス（Fort Defiance）にインディアン局の事務所を開設することにも合意した。

条約締結会議の終了間近になって、シャーマン将軍は、「学校と鍛冶・大工仕事の作業場」についてもナヴァホ側の意見を求めている。バーボンチートは、鍛冶や大工仕事への需要は高いと賛意を示し、学校については「大勢が就学することを確信している」と答えた。ただし、故郷に帰ることができるか否かの瀬戸際にあったナヴァホの出席者にとっては、学校問題は、適当に相槌を打っておけばいい程度の議題であった。

一八六八年条約の内容は、併合地における「インディアン条約」の典型であった（「インディアン条約」については第1章参照）。たしかに同条約には、保留地の画定（「余剰地」の譲渡）と引き換えに、初等英語教育のための校舎建設と教員派遣を明記した条項があった。さらに、保留地の個別土地保有化の権限を大統領に付与する一項も含まれていた（ただし個別土地保有化については、現在に至るまで実施されていない）[4]。

なお、条約によって画定された保留地は、条約以前の実質的な占有地の約五分の一程度であった。しかし、フォート・サムナーから解放されたナヴァホの人々は、その境界などにはおかまいなく、元々住んでいた場所に戻ったといわれている[5]。彼らにとって、保留地の概念そのものが異質であり、その存立理由は理解されなかったのである。

翌年七月には、合衆国軍による家畜の殺戮や家財の没収等の賠償として、一人当たり二頭の羊や山羊と若干の農具（総額三万ドル相当）が支給されることになった。その場に立ち会ったあるインディアン局職員は、「これほどまでに歓喜にあふれた人々の表情をみたことはない」と書き記している[6]。ナヴァホの人々にとっては、故郷での再出発の瞬間であった。

ところで、合衆国によって画定された保留地とは別に、ナヴァホの人々にとっての故郷とは、どのような空間的領域だったのだろうか。条約締結会議においてバーボンチートは、「われわれの故郷」について創世神話を引用しつつこう語っている。「ナヴァホが最初に創られたとき、四つの山と四つの川がわれわれに指し示され、それらに囲まれた土地に住むようにといわれた」地域、これが「われわれの故郷である」[7]。一般に、ナヴァホの人々にとって、東のブランカ・ピーク（Blanca Peak）、西のサンフランシスコ・ピーク（San Francisco Peak）、南のマウント・テーラー（Mt. Taylor）、北のマウント・ヘスペラス（Mt. Hesperus）という四つの山に囲まれた空間が「故郷」、すなわち「母なる大地」という臨在感を抱く空間であるといわれている（図1-1参照）[8]。それに対して、条約締結時の保留地は「故郷」のごく一部でしかなかった。とはいうものの、保留地の境界内に、条約会議に臨んだ有力者らの地盤（キャニオン・ドゥ・シェイ周辺）が含まれていたことの文化的・社会的意義の大きさが推し量れよう。

ロング・ウォークによりすべての財産を失ったナヴァホの人々は、「故郷」での生活を文字通り無一文からやり直すことになった。ところが首都ワシントンでは、一八八三年のナヴァホ監督官による年次報告書の言葉を借りれば、ナヴァホ保留地は「一万平方マイルのこの世でもっとも価値のない不毛の土地」との認識が主流であった。さらに、南北戦争後の諸改革が最優先事項となった連邦政府にとって、治安の回復したニューメキシコ・アリゾナ両準州内の先住民への関心はきわめて低かった。連邦政府からナヴァホへの財政的援助はほとんどなく、人々は自力で旱魃や凍害を乗り越えていった。

首都ワシントンのみならず地元においても、ナヴァホ保留地周辺は「不毛」とみなされていた。このことは、結果的にナヴァホにとって幸運であった。この時期には、ナヴァホの人口は年々増加し、それに対応して数回に及ぶ行政命令により保留地の面積が倍増した。(9) この土地基盤の拡大は、ナヴァホ社会の経済的・社会的復興に大きく貢献することになった。一八八〇年までには、ナヴァホ社会の家畜総数は七〇万頭を超えるまでになった。

ここで注目すべきは、この時期にはナヴァホ社会内部の階層分化が一層進行したという点である。一九〇三年のインディアン局長による年次報告書には、当時のナヴァホ保留地には、一〇〇〇頭以上の羊を所有する「リコ」(ricos：スペイン語で資産家の意）が数名存在していると記されている。その「リコ」の一人がガナド・ムチョ（Ganado Mucho：英語では Many Cattle）と呼ばれていたある有力者であった。彼は、父親から譲り受けた家畜を元手としてその数を増やし、その名の通り家畜の大所有者として知られるようになった。また、後に詳述することになるが、チー・ドッジ（Chee Dodge）のような新しいタイプの「リコ」の台頭がみられたのもこの頃である。ドッジは如才なさと卓抜した語学力で交易所の経営にも乗り出すなど、伝統的な「リコ」とは一線を画した資産家であった。

加えて、保留地内の耕作地に関しても、特定の一族による肥沃な土地の占有が進んだ。一九〇五年のインディアン局長の報告書等によれば、七家族が良質な六〇〇エーカーの土地を占有していたという。そして、「一個人が五〇〇エーカーの土地の占有権を主張している場合が多々あり…中略…別の氏族《クラン》に属するよそ者はその土地を耕すことはできない」ことになっていた。そのため「リコ」のまわりには、畑仕事を手伝ったり、羊の番などの仕事を請け負う貧者が集まっていたという(10)。

以上のことから、ナヴァホの生産文化の特徴を端的にいえば、スペイン系入植以前にプエブロやホピから伝授された農耕と、スペイン系入植者の家畜飼養を模倣することで広まった羊の移牧を組み合わせた複合形態であったといえよう。また土地所有の観念については、アングロサクソンの財産権とは異なるものの、ゆるやかな属人的土地権（占有権・使用権）の概念が存在していた。移牧という生産文化は、土地所有に関しては、（土地の所有が重要な意味をもつ）属地的支配よりも（土地へのアクセス権の保持が重要な意味をもつ）属人的支配を発達させてきたと考えられる。

ところが首都ワシントンでは、ナヴァホ社会の経済的・社会的特徴を正確に理解していた者はほとんどいなかった。一八九四年のインディアン局長宛の報告書のなかで、ナヴァホ所管のエドウィン・プラマー（Edwin H. Plummer）監督官はこう述べている。首都ワシントンではナヴァホは「自活しているトライブ」と誤解されているため、「扶助と文明化のための予算」としては年間七五〇〇ドルという僅かな予算しか配分されず、これでは現地事務所の人件費や施設維持費しか賄うことができない。けれども、「インディアンに日々接している者にとってはいかに彼らの保留地が荒れているかは一目瞭然である」という。たしかに保留地内では、人口増加と過剰な放牧のため地力は徐々に衰えており、近親交配が進み家畜の質も低下していた。さらに、保留地の境界が確定していない地域では、イスパーノやアングロサクソン系の入植者との放牧地をめぐる争いや家畜の盗難が頻発していた[11]。けれども、チー・ドッジのような一部のナヴァホの有力者やプラマーのような現地駐在員は例外として、過放牧による土壌の悪化や人口圧への対応の必要性は、認識されていなかったのである。

## 2 「一対一の実地教育方式[12]」と学校教育制度の並存

第1章でみたように、一八八〇年代以降の先住民政策は、一八八七年一般土地割当法（通称ドーズ法）に代表される保留地制度の解体と、寄宿学校制度に象徴される同化教育政策を二つの柱としていた。しかし、最大の人口を擁するナヴァホに対しては、結果として、通常の先住民政策とは異なる施策が講じられた。ナヴァホの場合、保留地が拡張される一方で、これからみていくように初等教育の普及は遅々として進まなかったのである。なかでも学校教育に関しては、二〇世紀初頭には初等教育の就学率が八〇パーセントを超えたプエブロやホピとは対照的に、ナヴァホの就学率は一〇パーセント程度と極端に低いままであった。そのためナヴァホ社会においては、一九三〇年代に至るまで、学校という公的機関に拠らない従来の教育システムと学校教育システムが並存するという状況が続いた。以下では、従来の教育的再生産の方法が継承されるなかで、学校という異質の教育機関が、どのようにナヴァホ社会に受容あるいは拒絶されたのか、そしてそれはなぜなのかを分析する。

初等教育普及策と人々の対応を検証する前に、一九世紀後半から二〇世紀初頭にかけてのナヴァホ社会における次世代の育成方法を把握しておこう。それによって、学校を所与のものとする「近代的」な前提を相対化できるだろう。

当時のナヴァホ社会において、どのような育児方法が採られていたのかを体系的に知るための史料は非常に限られている。ここでは、人類学者の口述筆記による回想録やオーラルヒストリー集に依拠しつつ、従来の次世代育成方法を探ってみたい。

ナヴァホの人々のいう「オールド・ペーパー」、つまり一八六八年条約が締結された年に生まれたレフト・ハンディッド（Left Handed）というナヴァホの男性は、少年時代の日々を次のように述懐している。

毎晩、私が羊の群れとともに戻って囲いの中に羊を入れ終えると、父はいつも話をしてくれました。父のこれまでの人生について、私がこれからいかに生きるべきかについて、あるいはどのように羊の世話をするべきかについてなど、いろいろな話をしてくれました。父は決まって、寝すぎてはいけないと言ったものです。そのため、私はいつも夜遅くなってから床に入り、朝早くまだ暗いうちに父に起こされました。「起きなさい、起きて着替えなさい。昼になってしまうよ。羊たちが早く外に出してと言っているよ」と、父はいつも言っていました。(13)

羊の出産期である春には、生まれたばかりの子羊は、母羊から引き離されて別の囲いの中に入れられる（こうしておけば母羊は必ず子羊のところに戻ってくるからである）。幼いナヴァホの子どもたちにとって、この子羊は格好の遊び相手であった。そして六歳にもなると、日中、ホーガンと呼ばれる住居近くの囲いから牧草地まで、羊の一群とともに往復する仕事を一任されるようになる。はじめて羊の群れの見張りを任されたときのことを、レフト・ハンディッドはこう述べている。

私はまだあまりに背が低くて、まるで犬のように羊とともに出かけました。私は羊たちとともに歩きまわり、

群れの真ん中にいたのです。群れの外側にいるのは怖かったのですが、羊に囲まれていれば安心しました。(14)

ナヴァホの子どもたちは、羊に囲まれれば埋もれてしまうほどの背丈の頃からすでに、昼間の羊の世話を任されていた。それでも羊に囲まれていれば安堵感があったということは、六歳の子どもにとっても、羊は家族のような存在であったことがわかる。

オーラルヒストリー集『伝統的なナヴァホの生活と文化について』には、「伝統的なナヴァホの教育」についてのナヴァホ自身による回想が数多く収録されている。この記録によれば、それは、牧羊と農耕で自活するために、心身の鍛錬と勤勉の思想に重点を置いたものであった。その方法については、一定のパターンがあったようである。まず身体を鍛える方法として、男女を問わず最も頻繁に行われていたのは、早朝の大声を出しながらのランニングであった。冬には、寒水浴が義務付けられることもあった。また男子の場合は、毎朝、前夜に放牧していた馬を連れ戻すという仕事もあった。女子の場合には、とうもろこしのひき方を「嫁入りのときに恥をかかないように」叩き込まれる一方で、羊毛をすいて紡ぎ、毛布や敷き物を織りあげる技術を習得しなければならなかった。(15)

これらの心身の鍛錬や技術の習得には、勤勉と質素倹約を奨励する訓話がつきものだった。ディスチニー・ネズ・トレーシー（Deescheeny Nez Tracy）は、躾の厳しい母から次のように言いきかされて育ったという。

> 氷の下の水の中には、いいものがたくさんあるんだよ。それを飛び込んでつかまなければいけないよ。…中略…志と情熱がある人だけが上等のものを手に入れることができるんだよ。…中略…怠け者で自分でできない人間は、将来、よく肥えた馬に乗ったり丸まると太った羊を所有したりなんてことができるはずはないよ。(16)

成人となったトレーシーは、この教えについて次のように述懐している。

伝統的な教育においては、「よい馬と太った羊」がよく引き合いに出され、それらが丘の上にいる、とよく聞かされたものだった。…中略…昔は、丘の上に馬なんかいないし、氷の下に富なんてないと思っていた。しかし、自分自身で家畜を所有するようになってやっと、母が言っていたことの意味がわかったんだ。(17)

両親や祖父母による躾や家庭教育に関する回想録をみると、「厳格」という形容が最も頻繁に用いられていることがわかる。アシエ・ツォシィ（Ashie Tsosie）が「昔は子どもに対する躾は本当に厳しかった」としみじみと回想しているように、子どもが朝寝坊することは絶対に許されず、零下の雪の中であろうと灼熱の太陽のもとであろうと一日も欠かすことなく家畜の世話を命じられたという。(18)一家の財産である家畜の世話を任せる以上、コヨーテなどの野獣から自分自身と羊を守る知恵や天候の変化を察知する能力などが求められ、子どもだからといって失敗は許されなかった。さらに、こうした実地訓練に加えて、一家の年長者が必要に応じて、創世神話などを引用しつつ勤勉の思想を繰り返し説いたという。(19)

以上のように、学校という制度に依らずに次世代を育成する方法として、拡大家族や氏族制といった地縁・血縁関係を基盤とする「一対一の実地教育方式」は極めて有効だったといえよう。

では、「一対一の実地教育方式」が機能していた当時のナヴァホ社会において、学校教育制度はどのような形で導入され、普及した（あるいはしなかった）のだろうか。連邦政府は、一九世紀半ば頃からナヴァホに対しても初等教育の普及が必要だと考えていた。このことは、一八六八年条約に学校教育に関する一項があったことにも表れている。ところが実態としては、初等教育は遅々として普及しなかった。条約締結の翌年、連邦助成を受けたミッション・スクールがフォート・ディファイアンスに開校されたものの、人材と資金不足のために数年後には閉鎖された。[20] その後一八八一年になってようやく、ナヴァホ保留地内における学校教育普及策の拠点として、新たにフォート・ディファイアンスに寄宿学校が開校された。初の保留地内寄宿学校との触れ込みだったものの、視察に訪れたある陸軍大尉の目には「不潔でみすぼらしい」学校にすぎなかったようである。また、開校当初の在籍者二〇余人は、制服を受け取った後、しばらくすると姿を消してしまったという。[21] このように一八八〇年代までのナヴァホ保留地においては、就学どころか校舎を見かける機会すらほとんどなかったのである。

こうした状況に変化の兆しがみられるようになったのは、一八九〇年代以降のことである。一八九二年にナヴァホ監督官として着任したダナ・シップレー (Dana L. Shipley) は、就学率の向上を促すインディアン局の内規を盾にとって、フォート・ディファイアンスの駐在所近くにある寄宿学校の定員を埋めるべく、警察官を動員して生徒募集を行う強硬手段をとった。ところが、生徒募集のためラウンドロック地区を訪れたシップレーに対し、地元の「荒くれ者」ブラック・ホース (Black Horse) らがインディアン局の学校や事務所の閉鎖を要求して立ちはだかり、一触即発の危機となった。身の危険を感じたシップレーは、同行の警察官とともに近くの交易所に逃げ込み立てこもった。結局、エドウィン・プラマー中尉率いる数人の陸軍兵士が到着すると、ブラック・ホースらはその場を去り、大事には至らなかった。このラウンドロック事件は、その後一九一〇年代にチューバ・シティで起こった就学をめぐる殺傷事件と同様に、一八六八年条約締結以降のナヴァホ保留地においては異例の警察官・合衆国軍兵士との武力衝突の危機であった。それがともに就学をめぐるものだったことは、留意されてよいだろう。[22]

ラウンドロック事件後にシップレーの後任となったエドウィン・プラマーは、就学に関して、シップレーとは正反対の方針を打ち出している。一八九三年六月五日付のインディアン局長宛の報告書において、プラマーは「入植者と接する機会がほとんどなく、あったとしても最も低俗なタイプのアメリカ人との接触であるため、このトライブの若者の多くは、自分達はアメリカ人よりもあらゆる点において優れていると信じて」いるので、「アメリカ人の教育方法や文明の偉大さや利点」を認識させる必要があると訴えた。興味深いことにプラマーは、ナヴァホが就学に無関心である一因は、「フォート・サムナー」(前述の強制移住) を経験していない若い世代が「白人の強さ」を見くびっていることにあると考えていた。そのため、改善策として、ナヴァホの若手有力者を対象としたシカゴ万博視察旅行を提案した。(23) 軍隊や警察官に頼る強硬手段ではなく、合衆国政府の強大さや科学技術の利便性を周知徹底させることが就学率の向上への近道である、とプラマーは考えていたのである。シップレーのいわば北風政策に対し、プラマーは太陽政策を通じて就学率の向上を目指したといえるだろう。

一八九三年、ナヴァホの有力者一〇余名を率いての視察旅行が実現した。翌年の報告書では、「シカゴへの旅はトライブにとって、とりわけ学校教育面での需要拡大に絶大な効果」があり、「自発的」な就学者が増えたため、フォート・ディファイアンス寄宿学校の在籍者数は「前年比一〇〇パーセント増」となった、とプラマーは記していた。(24) ただし、プラマーが誇る成果は、額面どおりに受け取ることはできないだろう。この視察旅行の参加者の大半は、政府公認の通訳であったチー・ドッジや警察官のチャーリー・ミッチェル (Charley Mitchell) など、すでに公職に就いていたナヴァホきっての知米家であったからである。そして他の参加者のなかには、ガラス窓などの物質的利便性には高い関心を示す一方で、依然として就学には反対する者もいた。(25) プラマーのいう「自発的」就学についても、補足説明が必要であろう。実態としてプラマーは、子どもをフォート・ディファイアンス校へ連れてきた親たちに対して、斧やシャベル、バケツ、コーヒーポット、コーヒーミルなどの物品を無償で配布していたからである。同校の在籍者数は、一八九三年一月には一〇五名、物品配布の「成果」が表れた翌年五月には一八三名に急増したものの、九八年一〇月には六四名へと激減、翌九九年以降は一二〇名前後で横ばいといったように一定していない。(26) シカゴ視察旅行や贈り物作戦だけでは、一過性の成果ならばともかく、恒常的な就学率向上には至らなかったのである。

こうした状況のなかで、ナヴァホの人々は学校をどのように受け止めていたのだろうか。当時のナヴァホ社会においては、就学問題は、警官や軍人を巻き込んだ諍いに発展するほど微妙かつ深刻な問題であった。そのため、有力者にまつわる口碑や一般の人々によるオーラルヒストリー集には、必ずといっていいほど学校教育に関連するエピソードが含まれており、人々の学校観をうかがうことができる。

まず注目したいのは、トハチ（Tohatchi）周辺を拠点とする有力者マヌエリート（一八一八〜一八九三年）にまつわる逸話である。マヌエリートは、前述の一八六八年条約の調印式に出席したリーダーの一人である。一八七〇年代初頭頃から、マヌエリートはフォート・ディファイアンス周辺で官給品の運搬を任されるようになり、さらに掠奪を取り締まるために当局が組織したナヴァホ警察の初代指揮官に任命された。その五年後には、保留地の拡大を求めてユリシーズ・グラント大統領に面会すべく首都ワシントンへも赴いた(27)。このように、各地に群雄割拠していた有力者のなかには、業務委託や雇用機会の提供を受けたり合衆国政府によって「ナヴァホの代表」に任命されることによって、地縁・血縁を越えた影響力をもつ者が現れるようになった。とりわけ、行政機関や学校が集中していたフォート・ディファイアンス周辺を地盤とする有力者たちは、公的業務を通じてインディアン局の官吏と接する機会が多かったため、他の地域よりも物資や情報量の面で優位に立つことができたのである。

マヌエリートは、一八七〇年代後半頃からいち早く学校教育への関心を示したことでも知られていた。「教育は梯子のようなものだ」という表現を用いて、学校教育を受けて時代の変化を乗り越えるよう人々に説いたとの逸話が残っている。そして一八八二年には、マヌエリートは、息子二人を含む数人の青年をナヴァホとしては初めてカーライル寄宿学校へ送り出した。ところが、愛息の一人は結核を患いカーライルで客死し、もう一人も病気になって送り返されるという悲劇が起こった。動揺したマヌエリートは、カーライルに在籍するナヴァホの生徒全員を親元へ返すよう要求したという。この事件のショックから、マヌエリートは、学校教育を支持したかと思えば翌日には批判するなど矛盾した言動を繰り返し、酒に溺れる日々を送るようになったといわれている。[28] ナヴァホ全体の就学率が〇・〇五パーセント（一八八八年現在）にすぎなかった当時、就学に対して否定的なうわさが一気に広まったことは、当局にとっては大きな痛手であった。一八八九年のナヴァホ監督官の報告書には、マヌエリートの絶大なる影響力ゆえに、「子どもを東部の学校に送るという提案を聞き入れる者は誰もいない」と記されていたほどである。[29]

ただし、たとえ数は非常に少ないとはいえ、就学者は存在していた。就学者本人やその家族にとって、学校問題は具体的かつ切実であった。一八九二年一一月、ラウンドロック事件後の事情聴収のためにシップレー監督官が主催した会合では、当局側の意図に反して、フォート・ディファイアンス寄宿学校に子どもを在籍させている親たちからの苦情が殺到し、同校の問題点と改善策を検討する場となった。たとえば、ゴーディ（Gordy）と名乗る男性は、「子どもを学校に送ることは魂を売りわたすように辛いこと」であるうえに、ワドレー（Wadleigh）校長による生徒への虐待があり心痛に耐えないと訴え、校長の更迭を求めた。続いて、子どもが足かせをはめられ二日間地下室で監禁されたり、体罰で片目を失明したとの訴えが相次いで寄せられた。たしかに、ワドレー校長による躾はあきらかに度を越していたようである。同校に出入りしていたある大工は、たまりかねてシップレー監督官宛に次のような手紙を送っていた。「ワドレー氏は、同校在籍のナヴァホの少年に対して悪質かつ非人間的な扱いをしている。彼は、生徒数名に手錠をはめて、暗くて換気の悪い古い校舎の地下貯蔵庫に監禁したりしている」。地元の人々がワドレー校長につけた渾名は、他の羊を頭突き回し威圧する雄ヤギに喩えて「ビリー・ゴート」であったというから、フォート・ディファイアンス周辺では悪名高い人物であったのだろう。加えて、不衛生な寄宿舎での生活や病人への不十分な処置ゆえに、結核やはしか、トラコーマなどの伝染病が蔓延しており、同校では、結核などで一九〇一年までに六人が死亡し、多数の生徒が病気のため退学していた。[30] こうした状態では、多くの親たちが子どもを預けることを躊躇したのは、容易に首肯しうることであった。

以上のように、当時の就学とは、鞭打ちなどの体罰や学校牢での監禁に象徴されるような軍隊式規律や伝染病の蔓延といったように、子どもにとっては身体的にも精神的にも大きな試練にほかならなかった。一〇歳に満たない子どもが親元を離れ、全く理解できない言語と異質な環境のなかで生活することは、ただでさえ多くの苦痛や困難を伴う。その重圧に耐えられなくなったとき、あるいはその理不尽さを訴えたいとき、子どもたちにできることは学校から逃げ出すことであった。寄宿学校の卒業生の回想録には、自分自身やクラスメートの逃亡経験に言及したものが非常に多く、逃亡途中で凍死するという痛ましい事故も後を立たなかった。しかし当時は、問題の原因は生徒の側にあり、罰則を強化することで阻止すべきだと一般に考えられていた[31]。

拡大家族を基盤とする「一対一の実地教育方式」が主流であった当時、一家のうちで誰がまず学校に行くことになったのだろうか。そして就学の動機は何だったのだろうか。

のちにナヴァホ評議会の初代議長となったチー・ドッジは、一九四〇年頃に行った演説のなかで、次のような興味深い指摘をしている。

もしわれわれに先見の明があったならば、［一九世紀末の初等教育導入期に］学校へ最も優秀なナヴァホの子どもたちを送るべきだったのです。そうしていたのならば、今はもっとよい暮らしができたはずなのです。しかし実際には、われわれはただ、小間使いの子どもたちを学校に送っただけだったのです[32]。

ドッジによれば、当時、まず試験的に学校に送られたのは「裕福な家庭の使用人の子ども」や「小間使いの子ども」であった。ここでナヴァホの家族構成について、若干の補足が必要であろう。序章で述べたように、一九世紀半ばの南西部では、ナヴァホやアパッチ、ユートなどの先住民とスペイン・メキシコ系入植者による人身売買や掠奪が頻発していた。ドッジのいう「使用人」や「小間使い」とは、これらの売買や掠奪、あるいは自発的な移住（避難民など）のためにナヴァホの拡大家族の一員となった人々のことを指している。ナヴァホ社会においては、「使用人」や「小間使い」は家族と寝食をともにしていたのみならず、配偶者や養子として文字通り家族の一員となる場合も多かった。ちなみに、マヌエリートの妻は、もとはといえば誘拐同然でマヌエリート一族の「使用人」となった女性だった。こうした経歴は決して例外でも特殊でもなく、差別の対象となることもほとんどなかったという(33)。

なお「使用人」のいない家庭では、一般に八〜一〇名ほどいる子どものうち、病気がちの子どもや「一家のもてあまし者」がまず学校に送られた。二〇世紀初頭には、各地で就学をめぐる攻防が繰り広げられており、生徒募集にやってきた役人に対して必死に抵抗する母親たちの姿は、のちの語り草となっている。しかし就学の圧力に抵抗しきれないと悟ると、多くの親たちは、病気がちの子どもや「使用人」を学校に送り、健康で聡明な子どもは手許から離さなかったという(34)。

ただし、さまざまな事情で学校に送られた子どもたちでさえ、数カ月から一年間在学すればいいほうであった。しかも、子どもたちが学期中に寄宿舎から逃げ出して戻ってこなかったり、夏期の長期休暇後に復学しないといった事例は後を絶たなかった。フランク・ミッチェル（Frank Mitchell）という青年の例をみてみよう。ミッチェルは、一八九四年にフォート・ディファイアンス寄宿学校に入学したものの、学校での断髪を「虐待」とみなした両親の決断で、長期休暇後には学校へ戻らなかった。さらに、学校で病気になった子どもの話を両親からたびたび聞かされたこともあり、ミッチェルはその後の三年間は、就学せず羊の世話などをして働いた。けれども、「制服と靴がすり切れた」ために学校に戻ることにしたという(35)。

ここで注目したいのは、就学を動機づける数少ない要因のひとつが、制服や靴などの官給品への物質的関心であったことである。当時のナヴァホ保留地内においては、既製服はもちろんのこと、布地を入手するのも困難かつ高価であった。そのため母親たちは、小麦粉の空き袋を活用して子ども用のシャツをつくることが多かった。一八九八年生まれのマックス・ハンレー（Max Hanley）によれば、自らも含めて多くの子どもたちが背中に製粉会社のロゴが入ったシャツを着ていたという。一九〇二年、一〇歳のときにフォート・ルイス寄宿学校に入学したボブ・マーティン（Bob Martin）夫人にとって、最も印象的であったのは制服であったという。「小麦粉の空き袋でつくった服」ではなく、新しい靴や「ボタンのある」制服とナイトガウンをもらったことがうれしかったとマーティン夫人は語っている。(36)

このように二〇世紀初頭のナヴァホ社会においては、学校はまだ、人々の日常生活とは関係のない異質の機関であった。このことは、ミッチェルが半年間の就学の後、家族や親戚から「学校っ子」（*Ólta'í Tsoh*）と呼ばれるようになったという逸話からもわかる。一九〇〇年代には、保留地内のチューバ・シティ（一九〇一年開校）やシップロック（一九〇七年開校）などにそれぞれ寄宿学校が建てられ、就学率は一九〇八年には約一〇パーセントにまで上昇した。とはいえ、就学経験者はまだ少数派であった。一九〇一年のインディアン局年次報告書には、就学率の向上に腐心するナヴァホ監督官による次のような一文が記されている。「親たちは、子どもを学校につれていくことで、白人に対して大きな貸しをつくったかのように思っており、何らかの埋め合わせを期待している」(37)。またある人類学者は、この時期のナヴァホの学校観についてこう述べている。「白人を見かける機会が増え、白人の所有物への関心が高まるにつれ、一家に一人英語を話すことができる者がいれば便利だと考えるようになった。ただし一人で十分であったが」。そして、「居なくなっても差し障りの少ない貧弱な子どもが選ばれ」学校に送られたのである。(38)

当時のナヴァホの就学率の低さは、ナヴァホ保留地内に居住するホピや近隣のプエブロと比較してみると、より際立つだろう。一九〇〇年代初頭のホピの就学率は四二パーセント（就学者数五〇〇人）だったのに対し、ナヴァホの就学率は三パーセント（同七五名）であった。また、一九二〇年代までには各プエブロにある通学学校への就学率はほぼ八割を超えていたのに対し、通学学校がほとんど存在していないナヴァホの就学率は二五パーセント程度であった[39]。しかもホピ保留地はナヴァホ保留地内にあり、併合後およそ半世紀にわたり、行政面ではホピはナヴァホのサブ・グループと分類されて同一の監督官が所管していた。それにもかかわらず、なぜ、プエブロ・ホピとナヴァホの就学率にこのような違いが生じたのだろうか。

第一の要因として、ナヴァホの生業経済が羊の移牧であったことが挙げられる。ナヴァホの人々は、年に二回以上は家畜と共に移動する必要があった。さらに半乾燥地ゆえに水源の供給能力には限度があるため、居住地や放牧地、耕作地を分散する必要があり、数百人が集住する村落を形成することはなかった。広大な保留地内に拡散して移動するナヴァホの人々に対し、少ない予算と人員でもって生徒募集を敢行し「自主退学者」を捜索することは至難の業であった。たとえば、一九〇一年のホピ管区からインディアン局長宛の報告書によれば、ホピ保留地ではインディアン局の医師による各家庭への訪問診療が行われているが、ナヴァホに対しては「数家族が散居しているうえに学校からあまりにも遠いため、家庭訪問は実質的に不可能」であった[40]。このように、生産文化のあり方によってインディアン局の官吏や教員、医師という外部者との接触の頻度に違いが生じ、さらに学校という異質の機関の定着の仕方（あるいは拒否のされ方）を部分的にせよ規定していたのである。

ナヴァホの生産文化のあり方は、寄宿学校よりも運営コストの安い通学学校へと重点を移行させるという、一九一〇年代以降に主流となったインディアン局の方針とは相容れないものであった。実際のところ、プエブロやホピ社会においては、ナンベ・プエブロを除くすべてのプエブロに最低一校は通学学校があったのに対し、ナヴァホ社会では通学学校は一向に普及しなかった。たとえば、一九〇四年に保留地内に通学学校を設立したフランシスコ会の修道士は、通学学校はナヴァホ社会の現状には適合的ではないと結論せざるをえなかった。通学学校に子どもを通わせると日中の働き手が減るにもかかわらず、夜の衣食費はかかる。それならばむしろ「ベッドのある学校」の方がいいとナヴァホの人々は考えている、というのがその理由であった。同様に、通学学校運営を試みたある宣教師は、一九一八年の報告書のなかでこう述べている。子どもは学校に送ってしまった後は学校のものという「ナヴァホの慣習法」が変わるまでは「通学学校計画は延期すべきである(41)」。このように、地元の事情に精通した学校推進派のあいだでは、通学学校の運営は非現実的だとの共通了解があった(42)。

就学が進まなかった第二の要因としては、ナヴァホの人口が年々増加し、さらに保留地が拡張されたことが挙げられる。この背景には、入植地としての魅力に乏しいために、一八六八年条約のなかの「私有地化促進」の条項と一八八七年一般土地割当法がともにナヴァホ保留地に対しては実施・適用されなかったことに加え、ノース／サウスダコタやカリフォルニアとは異なり、金などの鉱物資源がなく一攫千金をねらう一旗組の流入もほとんどなかったという外在的要因があった。もちろん、ロング・ウォークの首謀者カールトン准将のいう「新しいエル・ドラド」（黄金に富む理想郷）としての期待感や、大陸横断鉄道敷設用の土地確保という投機目的から土地への関心が高まっていた時期はあったものの、それも一八七〇年代頃までにはおさまっていた(43)。また、インディアン局が把握していたナヴァホの総人口は、実際の約八〇パーセント程度であったといわれている。人口すら把握しきれていない人々に対して、就学を徹底させることは到底不可能だった(44)。こうした状況下では、人々は、数少ない学校に対して曖昧で両義的な対応をとることができた。当時、子どもは単に重要な労働力であっただけではなく、一人前になるために、拡大家族に支えられた一対一の実地訓練を受ける必要があった。そのため、上からの就学圧力という外在的な影響が少なく、両親に裁量の余地が残されていた場合、家庭の経済事情や家族構成、子どもの健康状態や資質などの主に内在的要因によって特定個人が就学するか否かが決定されたのである。

一九一〇年代になると、ナヴァホ社会においても、一部で就学への抵抗が弱まっていった。当時、ナヴァホ保留地内の一四校には定員を五九名超過した一〇八六名が在籍しており、各校の「公式な」在籍者数と実際の出席者数の大幅な乖離はみられなくなった。ある校長が創立一〇年目にしてはじめて「生徒集めのために集落を廻らなくて済んだ」と報告していたように、一八九〇年代に開校した寄宿学校では、生徒募集に躍起にならなくても定員を満たすことができるようになった。就学率自体については、ナヴァホの就学年齢者（六歳から一八歳）の人口も増加していたため微増にとどまったが、学校在籍者の総数は徐々に増えていった。[45]

こうして就学への抵抗が一部で弱まった背景には、早くから就学の利点を訴えていたあるナヴァホの有力者の存在があった。先に言及したチー・ドッジである。

ドッジは、孤児の身で強制移住を経験したフォート・サムナー世代に属しており、「故郷」に戻ってからは、フォート・ディファイアンスに住む叔母のもとに引き取られた。インディアン局の官給品管理係であった叔母の夫のもとで、英語や商取引の基本を実地に学ぶという青年時代を過ごした。メキシコ人であり合衆国軍の公式通訳者（スペイン語とナヴァホ語の通訳）であった父親と同様、ドッジも語学の才能に恵まれていたようである。ドッジの就学経験は、長老派のミッション・スクールでの二カ月間のみであったものの、一五歳のころから「通訳青年」の愛称で人々に親しまれるようになり、二〇歳で合衆国政府公認の通訳（英語とナヴァホ語）となった。一八八四年には、内務長官の承認を得てドッジは「ナヴァホのヘッド・チーフ」に任命され、チェスター・アーサー大統領と面会するなど、「ナヴァホの代表」として政府との交渉にあたるようになった。[46]これらの公職に加えて、ドッジは、一〇〇〇頭以上の家畜を所有する「リコ」（富豪）でもあった。とりわけ、保留地外の牧草地で放牧権を購入して家畜の放牧を行ったり、保留地内でも自費で井戸の掘削をして水源を確保するなど、新しい方法で放牧地を確保していたことで知られていた。保留地内では、良質な牧草地は有力者一族に占有されている一方で、家畜数の増加により、多くの放牧地では地力が衰えつつあったためである[47]。さらに一八九三年には、ドッジは保留地内の交易所の共同経営にも乗り出している。ちなみに、前述のラウンドロック事件でシップレーが避難していた交易所は、ドッジの共同所有であった。如才なく起業家精神に満ち溢れたドッジは、通訳や交易所の経営、保留地外の土地を賃借しての放牧といった新規事業によってリコとなったという点で、家畜（とくに富の象徴である馬）の保有数が多いという従来型の「リコ」とは一線を画していた。

ドッジはまた、早くから学校の実利的価値を主張し、その学校観は生涯一貫していたという点でも異色の人物であった。学校教育が貧困にあえぐ人々の救済手段となりうるという信念のもとで、ドッジは、一八九〇年代頃からすでに人々に就学の有益性を説いていたといわれている。インディアン局主催の会合や地域の集会などの場で、機会があるたびに演説を行い、最後は決まって「子どもを学校に送りなさい。新しい方法で身を立てなさい」と締めくくったと語り伝えられている[48]。

こうした状況を踏まえた上で、以下では、主に一九一〇年代から二〇年代にかけて就学年齢に達していた人々の回想録をもとに、結局就学しなかった／できなかったのはなぜなのか、あるいは就学の動機は何だったのかを探りたい。それによって、一九一〇年代以降、ナヴァホの人々が学校をどのように捉えていたのかを当時の文脈で理解できるだろう。

まず、就学に反対する親がその主張を貫くことのできる条件とは、何だったのだろうか。その主な条件としては、生徒募集の際、何らかの理由でナヴァホの警官のみが単独で派遣されるなど、就学の圧力が比較的弱かったことが挙げられる。一九〇八年生まれのジョン・ディック（John Dick）の例をみてみよう。ディックの家庭には、カーリー・ヘアー（Curley Hair）という渾名のナヴァホの警官が何度も勧誘に訪れていた。ディック自身は学校に関心を持っていたものの、父親は決まって、「この子が山羊の世話をしてくれなかったらどうなるのだ」、「私には息子たちしかいないのだ」と断固拒否し続け、その傍らで母親は、太った子山羊を屠殺して差し出して「穏便にお引き取り願うよう」計らっていたという。衣食に奔走する毎日を過ごしていた一家にとって、労働力が奪われることは死活問題であった。結局、ディックは学校教育を受けず、「自宅での伝統的な訓練を受けて一人前になった」のである(49)。

第1章でみたように、一八九〇年代から一九一〇年代にかけてのホピ保留地においては、就学を拒否する親たちに対しては、ナヴァホの警官が動員されることが多かった。ホピの子どもたちのあいだでは、威張り散らすナヴァホの警官ごっこが流行っていたほど、ホピの村々では生徒募集といえばナヴァホの警官がつきものであった(50)。ナヴァホの警官にとっては、ホピに対する就学の斡旋は仕事と割り切りやすかったのだろう。それとは対照的に、ナヴァホの親に対しては、直接の血縁関係はなくとも氏族制に基づく「親戚」関係にある場合が多いこともあり、ビジネスライクに任務を遂行することは困難であった。結局、氏族への同朋意識や忠誠義務と警官としての職務の板挟みになって、任務を遂行できない者も少なくなかった(51)。また、集落のなかに通学学校があるホピやプエブロでは、週末や放課後に子どもが畑仕事などを手伝うことは可能だった。それに対して、通学学校が機能していないナヴァホ社会においては、子どもの就学とは、働き手を長期間にわたり完全に失うことを意味していた。学校に反対していた親たちの多くは、一家総出で働いて糊口を凌ぐことで精一杯であり、将来、学校教育がもたらすかもしれない便宜を斟酌する余裕はなかった。とくに貧しい家庭から法を盾に子どもを奪ってしまえばどうなるか、ナヴァホの警官自身がよくわかっていたからこそ、知人や友人に対してはそれ以上、就学を強制することはできなかったと考えられる。

ただし、一九二〇年代までの各保留地では、義務教育法を遵守しない両親を拘置する権限が監督官に与えられていた。インディアン局による就学への要請は、事実上、抗うことのできない強制性をもっていたのである。前述のようなケースはあったものの、実際には、親たちが子どもの就学を拒否することは非常に困難であった。[52]

ホーク・デネソシィ（Hoke Denetsosie）という男性の事例をみてみよう。彼は、当局からの就学の圧力に直面した父親の苦悩を次のように語っている。デネソシィによれば、保留地西部のチューバ・シティやルップにおいては、一九二〇年代の毎夏、各寄宿学校の定員を満たすために、半ば強制的な生徒募集が慣例となっていた。校長の代理として派遣された元生徒や警官、職員がそれぞれの家庭を訪問し、従わなければ投獄すると脅すこともしばしばであった。一九二六年の晩夏のある日、数日後に大規模な生徒募集が行われるという情報を入手した父親のとった行動について、デネソシィはこう述べている。

学校へ送られる子どもの第一候補は私であったため、ある日、父は馬に鞍をつけながら母にこう言ったのです。「息子と交易所に行ってくる」。その道すがら、私は父が何を考えているのか、そしてなぜ突然、特別扱いされるのかとあれこれ思いをめぐらせていました。キャメロンストア［交易所の名前］に到着し、父は私が欲しがっていたものをあれこれ買ってくれたのです。これは、息子を脅えさせないようにして自分の考えを伝えるという、父なりのやり方でした。グレイマウンテンへの帰り道、父はこう言いました。「息子よ、学校に行って欲しい。近いうちに警官が子どもたちを集めにくるんだ」。

私は父に聞きました。「どこに？」

「ルップだ」と父は答えました。「この状況をわかって欲しい」。

しかし私は、実のところ、よく事情が飲み込めていなかったのです。というのも、父が何を言っているのかよく理解できなかったからです。[53]

当時六歳のデネソシィ少年が学校へと旅立つ朝、母は涙ながらに彼を抱きしめて別れを惜しみ、祖母は最後まで警官に抗議していたという。結局、デネソシィの他に一四名の子どもが学校に送られることになった。ある母親は、別れ際に娘の髪の一部を切り取って涙ながらに握り締めていたという。学校は、これほどまでに物理的・心理的に遠くて異質な世界であった。

デネソシィと同じ頃に就学したアイリーン・スチュワート（Irene Stewart）は、警官によって初めて学校に連れて行かれた日のことを、「誘拐された」と形容している。ただしスチュワートによれば、そこには複雑な事情があった。彼女の父親は、幼くして母を亡くした娘の将来を想い、「いつか教育が役に立つ」と考え、娘を学校に送ることを決意した。ところが、祖母は頑として首を縦に振らなかった。そこである日、祖母の留守を見計らって、父親自身が監督官に警官を派遣するよう依頼したのである。後日、この「誘拐」事件が実は父親が仕掛けた茶番劇であったことを知った祖母は、激怒してチューバ・シティへ引っ越してしまったという。(54)

一九二八年に公刊された通称『メリアム・レポート』には、就学に関して、あるナヴァホの母親の次のような言葉が収録されている。「私は子どもを学校に送りたくはなかったのです。学校に送った時点で、さようならを言わねばならないことは分かり切っていたのです。赤の他人になって戻ってくるでしょうから(55)」。このように就学問題は、家庭内に心理的葛藤を引き起こす重大な問題であった。子どもの就学をめぐり、両親や祖父母、親戚のあいだで口論になることもしばしばだった。その解決法として、「身近な権力者」である警官の力を借りるという手段が採られることもあった。

子どもたち自身にとっても、就学は大問題であった。「カイバー」・ケイ・ベネット（"Kaibah" Kay Bennett）は、就学者と未就学者のあいだの心理的な壁についてこう述べている。ベネットの家庭では、トアドレーナ（Toad-lena）寄宿学校の校長の勧誘をきっかけとして、年長者から順に就学することになった。兄たちは、長期休暇の最終日にはきまって、制服を取り出してほこりを払い、英語の練習をし始めるなどして、翌日からの学校生活に備えたという。まだ就学経験がなく英語がわからないカイバーは、兄たちのこの何気ない所作に引け目を感じて複雑な思いで見守ったと回想している(56)。学校は、就学者／未就学者という二つのカテゴリーを創り出し、ときに後者が前者に対して劣等感を抱くような心理的な距離を生み出していった。

以上のように、一九二〇年代末までには、ナヴァホの就学年齢者の三人に一人が何らかの形で就学を経験するようになった。ただし、就学とは親の世代が経験していないことである点にはかわりはなかった。一方のインディアン局側は、生徒募集のために職員を派遣するだけではなく、各学期の始業日や修了日に学校主催の食事会を開いて、送り迎えの親たちを招待するなどの懐柔策を講じるなど、ムチだけではなくアメによる就学率向上にも努めねばならなかった(57)。他方、親たちのあいだでは、一部で「学校が伝える文化」への実利的・便宜的関心が高まりつつあったものの、家族全員が一定の合意に達することは稀であり、心理的葛藤は避けられなかった。しかし、ナヴァホ社会全体からみれば、学校はいまだ曖昧で両義的な存在であった。

本章でみた対ナヴァホ政策の特徴は、一言でいえば放任主義であった。ただし、保留地に関しては、年々拡張されるという異例の施策が講じられたのである。

最初の寄宿学校とインディアン局事務所の所在地であったフォート・ディファイアンスという地名が象徴しているように、この二つの機関は、ナヴァホの人々にとっては異質の支配的文化の「要塞」(fort)であった。とりわけ学校は、当初、主に拡大家族を基盤とする「一対一の実地教育方式」ともいうべき従来の教育的再生産のシステムとは相容れないという理由で、脅威あるいは障害であると受け止められたのである。ただし、保留地が拡張される一方で人口も増加したため、ナヴァホの人々が支配権力や主流文化との接触を避けることも、ある程度までは可能だった。家族のうちの一人か二人が英語の読み書き能力を習得するメリットは享受しつつ、学校やインディアン局事務所との距離を保ちながら、従来の経済的・教育的再生産のシステムを維持しつづけるという選択の余地が残されていたのである。

# 第I部 小 括

第I部で論じたことは、以下の二点にまとめることができる。

第一に、法的な意味での「インディアン」概念の生成過程とそれに付随する権利・義務について、当時の事実関係のなかで具体的に把握したことである。「インディアン」という法的地位は、一定の占有権を認める土地制度と密接にかかわっていたこと、そしてその占有地をめぐって「インディアン」（という政体）と連邦政府は信託関係にあることを確認しておきたい。また、「インディアン」という法的地位には、占有地を保持するうえで、「市民」にはない免税特権などの権利が付随していることも明らかとなった。それと同時に、「インディアン」という法的地位に付随する義務・制約もあった。この点については、こうした問題が表面化する一九二〇年代の文脈に即して次章で詳述する。

次に、学校の統合機能と先住社会における役割について再検討したことである。従来の研究では、一八八〇年代から一九二〇年代までを同化教育政策の時代と位置づけてきた(1)。たしかに首都ワシントンの政策論としては、「インディアン」という法的地位を解消し、「アメリカ市民」として同化するための教育政策が唱えられた。しかし実態としては、財政・人材不足とノウハウの欠如ゆえに、場当たり主義的な教育施策が講じられることも多かった。したがって、先住民対象の学校教育は、必ずしも施政方針通りに普及したとはいえない。こうした状況のなかで、先住社会における学校とは、憧憬と拒絶、実利的関心と心理的葛藤が交錯する両義的で曖昧な存在であり続けた。それは、学校という教育制度が従来の教育的・経済的な自己再生産のメカニズムを一部否定したからであった。

「一対一の実地教育方式」ともいうべき従来の教育的再生産のシステムと学校教育制度のあいだの齟齬については、以後の教育改革においてもたびたび表面化することになる。

# 第II部　先住民政策改革運動の高揚と南西部先住社会

## ——一九二〇年代～三〇年代——

一九二〇年代は、「インディアン」と「市民」のあいだに一線を画するという法理に内在する両義性や矛盾が露呈した時期である。従来の「インディアン」＝「変則的な存在」(1)という認識のもとでは、民主制度における代表の問題や「市民」としての諸権利の尊重といった論点は、先住民に直接関連する連邦法案審議過程においてさえ捨象されてきた。ところが、連邦議会がすべての「インディアン」に市民権《シティズンシップ》を付与すると宣言した二四年市民権法の制定を境に、従来の「インディアン例外主義」は正当性を失い始めることになった。

第II部では、プエブロ（第3章）とナヴァホ（第4章）それぞれに即して、主に連邦議会における「インディアン」の市民的権利（信教の自由など）や共有財産権（保留地の土地所有権や天然資源の採掘権など）をめぐる論争の具体的内容と意義を解き明かすことにしたい。その際、連邦議会と連邦政府、ロビー団体に加えて、保留地において先住民側を代表する（はずの）部族評議会《トライバルカウンシル》の動向にも注目する。部族評議会《トライバルカウンシル》は、個々の論争に関してどのような見解を示し、対処していたのだろうか。あるいは同評議会が主導権を行使できなかったのだとしたら、それはなぜなのだろうか。こうした疑問に答える作業を通じて、「インディアン」という法的地位に付随する権利・義務の具体的内容を当時の事実関係のなかで理解することができるだろう。

なお、二四年市民権法は、すべての「インディアン」を対象としている点では第3章の早い段階で扱うべき性格のものだが、内容的な関連性がより大きい第4章で言及する。また、教育改革については、一九三〇年代以降にさまざまな諸施策が講じられたため、第III部でまとめて議論する。

# 第3章　「トライバル」な組織・習俗をめぐる論争
## ——先住民政策改革運動とプエブロ社会——

一九二二年九月、ニューメキシコ州選出のホルム・バーサム（Holm Bursum）上院議員が提出した法案（以下、バーサム法案とする）が、無修正で上院を通過した。この法案は、ニューメキシコ州のプエブロ領内の土地所有権をめぐる積年の問題に対し、解決のための訴訟手続きを定めたものであり、一見、ローカルな土地問題への平凡な対応策のようであった。ところが、州都サンタフェのみならずサンフランシスコなどの都市において、激しい反対運動が起こったのである。それは、同法案によりプエブロの土地が不当に削減されると主張して、廃案を求める運動であった。一九二三年一月号の『サンセット』誌において、この反対運動の旗手となったジョン・コリア（John Collier）は、次のように訴えた。

インディアンを「アメリカ化」するための定評ある方法とは、彼の魂を殺し彼の肉体を白人の病弊で汚染し、彼の長髪を切りオーバーオールをあてがうことであったし、現在もそうである。ところが、メキシコ北部のインディアン政策を主導したフランシスコ会士とスペインのお陰で、プエブロは例外的に、キリスト教の信条と徳性を加味しつつも、古来の野生と柔和を保ちながら生活している。そこに現れたのが、バーサム法案というプエブロの生活を破壊する企てである。(1)

こうして世論を喚起する一方でプエブロ指導層の結束を促すなど、コリアの八面六臂の活躍は同法案を廃案に追い込む原動力となったことは、よく知られている。さらにその後もおよそ一〇年にわたり、コリアは、最も雄弁かつ有能なロビー活動家として名を馳せるようになった(2)。

本章では、一九二〇年代の先住民政策改革運動の起点となったニューメキシコ州プエブロに焦点を絞り、改革運動の展開とその歴史的意義を明らかにしてゆく。改革運動とは、その当時の「現状」に対する一つの代替案の提示であるため、誰がどのような問題を感じとり、いかに克服・解決しようとしていたのかを把握する作業を重視する。具体的には、内務省インディアン局職員、非先住民の「改革者」(reformers：各種ロビー団体の会員や専門家の自他称)、プエブロ指導層の三者がどのように協調・対立していたのかを、当時の二大論争であるプエブロの土地問題と信仰・習俗をめぐる論争に即して解明する。とりわけ後者の問題については、「改革者」内部やプエブロ内部で見解の対立がみられたことに注目し、具体的にどの勢力同士が連携していたのか、そしてそれはなぜなのかを分析する。

## *1*　バーサム法案反対運動の高まり

土地問題は、為政者の側からみれば、合衆国の建国以来の「インディアン問題」の根底にあった。一八八七年にはその解決策と称して、一般土地割当法(通称ドーズ法)が制定された。ところが一九二〇年代頃までには、この施策の失敗は広く認識されるようになった。一九三三年までに総計約三六万平方キロメートルの土地が先住民の手から離れ、代替となる生活手段を持たない貧困層を生み出したからである。ただし南西部の先住諸社会に対しては、一部を除いて、一般土地割当法は適用されていない（第1章参照）。もちろん、ニューメキシコ州選出の上院議員と内務長官を歴任したアルバート・フォール（Albert Fall）に代表されるように、石油や天然ガスなどの資源開発を目論んで、保留地の解体を求める声はいつの時代にも存在していた。ただし南西部の乾燥地では、小規模の農地で生計を立てることは非現実的であったために、一般土地割当法は適用されなかったケースが多かった。(3)

ところが、ニューメキシコ準州の場合、土地問題自体はより複雑であった。スペイン植民地ヌエボ・メヒコは、一八二一年のメキシコ独立に伴いメキシコ領となった後、四八年のグアダルーペ・イダルゴ条約によって合衆国領となった。こうした歴史をもつ当該地域では、プエブロやナヴァホなどの「インディアン」のみならず、「イスパーノ」（スペイン・メキシコ系住民）もまぎれもなく先住者であった。そして一九二〇年代までには、これらの先住者の土地所有権をめぐる積年のトラブルに加えて、地下資源の開発権や水利権をねらった不法占拠者の利害も錯綜し、土地所有権（land title）をめぐる争いは地元最大の政治問題となっていた。

第1章でみたように、スペイン植民地時代のプエブロに対する下賜地《グラント》は、一九世紀半ばに合衆国連邦議会による追認を得て、今世紀初頭には「インディアン・カントリー」（保留地）と法的に認定された。けれども、元来の土地下賜制度にまつわる曖昧さと合衆国政府による土地政策の非一貫性ゆえに、一九二二年には約五〇〇〇の「非インディアン」の家族がプエブロ領内に居住していたといわれている。こうした状況について、一九二〇年六月の下院聴聞会に招致されたプエブロの代表者ホセ・アルチュレタ（Jose Ramos Archuleta）は、次のように述べた。彼によれば、居住者個人が勝手に売買できないはずの連邦信託地である保留地の一部が、いつの間にか売却されているという。そのうえ、不法居住者のせいでプエブロの農地が細分化されたり、入会地へのアクセスが失われて燃料となる薪も不足しているのだった。(4)

他方、イスパーノの住民も、かつてスペイン政府より下賜された土地所有権が侵害されていると主張していた。

一九二二年一一月七日付の『タオス・ヴァレー・ニューズ』紙によれば、この土地所有権は、グアダルーペ・イダルゴ条約に基づき、合衆国政府の追認を得たはずであった。ところが、一八五八年の法律により、一部がプエブロの土地と「誤認」されてしまったという。[5] しかし、実際の問題は、下賜地《グラント》にまつわるこうした歴史的な争いよりもむしろ、当該地域の特殊事情と混乱に乗じて、土地所有権だけでなく水利権・地下資源の開発権目当ての不法占拠・居住者が、多数存在していることだった。

本章の冒頭で言及したバーサム法案は、この積年の土地問題への解決策として連邦議会に提出されたものであった。同法案には、プエブロ領内に居住する「非インディアン」の土地所有権承認の条件や、プエブロへの補償に関する訴訟手続きが定められていた。具体的には、一九一七年の公有地監督官による非インディアンの居住実態の調査結果を、非インディアンの土地所有権を立証する「一応の証拠」(prima facie evidence：他の証拠によって覆されるまでは、それだけで事実を認定し判決してよいとされる証拠）として認めていた。したがって、仮に同法案が成立した場合、不法居住者を含めた非インディアンの土地所有権がほぼ全面的に承認されることになるため、プエブロにとっては明らかに不利な法案であった。[6]

バーサム法案は、一九二二年九月に上院を難なく通過したものの、院外において激しい反対運動に見舞われることになった。その最大の担い手は、バーサム法案反対運動のために新設された新しい委員会やロビー団体であった。約二〇〇万の会員を擁する婦人クラブ連合（The General Federation of Women's Clubs）は、一九二一年に新設したばかりのインディアン福祉委員会が中心となって、最も迅速に反対運動に乗り出している。同委員会議長のステラ・アトウッド（Stella Atwood）は、当時サンフランシスコの州立師範学校の社会科学訓練局長だったジョン・コリアを調査員として採用し、本格的なロビー活動を開始した。[7] これらの新興の組織に加えて、第1章で言及した一八八二年創立のインディアン権利協会（ＩＲＡ）もバーサム法案への反対を表明していた。ＩＲＡは、一八八七年の一般土地割当法制定の立役者として脚光を浴び、先住民政策の立案・施行や行政人事に関して絶大な発言権をもっていた。ただし、バーサム法案自体には反対し、その破棄を求める運動に加わっていた(8)。

ここで、バーサム法案反対運動の旗手となったジョン・コリアという人物の経歴を略述しておこう。一八八四年にジョージア州アトランタに生まれたコリアは、一〇代半ばにメソジスト派からローマ・カトリックに改宗し、その後コロンビア大学やパリの単科大学で心理学などを学んだ。そして一九〇八年から約一〇年間は、ニューヨークの人民研究所（The People's Institute）の機関紙の編集や、同所の下部組織である職業訓練施設でソーシャル・ワーカーや事務官としての経歴を積んでいる。コリアは後年、主に東欧系などの移民を対象としたこの社会教育の現場で、人間にとって文化や共同体がいかに大切かを痛感したと述懐している。続いて、一九一九年にはカリフォルニアに移り、州のコミュニティー開発プログラムの運営などに携わった。コリアによると、この頃はまだ、「未開社会は消えゆく運命にあるという当時の人類学的見識」を信じていたという(9)。

一九二〇年のニューメキシコ州タオスでの短期滞在は、結果的に、コリアの人生の一大転機となった。当時のニューメキシコ州のサンタフェやタオスは、エキゾチックな風土や文化に惹かれた知識人や芸術家のメッカとなっていた。ニューヨーク時代の友人メイベル・ドッジ（Mabel Dodge）をタオスに訪ねたコリアは、ライフワークともいうべき「共同体」のあるべき姿をタオス・プエブロに見出し、大きな衝撃を受けたという。以後、コリアはプエブロ社会に強い関心を寄せるようになってゆく。

一九二二年には、タオス・プエブロでの経験をもとに、コリアは「レッド・アトランティス」と題した一文を『サーヴェイ』誌に発表した。そのなかで、いかなる個人にも「共同体内における特定の役割と地位と集団的経験」が与えられているプエブロ社会が、「独裁的で理不尽な」連邦政府の政策のために、今や「文字通り失われたアトランティス」となる危機に直面していると情熱を込めて訴えた。しかしその一方で、プエブロ指導層は、植民地支配下での宗教弾圧や経済的搾取などの歴史的経験ゆえに、外部者への猜疑心が強く、時代の変化への対応が遅れていると指摘し、従来の共同体的生活を保持しつつ自発的な「適応」(adaptations) を促進する政策の必要性を説いた。[10] 名文家によるこの寄稿はたちまち評判となり、バーサム法案反対運動の時宜にかなっていたこともあって、コリアは一躍その反対運動の旗手となった。そしてプエブロは、改革者を自認する人々のあいだで「最も有名なインディアン」といわれるようになった。

同年、再びタオスを訪れたコリアは、タオス・プエブロの友人アントニオ・ルーハン (Antonio Luhan) とともに、バーサム法案反対のために団結するよう各プエブロの指導層に働きかけた。そして、一九二二年一一月五日、各プエブロの代表者が一堂に会して「全プエブロ評議会」(The All-Pueblo Council) が開催されることになった。

ここで、プエブロ社会における統治組織について補足する必要があるだろう。カトリックへの強制的改宗やプエブロの叛乱を経た一八世紀頃には、各プエブロにおいて、カトリックを受け入れつつ「土着信仰・習俗」をも保持する政治的・社会的メカニズムが定着したといわれている。プエブロ出身の人類学者エドワード・ドジャー (Edward Dozier) はこれを「コンパートメント化」と称し、政治的・社会的に「相互に区別しうる二つの制度」、つまり「土着のものとスペイン系・カトリックの伝統にそれぞれ基づいている」制度の並存を可能にするメカニズムであると定義している。実際、一七世紀半ば以降の各プエブロでは、スペイン植民地政府に倣い、行政の長である族長《ガバナー》(governor) 以下の補佐役と主に立法を司る評議会 (council) が創設され、植民地政府などの外部勢力との交渉にあたった。その一方で、「土着信仰・習俗」の司祭長ともいうべき神聖首長と族長《ガバナー》・評議会とは、外見的な組織上、「政教分離」する動きがみられた。[11] つまり、少なくとも制度上は祭政一致ではなく、神聖首長の権限に一定の制約が課されているような政治組織をつくりあげることで、「土着信仰・習俗」への外部からの干渉を避けようとしたのである。なお本書では、各プエブロ内で実質的な内部統治権を有している族長《ガバナー》と評議会、神聖首長の三者をまとめて指導層と呼ぶ（図3-1参照）。また、スペイン植民地時代から有事の際には、各プエブロの族長《ガバナー》を中心に汎プエブロ組織が断続的に組織されてきた。これが全プエブロ評議会の前身である。つまり、同評議会は、プエブロ社会既存の自律的な組織であった(12)。

ところで、一一月の全プエブロ評議会では、バーサム法案の廃案を訴えるべく、「プエブロインディアンによる合衆国市民への嘆願文」と題した嘆願書が作成された。それは、次の一文で締めくくられていた。

> この法案は、われわれの日常生活を破壊し、われわれが大切に守ってきた土地・習俗・伝統などのすべてを奪うものです。アメリカ市民の皆さんは、このような事態を静観し受け入れるつもりですか(13)。

続いて、ソテロ・オーティス（Sotero Ortiz）議長とパブロ・アベイタ（Pablo Abeita）事務局長がそれぞれ選出された。さらに世論喚起のためにシカゴやニューヨーク、首都ワシントンへ代表団を派遣することが決定された。

一九二三年一月の連邦下院インディアン業務委員会における聴聞会では、アベイタ事務局長が参考人として招致された。アベイタの主張は、そもそも、不法に土地を占拠していることは不法居住者自身が百も承知であるから、「インディアンに対して非インディアンが占拠している土地の賠償をする代わりに、非インディアンの不法居住者に賠償をして立ち退かせたらどうか」というものだった(14)。

地元サンタフェやタオスにおいても、長期滞在中の知識人や芸術家を中心とし

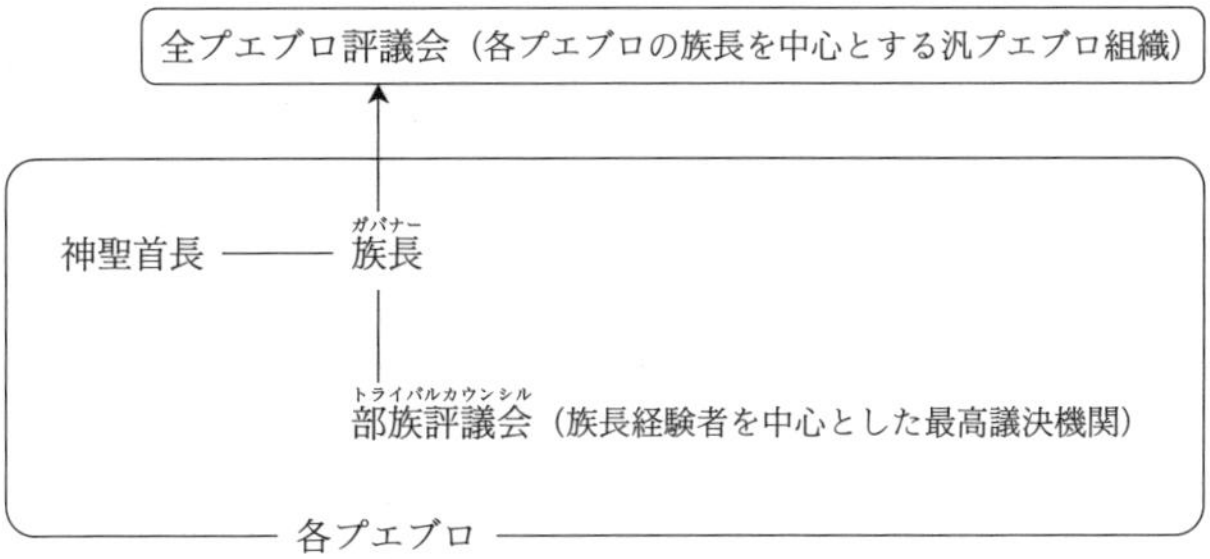


**図3-1**　プエブロ社会既存の統治機構

た反対運動が行われ、一九二二年には、「芸術家と作家によるバーサム法案反対の抗議文」が有力紙上に発表された。この抗議文に署名した人々のなかには、ジョン・コリアやメイベル・ドッジ、ウィター・ビナー（Witter Bynner）のほかに、タオス滞在中の英国人作家D・H・ロレンス（D. H. Lawrence）などの著名な作家・詩人が含まれていた。彼らは引き続き、『ニューヨーク・タイムズ』紙や『ネイション』誌などの有力メディアを通してバーサム法案の廃案を訴えた。「文化がアメリカ政治に影響を及ぼした最初の事例」とビナーが言うように、これらの知識人の活動はバーサム法案の廃案に大きく貢献した。ただし、当時のサンタフェやタオスでは、プエブロ社会への真摯な関心も皆無ではないものの、プエブロ文化に関心を持つことは一種の知的ファッションだったことも否めないであろう。(15)その証拠に、バーサム法案の代替法案の審議や法廷での調停・和解といったより重要な作業段階では、これらの知識人はほとんど関心を示さなかった。

バーサム法案は破棄されたものの、プエブロの土地問題について何らかの措置が必要であることに変わりはなかった。その後、プエブロ土地法（一九二四年）やプエブロ救済法（一九三三年）の制定により、不法居住者からの土地の返還や補償の手続きが定められ、一九三〇年代末までには積年の土地所有権争いには一応解決の目処がついた。(16)これらの法制面での成果の背景には、プエブロ社会内においては既存の統治機構が機能していたことや、コリアや連邦インディアン法の権威フィリクス・コーエンといったプエブロにとっての「真の偉大な友人」の尽力があったことなど、プエブロ固有の好条件があった。

バーサム法案反対運動には、予期せぬ遺産があった。その一つは、汎プエブロ組織である全プエブロ評議会が再び活発に活動を始めたことだった。全プエブロ評議会の正統性をめぐっては、次節で詳しくみていくように激しい攻防がくりひろげられることになる。その主因は、同評議会がプエブロ主導の自発的な組織であり、インディアン局によって創設されたものではないからであった。

二つめの遺産としては、先住民問題に特化した新しい改革諸団体が結成されたことが挙げられる。その代表例が、一九二三年五月にコリアを初代事務局長として創設された「アメリカインディアン擁護協会」(The American Indian Defense Association：以下、AIDAと略記)である。AIDAは、他のロビー団体と同じく非先住民の会員が大多数を占めてはいたものの、最盛期の会員一七〇〇名のなかには、後の内務長官ハロルド・イッキーズ(Harold L. Ickes)や後に同省法務官となるネイサン・マーゴールド(Nathan R. Margold)、フィリクス・コーエンなどが含まれており、幅広い人脈を誇っていた。また、キリスト教各教派の発言力・影響力が少ないという点では、既存のロビー団体であるIRAとは大きく異なっていた。

これらの民間団体によるロビー活動が活発化するに従い、連邦行政府は何らかの対応策を採らざるを得なくなった。その結果、一九二三年五月には内務長官の諮問委員会(通称「百人委員会」)が結成されることになった。この委員会は、成果らしい成果はほとんど上げてはいないものの、行政府にとっても改革運動はもはや無視できなくなったことの証左であった。

その反面、ニューメキシコ州におけるもう一つの先住者集団であるイスパーノ(スペイン・メキシコ系)の土地問題については、何の法的・行政的措置もなく葬り去られてしまったことを指摘しておかねばならないだろう。第1章で述べたように、併合から約八〇年のあいだに、リオグランデ川流域のイスパーノ所有の下賜地《グラント》のうちの約八割が元の所有者の手から離れていったといわれている。この点では、イスパーノもプエブロと全く同様であった。ところが、一方のプエブロの土地に関しては、連邦政府による償還や賠償が不十分ながらも行われることになったのに対し、他方のイスパーノの土地問題については、何の方策も講じられなかった。[17] つまり、プエブロの土地に関連する一連の法制改革は、一九二〇年代のバーサム法案反対運動にはじまる「プエブロのための」改革運動の成果であった。その過程で、ローカルな土地問題は「インディアン問題」へと転化し、「インディアン」であるプエブロの土地問題のみが脚光を浴びることになったのである。そして、「市民」であるイスパーノの土地問題については、「インディアン」に対する施策の対象外とされたのだった。

## 2　「トライバルダンス」論争の展開

バーサム法案が破棄されてまもなく、先住民の習俗に関する政策をめぐって新たに論争が起こった。この論争は、内務省インディアン局が先住民のダンスを制限する一連の通達を出したことに端を発しており、「トライバルダンス」（あるいは「インディアンダンス」）をめぐる論争と呼ばれているものである。[18] ここでは、論争の過程で、プエブロ既存の統治組織の「正統性」やインディアン局の権限をめぐる議論へと発展していったことに注目しつつ、その歴史的意義を明らかにしていきたい。

一九二一年四月、内務省インディアン局長チャールズ・バーク（Charles Burke）は、各保留地に駐在している監督官にむけて、次のような「通達一六六五番」を出した。

あらゆる形態のインディアンダンスすべてを弾圧することは、当局の政策方針ではない。…中略…しかし、最も未開かつ異教的状況下におけるダンスは、往々にして有害である。もしインディアンのあいだでそのような状況が見受けられる場合は、可能な限り教育的手段によって、ただし必要ならば懲罰を通じて取り締まるべきである。…中略…サンダンスやその他同種のダンスや宗教的儀式については、既定の規則に基づき「インディアンの犯罪」（Indian offenses）として処罰の対象となる。[19]

続いて一九二三年二月には、「通達一六六五番の補足」と題した新たな通達において、バーク局長は以下のような提言を行った。

インディアンのダンスは週日の日中に行い、各月に一回を限度とすること、各行政区の一カ所のみで行うこと、五〇歳以下はダンスへの参加や見学をしないこと。そして、ダンスに反対する世論を喚起すべく注意深いプロパガンダを行うべきである。[20]

さらに、同年二月二四日付で「全インディアンへ」と題した声明文を発表し、ダンスを自粛するよう各地の保留地在住の先住民へ呼びかけ、こう述べている。

これらの無益で有害なダンスについて、私は命令を発することはできるが、むしろあなた方の自由意志に基づいて自粛してほしいと願っており、そのためにこうして依頼しているのです。種まき・耕作・収穫の月には集会を開催しないこと、その他の時期には短時間にとどめ、薬物の使用やギャンブル等は行わないこと、監督官が認めていないダンスは行わないことなどについて、担当の監督官と協議し合意することを強く勧めます。[21]

一連の通達について、ヒューバート・ワーク（Hubert Work）内務長官は、彼の諮問機関であるインディアン業務諮問委員会も「すべての合法的な古来の儀式」は尊重すべきであるが「インディアンの福祉と進歩」を妨げるときは奨励されるべきではないという見解を表明していると述べ、通達について次のように正当化した。

政府は、インディアンの宗教なりもろもろの崇拝の対象なりを根絶しようとしているのではない。ただ、それらのしきたりを、キリスト教の流儀――文明が是とし、われわれの生活規範が依拠し、かつわれわれの政府がその基礎を置くキリスト教——と調和するよう修正する試みを承認しているにすぎない。[22]

ところが、ワーク内務長官の主張とは異なり、これらの通達をきっかけにして、有力ロビー団体のあいだで激しい論争がおこったのである。なお、先住民の信仰や習俗への規制や干渉は、一九二〇年代以前からみられた古くて新しい問題であった。たとえば、一九世紀末の大平原地帯においては、先住民と合衆国軍の武力対立の激化に伴い、先住民の集会や儀式への当局による介入が頻発していた。一八九〇年にサウスダコタ州で起こったウンデッド・ニーの虐殺は、「ゴーストダンスによる損害」を大義名分として合衆国軍が派遣されたことが引き金になったといわれている。[23]通達のなかの「有害」という文言は、過去には警察や軍隊による制圧、一九二〇年代にはインディアン局による取締りを正当化するための常套句であった。

しかし、このような過去の事例とは異なり、一九二〇年代のダンス規制の通達に対しては、前例のない規模での激しい反対運動が起こったのである。以下では、主要な論者の主張を具体的に検討しよう。

一九一三年、セオドア・ローズベルト元大統領に随行して南西部の保留地を視察したことがきっかけとなり、IRAは南西部の先住民の習俗に強い関心を寄せるようになった。とりわけウェルシュ会長は、ニューメキシコ州のプエブロにおいては「石器時代の遺風」や「封建制より悪いボスシステム」が依然として機能していることに驚き、視察後、インディアン局に対して何らかの規制を導入するよう度々要請していた。実際のところ、前述のバーク局長による一連の通達は、IRAや一部の宣教師会などによる度重なる提言を受けて出されたものである。それに対し、このようなダンス規制に異義を唱えたのがAIDAであった。そして、ダンス規制支持派を率いるIRAと規制反対派の旗手AIDAのあいだで、激しい議論の応酬が繰り広げられることになった。

ここで留意すべきは、インディアン局による一連の通達自体は全国の先住民を対象としていたにもかかわらず、これらの規制支持派・反対派はともにニューメキシコ州のプエブロの事例を最大の争点として取り上げたという点である。それは、一方の規制支持派からみれば、プエブロのあいだではＩＲＡのウェルシュいわく「異教的」で「道徳に反する」ダンスが他地域の先住民よりも盛んだったからである。他方の規制反対派にとっては、プエブロは「モラルや適応力の源泉」である「共同体的習慣」や伝統的組織が破壊されていない稀少なケースとみなされていたのである。(24)

このダンス論争は新聞や雑誌でしばしば取り上げられたが、以下では、その一例として『ニューヨーク・タイムズ』紙に寄せられた投書をみていきたい。まず一九二三年一二月二日付の同紙には、「トライバルダンスの害悪」と題した投書が掲載されている。寄稿者はＹＷＣＡのイディス・ダブ（Edith Dabb）であった。ダブは、ＩＲＡやインディアン局の協力を得ていくつかの保留地で調査を行い、とくに先住民の宗教に関する論考を発表していたことで知られていた。そのダブによれば、「無言の自己犠牲を強いる残酷さ」という要素が「トライバルな習慣」にはあるという。そのため、インドにおいてサティー（妻の殉死）という慣習をイギリス植民地政府が禁止したように、政府による規制は必要であると訴えた。(25)

ダブの主張に対し、反論に出たのはＡＩＤＡのジョン・コリアであった。コリアは、同年一二月一六日付の「インディアンダンスを擁護する」と題した投書のなかで、こう述べている。従来の「アメリカ化」政策は「インディアンはアングロサクソンになるべきという全か無かの闘争という観念」にとらわれていたが、近年、これとは真っ向から対立する相対的な宗教観・文化観が現れつつあるという。そして、一〇〇年前はいざ知らず、現在の英・仏の植民地行政官は「土着文化の愛好者であると同時に現代科学文明の伝達者」であると主張し、同化か隔離かの二者択一しかないとするダブの前提に対し、疑問を呈した。さらにコリアは、同様の趣旨で一連の論考を矢継ぎ早に発表し、ダンス規制の不当性を世論に訴えたのである。(26)

「コリアの非常に巧妙なプロパガンダ」に危機感を募らせたＩＲＡのウェルシュは、一九二四年一〇月一五日付の同紙への投書において次のように反論している。プエブロの「いわゆる宗教的習慣にはあまりに不道徳」なものが含まれており、プエブロ内部の少数派である「キリスト教徒の進歩派インディアンの進歩」が妨げられている。ただし、その証拠となるインディアン局の調査報告書は「活字にするに適さない」ほど「不道徳な」内容のため具体的な引用は差し控えたいという。そのため、何をもって「不道徳」としているのかは明らかにされていない。そして、「このような非アメリカ的な堕落した状態」が「コリア氏の称賛する」神聖首長を中心に存続していることに、激しい嫌悪感を示した(27)。

プエブロ社会の神聖首長については、ＩＲＡはかなり関心をもっていたようである。たとえば、一九二四年四月号のＩＲＡ機関誌『インディアン・トゥルース』には、次のような記述がみられる。プエブロ社会には、「個人の宗教的自由はほとんど存在していない」。そして「神聖首長の少数独裁が［各プエブロの］行政府を実質的に操っており、彼らは文字通り鉄の棒を使って、進歩へとつながる全ての試みを弾圧すべく人々を厳しく管理している」。さらに、プエブロで「異教的で忌まわしい習俗」が存続している理由は、神聖首長に代表される「時代遅れの反動主義者」が「進歩的な」若年層を抑圧しているからであるという(28)。

なお、ウェルシュのいう調査報告書については若干の説明が必要だろう。この報告書とは、当時、一般に「シークレット・ダンス・ファイル」（以下、「ファイル」と略記）と呼ばれていたインディアン局の内部文書のことであり、主に一九一〇年代後半にプエブロ所管のインディアン局監督官などによって収集・作成された供述書と報告書の総称である。なかでも約六万語に及ぶ供述書には、プエブロなどの習俗に関する地元の宣教師、インディアン局職員、学校教員、それに先住民自身の証言が含まれていた(29)。

ところで、すでに引用したウェルシュの投書は、さらなる論議を巻き起こすことになった。同年一〇月二四日付の『ニューヨーク・タイムズ』紙には、プエブロの遺跡調査で知られる人類学者F・W・ホッジ（F. W. Hodge）によるウェルシュ批判の投書が掲載された。ホッジによれば、プエブロの儀式＝「残酷・不道徳」説は、プエブロ自身の創作であるという。「ナンセンスな噂をわざと広め、彼らの信仰に近づきすぎる白人を翻弄する」ことは、外部の干渉を避けるために長年培われてきた彼らの戦略であるという。また、ウェルシュのいう神聖首長に抑圧されている「キリスト教徒の進歩的インディアン」の署名簿も、「ファイル」の供述書と同様、インディアン局職員の機嫌を損ねないために、プエブロの住民が適当にサインをしたにすぎないと述べ、それらを根拠とするウェルシュの議論は説得力を欠くと主張した。(30) このホッジの投書に対しては、今度はIRAの事務官M・K・スニフェン（M. K. Sniffen）が同紙において反論している。スニフェンは、ホッジは実物の供述書を見ていないと決めつけ、プエブロの「異教的」な神聖首長が「個人を虐げ、あらゆる進歩を阻止」している現状を打破し、「真の信教の自由」をIRAが率先して実現させるとの決意を表明した。(31)

IRAの攻勢を受けて、コリアは一一月一六日付の「プエブロの宗教」と題した投書のなかでこう反論している。IRAの幹部は「プエブロインディアンの宗教は不道徳」であり「非キリスト教徒のプエブロがキリスト教徒のプエブロを迫害している」と誤解しているので、AIDAは何度もIRAに対して誤りを正すよう要請してきた。それにもかかわらず、IRAから何の返事もないという。また「ファイル」の内容以前に、そもそもインディアン局の未公表資料である「ファイル」が回覧され、規制を正当化する根拠となっていることこそが「センセーショナルな」問題であると訴えた。(32)

こうした応酬を経て、議論の争点は次の二点へと集約されていった。それは、インディアン局の内部文書（「ファイル」）の信憑性と、全プエブロ評議会などのプエブロ社会既存の統治機関の正統性についてである。そして一九二四年末までには、この二点をめぐりIRAとAIDAが真っ向から対立していることは、周知の事実となった。

一方の「ファイル」については、メディア上では「ファイル」からの具体的な引用はほぼ皆無であるにもかかわらず、ロビー団体のメンバーでその内容を知らない者はいないといった奇妙な状況であった。しかし次第に、「ファイル」はある事柄についてただ一人の証言を論拠としていたり、内容的にも食い違いがみられることが露見した。さらに、スミソニアン博物館による約四〇年にわたる先住民の習俗に関する研究成果などには全く言及していないことも問題視されるようになった。調査方法の杜撰さが露呈するに従って、「ファイル」は急速に信憑性を失っていった。一九二五年初頭以降には、「ファイル」を根拠にインディアン局による規制を支持する主張はみられなくなった。(33)

これとは対照的に、プエブロ既存の政治組織である全プエブロ評議会をめぐっては、対抗組織の設立が企てられるなど、その正統性をめぐってさらなる攻防が繰り広げられることになった。全プエブロ評議会については、バーサム法案反対運動のために「ＡＩＤＡが創設した」という説は当時から存在しており、後世の研究者のあいだでも論争になっている。たしかに、ＡＩＤＡのコリアやコーエンらは、プエブロ間の団結を訴えて各族長《ガバナー》を説得したり、声明文や嘆願書などの文書作成のコツを伝授したりするなど、全プエブロ評議会の活動に積極的に関与して全幅の信頼を得ていた。(34)けれども、スペイン植民地時代から複数のプエブロの族長《ガバナー》が必要に応じて会合を開いてきたことや、評議会の召集や運営は各プエブロ指導層が行っていることなどから、全プエブロ評議会はあくまでも自発的・自律的な合議体であるといえよう。

プエブロ既存の統治機関を敵視していたＩＲＡは、全プエブロ評議会の対抗組織として「全プエブロ進歩主義評議会」(The All Pueblo Progressive Council：以下、進歩主義評議会と略記）の結成を一部のプエブロに対して働きかける一方、同評議会への支持を訴えるキャンペーンを開始した。ＩＲＡの調査員であるクララ・Ｄ・トゥルー(Clara D. True) は、一九二四年六月の婦人クラブ連盟の会合において、プエブロでは、「進歩派」の「キリスト教

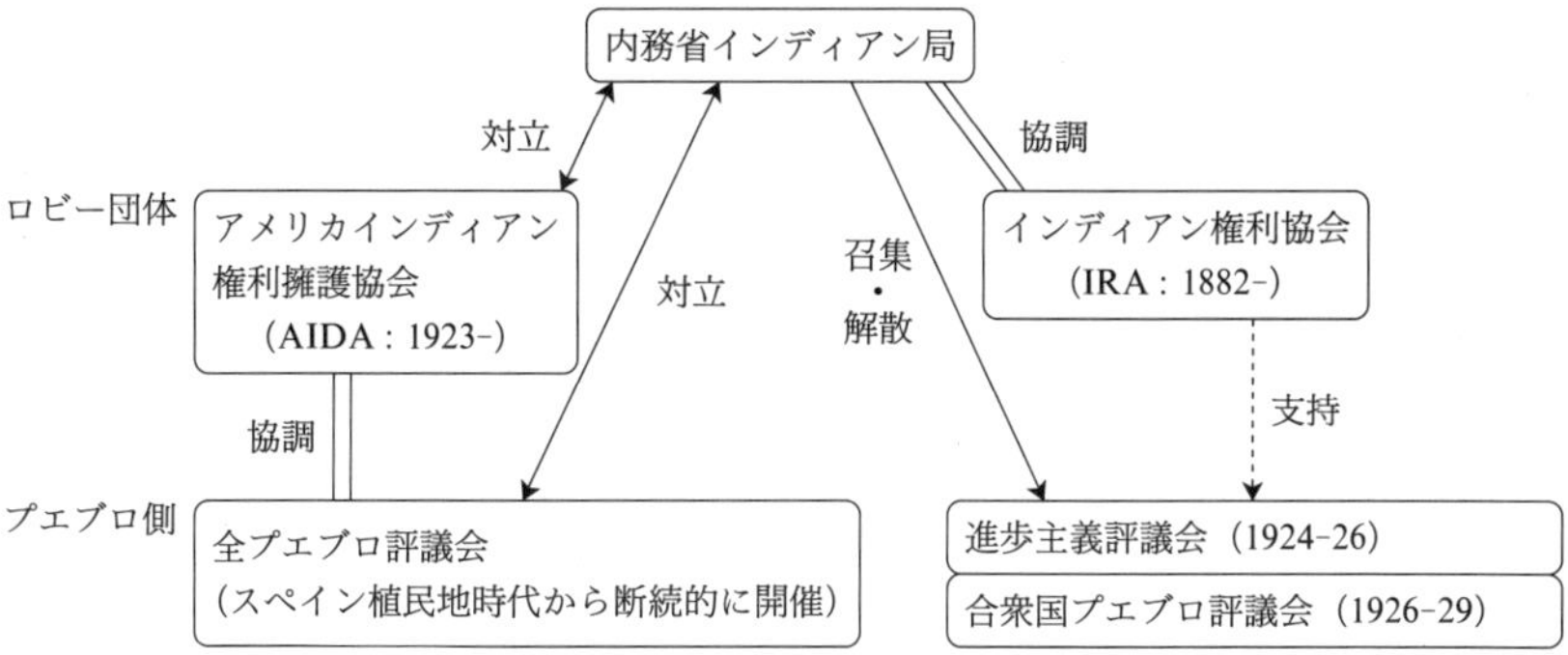


**図 3-2**　「トライバルダンス」論争時の勢力図

徒のインディアン」に対する「異教徒のインディアン」の暴力や「宗教的専制」が横行していると訴えた。トゥルーによれば、プエブロには「進歩派＝キリスト教徒」対「守旧派＝異教徒」の対立があるという。[35] この進歩主義評議会については、IRAだけでなくインディアン局も積極的な支援に乗り出すことになった（図3-2参照）。インディアン局にとって、当局作成の諸法案や通達に反対する声明文を発表したり、首都ワシントンへ代表団を派遣したりする全プエブロ評議会の活動は、目にあまるものであったからである。

IRAやインディアン局の動きを牽制すべく、全プエブロ評議会は新たな声明を発表することで対抗した。インディアン局はプエブロの宗教生活について事実無根の「恥ずべき主張」を繰り返しているだけでなく、「部族生活の破壊」や「部族の自主政府の無力化」をも画策していると公然と非難し、両者の対立は鮮明となった。こうした状況のなかで、北部プエブロ所管の監督官は、北部プエブロの族長《ガバナー》と評議会宛に通達を送り、「一九二四年五月二七日の進歩主義評議会において、各プエブロの族長《ガバナー》他の行政官を一般投票で選出することが決議された」と一方的に通告した。それに対して、北部プエブロの族長《ガバナー》は次のように返答した。進歩主義評議会に対するプエブロ内の支持者は、「プエブロ全人口の〇・六パーセントあまりにすぎないため、プエブロを代表しているとはいえない」。そして、トゥルーやA・B・レネハン（A. B. Renehan）などの非プエブロの支持者は、土地問題への利害関心から混乱を引き起こすために対抗組織の創設を企てたのだと訴えた。さらに、プエブロはキリスト教徒であると述べ、「政府の郵便代免除という特権を不当に使って」インディアン局が進歩主義評議会関連の書類を配布していると非難した。(36)

実態としては、プエブロ内での進歩主義評議会の支持者約五〇名は、別件（プエブロ内の土地使用権の分配や排水溝の掃除などの割当て）で不服を申し立てている特定個人を支援しており、宗教的自由そのものを主要な争点としていたとは言い難い。事実、別件の問題が解決した一九二五年秋には、同評議会は自然消滅した。また、トゥルーの主張にみられる「進歩派＝キリスト教徒」対「守旧派＝異教徒」の対立という図式は、住民の大半がカトリック教徒であるプエブロ社会の実態を説明できない。つまり、「キリスト教徒の進歩派対異教徒の守旧派」という対立、「前者の進歩主義評議会」対「後者の全プエブロ評議会」という対立の構図は、当時のプエブロ社会の現実に依拠したものではなかった。この対立の図式は、コリアの言葉を借りれば「白人の発明」にすぎないのだった。(37)

では、こうした「白人の発明」の背後には、どのような動機があったのだろうか。まず、進歩主義評議会に直接関与していたトゥルーやレネハンは、バーサム法案を通じて非プエブロの土地所有権拡大を画策しており、プエブロの土地問題に多大な利害関心があった。プエブロの内政組織や宗教生活について、彼らがどれだけ知っていたのかはさだかではないが、いずれにせよそこに真の関心はなかった。外部者である彼らが進歩主義評議会を支援した真の目的は、プエブロ内の不平分子を利用して、既存の指導層や組織を切り崩すことであった。そうすれば、係争中の土地所有権問題において、プエブロに対して優位に立つことができるからである。他方のＩＲＡの場合は、経済的な動機というよりもむしろ、個人主義的価値観やキリスト教的信条を反映した当為論の観点から、進歩主義評議会を支持していた。ウェルシュによれば、プエブロの「古い異教的な因習」は、「昔のソドムとゴモラに栄えたソドム人の醜行」に等しく、「キリスト教から導き出される進歩的な考え方や習慣を抑圧している」のだった。そして、各プエブロ既存の指導層や全プエブロ評議会といった自律的な組織は、すべて「進歩」を妨げる「部族的」な要素とみなされたのである。この点については、ＡＩＤＡが再三にわたり事実認識の誤りを指摘し訂正を促したものの、ＩＲＡは受け入れなかった。つまるところＩＲＡにとっては、プエブロの宗教・社会組織などに関する事実よりも、同組織設立時の目標である「インディアン」の「同化」（具体的には保留地制度の廃止と「部族的」社会構造の解体）を一刻も早く達成することの方が重要だった。そうすれば、積年の「インディアン問題」自体が霧消するとＩＲＡは考えていたからである。(38)

進歩主義評議会は一年足らずのうちに解散したものの、その直後には、インディアン局は新たな対抗組織の創設へと乗り出した。一九二六年一〇月、合衆国プエブロインディアン評議会（The United States Pueblo Indian Council：以下、合衆国プエブロ評議会と略記）という名の下でプエブロの指導者を召集し、全プエブロ評議会にかわる「公式な」組織の結成を要請したのである。ここでいう公式な評議会とは、インディアン局が運営費を支給し、インディアン局の召集によってのみ開催される評議会のことであった。つまり、インディアン局は、全プエブロ評議会を「非公式」と断じ、代わりに「公式」な組織の創設を試みたのである。第三回合衆国プエブロ評議会の会合において、エドガー・メリット（Edger Meritt）局長補佐は「あなたがたの習慣、儀式、ダンス、伝統、宗教、プエブロ行政府へ干渉」する意図はないと演説して「公式」な組織への参加を訴えた。けれども出席者は、毎回何の行動もとらず、ただ座っていただけであったという。全プエブロ評議会のアベイタ事務局長によれば、各プエブロの族長《ガバナー》を「ただのかかし」にして「外部の人間がわれわれの問題を解決」するようなことは避けたかったからであった。(39) 端的にいえば、この合衆国プエブロ評議会とは、インディアン局の管理が及ばない自律的な組織である全プエブロ評議会に対する、当局側の危機感の産物であった。

ダンス規制をめぐる論争を経て、ＩＲＡの威信は大きく傷つくことになった。それに代わって影響力を増したＡ

**図3-3**　インディアン局のダンス規制を揶揄した諷刺画

左側のインディアン局長「でしゃばり」バークが中央の連邦議会に対して：「われわれが必要としているのはインディアンの野蛮なダンスを禁止する法律だ。彼らはあまりに興奮しすぎる」。

右側の人物：「その通りだ。宣教師を派遣して彼らにチャールストンを教えるべきだ」。

出典）*New York Tribune*, 1 June 1926. *The John Collier Papers*, Yale University Library, reel 9.

ＩＤＡは、ＩＲＡとは異なる先住民政策論を掲げ、インディアン局への批判を強めていった。またこの論争を契機に、バーク局長の行政手腕も疑問視されるようになった。一九二六年六月一日付の『ニューヨーク・トリビューン』紙には、バーク局長を揶揄した諷刺画が掲載された（図3-3）。そこには、チャールストンやヴァージニアリールなど当時熱狂的に流行していたフォークダンスとプエブロのダンスが対比され、ダンス規制に伴う根本的な問題が見事に浮き彫りにされていた。すなわち、「野蛮な」ダンスとは何か、「野蛮」ではないダンスとの境界はどこにあるのか、誰がどのような権限と根拠によりダンスを規制・禁止するのかという問題である。

なお最終的には、インディアン局はダンス規制の通達を撤回せざるを得なくなった。ただし、これらの通達が公式に撤回されたのは、ジョン・コリアがインディアン局長に就任した直後の一九三四年、コリア自身の通達によってである。また一九二九年には、バークの後任であるチャールズ・ローズ（Charles J. Rhoads）局長により、全プエブロ評議会が連邦政府との交渉窓口として正式に承認された。これを機に、インディアン局が創設した合衆国プエブロ評議会は自然消滅した。(40)

一九二六年頃には、ある法案の審議をきっかけとして、連邦議会においてもダンス規制の通達は広く知られるようになった。

その法案とは、一九二六年一月に議会に提出された、保留地の司法権と先住民の婚姻・離婚に関する法案(HR7826)のことである。同法案の内容を理解するためには、「インディアン犯罪保留地裁判所」(reservation courts of Indian offenses：以下、インディアン裁判所と略記)について説明しておく必要がある。連邦政府の信託地である保留地には、原則として州の警察権・司法権は及ばない。したがって、保留地内で発生した犯罪のうち八つの重罪(恐喝、殺人、放火など)については、連邦裁判所が所管すると連邦法によって定められていた。そして重罪よりも法定刑が軽い犯罪については、一八八三年以降、各地の保留地に設置されたインディアン裁判所において、当該管区の監督官が任命した「インディアン判事」(Indian judges)が内務長官の定めた諸規則に基づいて審理していた。(41)

前述の法案(HR7826)は、すでに四〇年近く実質的に機能してきたインディアン裁判所の権限を成文化するものであり、通常の法制化の手続きとは逆という点で特殊なものであった。その背景には、「インディアン」の「被後見性」(wardship)——保留地の土地管理などに関して合衆国政府による後見を受けるという法的身分——と二四年市民権法によりすべての「インディアン」に付与された「市民権《シティズンシップ》」(citizenship)とをどのように整合させるかという、より大きな法的・行政的問題があった。同法案を作成したインディアン局側には、とりあえずこれまでの慣行(インディアン裁判所)を合法化しておくという意図があったのである。同法案の第二項では、連邦法に定められた八つの犯罪以外は、「内務長官が定めた規則に基づいて」インディアン裁判所が裁判権を有すること、そして有罪の場合は六カ月以下の懲役または禁錮、あるいは一〇〇ドル以下の罰金を宣告する権限をインディアン裁判所に付与すると明記されていた。また第四項においては、「保留地に住んでいるインディアン被後見人」の婚姻・離婚に関して、「インディアンの慣習」に代わり州法を適用すると定められていた。(42)

一九二六年二月の連邦下院聴聞会において、同法案を全面的に批判する議論を展開したのは、すでに連邦議会でも名が知れ渡っていたジョン・コリアであった。まずコリアは、インディアン裁判所の審理は、監督官の「気まぐれ」と宗教的儀式の禁止を含むインディアン局の「奇怪な」規則に基づいており、陪審審理もなく「法の適正手続」が確立されていないと訴えた。他方、婚姻・離婚に関する先住社会の慣習法を非合法化した第四項については、先住社会内のモラルの低下や社会制度上の混乱をきたすだけであり、何の利点もないと主張した。この聴聞会議事録には、「圧政を合法化する法案」と題されたコリアの意見書も載録されている。この意見書によれば、同法案は、行政官（インディアン局の監督官）に事実上の立法権と司法権も付与するという点で、「ロシアのツァーリのもとでの統治システム」と原理的には類似しているという。「このような立法措置がインディアン局によって公式に作成・推進されていること」を告発したものであった。

さらにコリアは、前述のダンス規制の通達を引き合いに出しつつ、この通達にも明記されていた「インディアンの犯罪」の名のもとで、実質的にインディアン局職員が先住民を裁くことが可能である現状を激しく批判した。このコリアの演説に対しては、多くの議員が関心を示し、様々な質問が矢継ぎ早に出されている。その大半は、行政官であるはずの内務長官やインディアン局長は連邦議会の審議を経ずに、保留地における「事実上の法律」を制定することができるだけでなく、監督官を通じて「インディアン判事」をも任命する権限をもっている実態を確認する内容であった(43)（図3-4参照）。

ついでIRAのS・M・ブロジウス（S. M. Brosius）が参考人として招致された。まず第二項については、連邦議会はすでに「インディアン」に市民権《シティズンシップ》を付与したのだから、保留地だけに存在するインディアン裁判所は「後退」を意味するとして反対する一方で、第四項に対しては先住民の慣習法は廃止されるべきと述べて賛成した。なお第二項への反対という点では、AIDAとIRAの主張は、一見すると一致しているようにみえる。しかしAI

DAは、第二項への代替案として「トライブの支配層」や「トライブの慣習法」が機能している場合には活用すべきであると述べたのに対し、IRAは、先住民は「市民」であるから「われわれの法」を適用すべきと主張していた。つまり両者の見解は、インディアン裁判所の代替案という点では、大きく隔たっていた。(44)

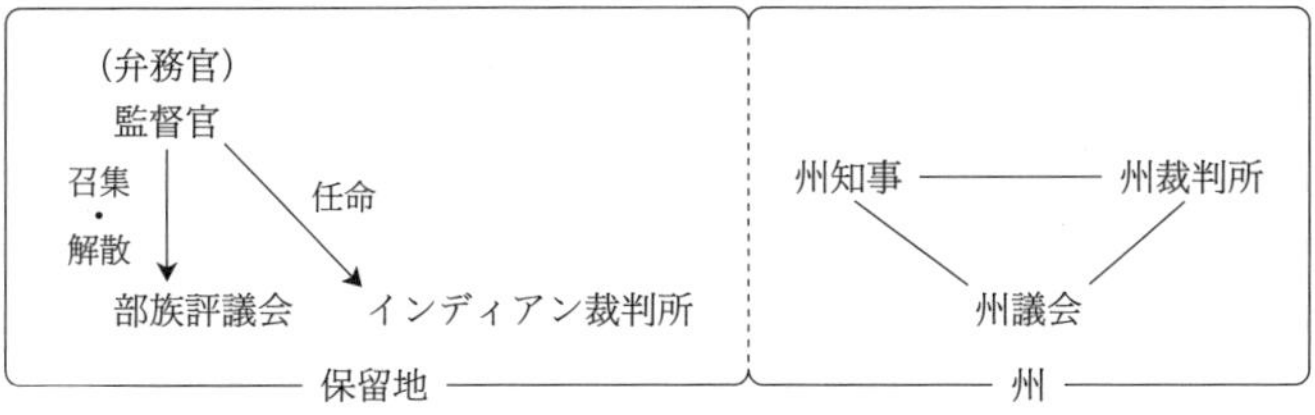


**図3-4**　1920年代の保留地における監督官の権限

注）監督官は，部族評議会とインディアン裁判所を実質的に管理・運営している。

部族評議会は実質的な権限をもたず，監督官を制御できない。

州議会・州裁判所による制御をうける州知事とは異なり，監督官は保留地内の立法・行政・司法権を実質的に有する。

ナヴァホの場合は，保留地内の各管区を総轄する弁務官1名が存在する（第4章参照）。


同法案の第二項への相次ぐ批判に対し、守勢に立たされたインディアン局長補佐エドガー・メリットはこう反論した。インディアン裁判所は、先住民の「文明化の過程において」多大な貢献をしており、当局は「インディアンを助け、保留地のモラル向上」を促すという目的のために、この法案の成立を望んでいる。にもかかわらず、「雇われ活動家は当局が権限のさらなる拡張を目論んでいる」と「でたらめ」な宣伝をしているという。(45)この「雇われ活動家」とは、前後の文脈からみてコリアを指していることは明らかだった。

この聴聞会と同時期に、ジェームズ・フレア（James Frear）下院議員は、連邦下院において、インディアン局が提出した諸法案を全面的に批判する演説を数回行っている。その中で、同法案（HR7826）については以下のように述べた。「この法案は、インディアン局職員と彼らの手先であるインディアン判事によって、インディアンは（正当な法の手続きを経ずに）拘禁されうるという悪名高い非アメリカ的慣行に、法の外観を与えるものである」。つまりフレア議員は、連邦議会において、「法の適正手続」が保障されていない保留地の実態を俎上にのせたのである。数カ月前に各地の保留地の視察を終えたばかりのフレア議員は、下院インディアン業務委員会の一員として、先住民政策の抜本的改革を唱える急先鋒となっていた。フレア議員に説明を求められたバーク局長は、後日開催された下院インディアン業務委員会において、次のように返答している。バーク局長によれば、そもそも「インディアン判事とインディアンだけで自主管理」されているインディアン裁判所への不満は、今までのところ一度も聞いたことがないという。また、仮にある人物がインディアン裁判所で有罪判決を受けた場合でも、監督官・インディアン局長・内務長官へと三度上訴する権利が与えられているので問題はないと述べた(46)。皮肉なことに、バーク局長の自らの説明によって、保留地においては、行政官である監督官の「事実上の司法権」が既成事実化されてきた実態が追認されることになった。同委員会の議事録をみる限り、バーク局長はときとして感情的になりながら長々と演説したようであるが、やはり苦し紛れの答弁を強いられていたからであろう。

約四カ月あまりの審議を経て、結局、同法案は破棄されることになった。ただし、フレア下院議員が提出した代替法案も成立せず、この問題は一九三〇年代まで持ち越された。ただしここで重要なことは、同法案の審議を通じて、連邦議会においてインディアン局の肥大化した権限が可視化されたことであった。言い換えれば、保留地においては、インディアン局は行政権だけではなく、一部の立法権と司法権まで行使しうるという実態が露見したのである。

連邦議会内では、長年こうした状態を放置してきたことへの反省と批判が高まっていた。一九二七年二月には、上院インディアン業務委員会によるインディアン局に対する包括的な調査を実施するための上院決議案が提出された。同決議案に反対したインディアン局は議事妨害演説を行ったものの、翌年二月、同決議は採択された。この上院決議によれば、インディアン局に対する調査を行う理由は、結核やトラコーマ等の伝染病の蔓延や貧困を放置している「先見の明のない不適切な」行政を非難する声が高まっているためであった。その後、同年一一月から一九四三年八月にかけて、インディアン局所管の先住民約二二万人を対象として、各地の保留地で視察や公聴会が開催され、約二三万ページ・四三巻に及ぶ報告書が作成されることになった。(47)

## 3　全プエブロ評議会の役割

一連の論争や連邦議会における審議過程においては、数々の連邦聴聞会においてさえ、先住民自らが発言できる機会は非常に限られていた。ただしプエブロ指導層は、当時としては例外的に、バーサム法案やダンス規制などに抗議するための代表団を東部に派遣して世論に訴えるなど、積極的な活動を行っていた。たとえば一九二四年一月末には、プエブロの代表者一三名がニューヨークの市庁舎などを訪問し、バーサム法案に異議を唱える演説を行い、さらに「東部では初」との触れ込みでイーグルダンスと呼ばれる踊りを披露した。(48)また代表団派遣と同時に、各プエブロの指導層は、インディアン局長や内務長官に対して抗議の書簡を再三にわたり送っていた。たとえばヘメス・プエブロの族長《ガバナー》らは、「人間の感情の発露や表現という観点から見た場合、サーカスやお祭り、あるいは闘牛場や劇場などで観たことのあるダンスと比べて、われわれのダンスが取り立てて野蛮であるとは考えられない」と訴え、通達の撤回を求めた。しかし、堕落していない娯楽を禁止する意向はまったくないが、「神の定めた自然法則に反するいくつかのダンスは自制すべき」であるという内務長官からの曖昧な返答のみで、実質的には握りつぶされてしまったのである。

このように、自らに直接かかわる施策に対してでさえ発言権が全く与えられていない状況では、代表団の派遣や書簡による抗議という方法には限界があった。一方の代表団派遣による抗議という方法は、たしかに世論喚起といった一時的な効果はあったものの、資金調達や日程調整などの点で、外部組織であるＡＩＤＡに全面的に依存せざるをえないものであった。プエブロのみならず当時の先住諸社会は、先住民政策の動向を直接左右する中央政界やマスコミ業界からは、完全に遮断されていたからである。他方、書簡による抗議という方法は、当時のプエブロ指導層が唯一、自らの主導権で行いうる意思表示の手段であった。ただし、それは黙殺されることも多く、政策や論争の動向に対して決定的な影響を与えることはできなかった。

しかしここで注目すべきは、当時の各プエブロの村落においては、このような抗議行動ではない別の原理に基づいた動きもみられたという点である。それは、外部者による自文化の表象（意味づけ）を拒否する「秘密主義」とよぶべき戦略である。(49) 具体的には、対外的には祭礼行事の写真撮影・スケッチの禁止や非公開化を進める一方、対内的にはいわば箝口令（門外不出とされた民俗信仰関連の情報を外部者に提供した者を処罰すること）を強化することなどであった。

ダンス規制などの政府による干渉に加えて、一九二〇年代には、主に二つの要因がプエブロ内での秘密主義に拍車をかけることになった。一つには、プエブロを訪れる観光客が急増したことが挙げられる。たとえば、南西部における観光業の最大手であったフレッド・ハーヴィー（Fred Harvey）社は、「本物のインディアンを見に行こう！」をキャッチフレーズとして掲げ、プエブロのダンス見学を「インディアンツアー」の売り物にしていたほどである。また、ダンス規制反対運動の拠点となったサンタフェでは、前述の通達に対するラジオ・ニュース報道の第一声が「インディアン局長の方針によって、全国から多くの観光客を集めているプエブロインディアンのダンスが冬季以外は禁止されることになった」というものであった。このことが象徴しているように、南西部有数の観光地となったサンタフェでは、プエブロのダンスは一種の観光資源となっていた。(50)

第二の要因は、プエブロにおいてフィールドワークを行う研究者の増加である。ここで、『プエブロインディアンの宗教』（一九三九年初版）などの著作で知られるエルシー・パーソンズ（Elsie Clews Parsons）のエピソードを紹介しよう。[51] 南西部旅行中の一九一〇年に、あるプエブロの遺跡を訪れたパーソンズは、プエブロのガイドのペドロ・バカ（Pedro Baca）がこの遺跡内では「著しく無口に」なったことに強い印象を受けたと回想している。たとえば、湧き出る泉に供えられた羽の意味をパーソンズが尋ねると、バカは「知らない」と素っ気なく答えるのみであった。その態度から、「無関心を装っているが実は知っているのだ」と感じとったパーソンズは、「この沈黙の壁」のむこうにあるものにますます興味をもったという。この旅行の後、パーソンズは、プエブロの精神世界に関する数々の論考を著すようになった。それに対し、各プエブロでは、パーソンズが来ると知るや祭祀の日程を急に延期するなどの自衛策をとるようになった。さらにプエブロ社会においては、パーソンズの著書は神聖を冒瀆するものとみなされるようになった。

パーソンズとほぼ同時期に、プエブロの陶工に聞き取り調査を行っていた人類学者のルース・ブンゼル（Ruth L. Bunzel）によると、陶芸文化の中心地サンイルデフォンソ・プエブロでは「激しい敵意」のために調査を断念せざるをえなかったという。[52] ただし、プエブロの宗教というパーソンズのテーマとは異なり、陶器の絵付けというブンゼルの研究テーマ自体は、タブーの侵犯とみなされていたわけではない。事実、プエブロの視点を踏まえることを重視したブンゼルの著作は、後年のプエブロ社会では一般に高く評価されている。しかし、一九二〇年代当時には、研究テーマの如何を問わず、外部者による調査や解釈という行為そのものに対して、プエブロの人々は嫌悪感や警戒心を抱いていたのである。

こうして増え続ける一方の研究者や見物客に対しては、各プエブロの指導層は、祭祀や踊りの写真撮影、スケッチ、録音を禁止あるいは許可制にする方針を打ち出していった。しかし、隠し撮りや無断でのスケッチが後を絶たなかったため、規則に従わない見学者を追い出したり、行事そのものを非公開にするという措置がとられていった。

さらに、一部の習俗や信仰にかかわる情報を口外しない、あるいは外部者によるこれらに関する質問にも一切答えないという、スペイン植民地時代から存在していた箝口令を村内で改めて徹底する動きもみられるようになった。パーソンズのインフォーマント（情報提供者）がプエブロ村落外における匿名でのインタヴューを調査協力の条件としていたのも、もしそれが明るみにでれば、一種の秘密漏洩罪とみなされ村八分にされるからであった[53]。

ここでプエブロの信仰生活に関して、とくにカトリックとの関係について補足しておこう。一六世紀末以降、スペイン植民地支配下におかれたプエブロの村々では、武力行使をも辞さないローマ・カトリックへの強制的な改宗が行われた。しかし、一六八〇年のプエブロの叛乱を経た一八世紀以降、弱体化した植民地政府が協調路線へと方針転換したこともあり、自発的なカトリックへの改宗が進んだといわれている。その過程で、カトリックの守護聖人の日を祝うという目的で、伝統的な農耕儀礼の開催が「許可」される一方、元来神々に奉納するための儀礼の機能や内容が変化するなど、双方向からの変容がみられた。それと同時に、伝統的信仰生活にまつわる一部の儀式や習俗の継承については、弾圧の対象となることを恐れ、地下組織化して外部への情報の流出をコントロールする方法が編み出された[54]。さらに合衆国による併合後、前述のダンス規制のような干渉が強まると、プエブロは秘密主義という武器でもって対抗してきたのである。

プエブロ社会における秘密主義は、プエブロ自身の文化に関して、強者による一方的な観察と解釈が法的拘束力をもちえた歴史を雄弁に物語っているといえるだろう。そこでは、プエブロ自身が自文化を自らの言葉で語り、彼ら自身が許容しうる手段と手続きを提示し、誤解があれば訂正するという機会は全く与えられなかった。とりわけ、信仰生活や一部の習俗は、他者の解釈如何によって「犯罪」となり、収監・禁固刑等の刑罰の対象となることすらあった。このように非対称的な権力構造のなかで、自文化の発展的継承のための最大の武器として、秘密主義という戦略が生み出されたのである。かつてパーソンズが打ち破ろうと試みた「沈黙の壁」——冷戦期のある研究者曰く「鉄のカーテンのプエブロ版」——は、プエブロ社会においては幸福と尊厳を守るためのものだったのである。[55]

さらに重要なことは、精神世界のみならず日常生活のあらゆる面が他者による監視や取締りの対象となっただけではなく、「見られること」＝環視の対象となってきたという事実である。仮に明らかな宗教的弾圧や迫害が行われていない場合でも、一方的に「インディアン」的な痕跡を「発見」し表象される、あるいは見世物として「見られる」という可能性はつねにあった。一九世紀後半以降、スーザン・ソンタグ（Susan Sontag）の言葉を借りれば、「観光客たちはインディアンのプライバシーを侵害し、聖体や神聖な踊りと場所の写真を撮り、必要ならインディアンに金を払ってポーズを取らせ、もっとフォトジェニックな材料を提供するために儀式を改変」させようとしてきたのである。[56]

なお全プエブロ評議会は、「インディアンの友」と自称する「改革者」のなかでも、ＡＩＤＡとの関係を最も重視するようになった。代表団派遣や文書作成への助言のみならず、プエブロ土地法以後の土地所有権の立証や賠償等の手続きのための資金集めに奔走し弁護士を斡旋したのは、他ならぬコリアと彼が率いるＡＩＤＡのメンバーだったからである。またコリアは、規範や倫理の源泉としての「共同体」の重要性に理解と関心を示したからでもあった。一九三三年の全プエブロ評議会においてディエゴ・アベイタ（Diego Ageita）が称賛したように、プエブロでは、コリアは「個人的に親しい友人」であり「わがトライブの一員」とみなされるようになった。このことは、プエブロの秘密主義や白人に対する警戒心の強さには定評があったことを考慮すれば、極めて異例であった。[57]

以上のように、一九二〇年代の先住民政策改革運動の最大の成果は、新旧の思潮の対立を経て、新しい理念や政策の原型が形成されたことである。改革諸団体にとっての真の試金石は、先住民の信仰と習俗をめぐる問題であった。バーサム法案反対運動でみられた団体間の協調が、この問題において見事に崩れ去ったのはなぜだろうか。二〇世紀初頭までの国家公認のキリスト教化政策が象徴するように、先住民の信仰・習俗に対するキリスト教の絶対優位は、一九二〇年代当時の首都ワシントンでは依然として常識であった。そのために、保留地におけるインディアン局の慣習的権限（行政権のみならず一部の立法権や司法権までも行使しうるインディアン局の肥大化した権限）のもと、信教の自由や集会の自由などの市民的権利の侵害も、事実上黙認されてきた。(58) しかし、ＡＩＤＡがその肥大化した権限を「圧政」として問題化したために、改革団体の間では真っ向から対立する見解が出されたのである。

連邦政府の信託管理下にある保留地を管理し、先住民の利益を擁護することが任務であるはずのインディアン局が、実態としては先住民を抑圧しているのではないか。この点こそが、プエブロの土地と習俗をめぐる論争の過程で、ＡＩＤＡが提示した新しい問題であった。たしかに、これらの論争においては、先住民自身の発言の機会は非常に限られていた。けれどもその過程で、プエブロ社会内では、汎プエブロ組織が活動を再開し、自らが信頼するロビー団体との連携を深め、さまざまな手段で自らの見解を表明するようになったことの意義は大きい。この自発的な活動は、守旧派のロビー団体やインディアン局に危機感を抱かせるほど活発になっていった。さらに連邦議会においても、先住民主導の文化的・政治的活動が議論の対象となるにつれ、それらを隠蔽・抑圧してきた既存の制度への批判が連邦議会内外で高まっていくことになった。それが具体的な施策として結実する過程については、第III部で検証する。

# 第4章　「玉虫色の法案」とトライバル・ファンドをめぐる論争
## ――重要法案審議過程とナヴァホ社会――

「昨年は、プエブロが先住民政策の再考を促した。そして今年、ナヴァホ保留地で石油が発見されたことは、すべてのインディアンにとっても歓迎すべきことになるだろう」[(1)]。これは、一九二四年一月号の『サンセット』誌に掲載されたジョン・コリアによる一文である。一九二〇年代初頭の石油発見により、ナヴァホ保留地北東部を含む通称「フォーコーナーズ」（ニューメキシコ、アリゾナ、ユタ、コロラドの四州が接している地域）は、かつてロング・ウォークを指揮したカールトン准将が夢想した「エル・ドラド」とはいわないまでも、ただの荒野ではないことが判明した。そしてコリアの予想通り、保留地内の鉱物資源の採掘権という先住民の集団的権利をめぐって、連邦議会において激しい議論が展開されることになった。

以下では、ナヴァホ保留地での石油発見を契機として浮上した、石油採掘権法案の審議過程と「トライバル・ファンド」[(2)]（tribal fund）の流用をめぐる論争に焦点を絞り、「インディアン」の財産権が「合法的に」侵害されてきたことへの批判が連邦議会内で高まっていった経緯を検証する。なお、トライバル・ファンドとは、保留地の土地の売却・賃貸などから得た特定トライブの共有財産のうち、条約や各種制定法により現金や有価証券の形で合衆国政府の保管に属する資金の称である。従来の先住民政策論では、ある特定トライブに代わって、連邦政府が不動産や預貯金などの共有財産を管理する仕組みを「後見」制度に喩えてきた。一九二〇年代の石油採掘権やトライバル・ファンドをめぐる論争の検証を通じて、「後見人」に喩えられてきた連邦政府・連邦議会自らによる財産侵害の仕組みや慣習を明らかにする。さらに、主に連邦議会において、市民権《シティズンシップ》を有する「インディアン」が自己の財産の管理や処分に関して、何の発言権もないことが問題視されていく経緯を検証する。それによって、連邦政府の肥大した権限の背後にある利害対立の構図や社会的・政治的情勢に加えて、当該財産の所有者であるはずの「インディアン・トライブ」側の意向が反映されない制度的欠陥も明らかになるだろう。

## *1*　二四年市民権法と「インディアン」

法案審議過程を検証する前に、二四年市民権法（以下、本章では二四年法と略記）をめぐる法的・政治的状況を略述しておこう。なぜなら、ナヴァホ保留地での石油発見をきっかけとした法案審議と論争は、この法律の文言である「トライバルな財産」（tribal property）の問題だからである。そして、同法の制定が一因となり、主に連邦議会において、従来の慣習や前例が問題視されるようになったためである。

最初に確認しておきたいのは、二四年法の成立以前に、すでに「インディアン」（という政体の成員）の約三分の二がすでに市民権《シティズンシップ》を付与されていたという点である。すなわち、「インディアン」の市民権《シティズンシップ》問題は、一九世紀後半から連邦議会で議論されてきた古くて新しい問題であった。ところが、二四年法は以下の点で従前の関連法規とは異なっていた。従来の市民権《シティズンシップ》の付与は、「インディアン」という法的地位の解消を前提としていた。このことは、一八八七年一般土地割当法（通称ドーズ法）などの土地割当法には、土地の個別割当を受けた「インディアン」は「市民」であると宣言する一項があることからもわかる。(3) それとは対照的に、二四年法では、「市民」としての権利の享受は「トライバル」な特権の保持とは矛盾しないとされた。つまり同法では、「インディアン」という法的地位の放棄は市民権《シティズンシップ》付与の必要条件とはなっていない。この点こそが、同法の意義をめぐって混乱が生ずるゆえんである。

事実、二四年法の制定直後から、「インディアン」へ市民権《シティズンシップ》を付与することの法理面・行政面での矛盾と混乱を指摘する声があった。法制度の観点に限れば、「インディアン」であり「市民」でもあるという法的身分の最大の問題点は、土地所有権にかかわるものであった。保留地に居住する「インディアン」には（保留地内の）土地の不動産所有権はなく、保留地の土地や（天然資源の採掘権などの）共有財産の管理という点では連邦政府の信託管理下にある。そのため、居住地に関する「財産の自由」は認められていない（居住地は私的に売却できないなどの点で、不動産保有に関して「市民」にはない制約がある）。この問題について、ある論者は一九一二年の時点でこう述べている。「インディアン」が市民権《シティズンシップ》を有するとなると、原理的には、「自己の財産所有権に一定の制約が課されている大統領が出現する可能性がでてくる(4)」。これは極論であるものの、問題点を把握するうえでは役立つだろう。

二四年法が制定された翌年、ある論者は次のように述べている。

> 連邦議会は、この法律の重大性を真剣に審議したのだろうかと疑わざるをえない。インディアンは市民になると同時に、［保留地内の居住地の保有に関して一定の制約が課されている］被後見人のままでいるとの法律が制定された。このような地位身分はあまりに変則的であるため、［インディアンの］占有地に関する諸問題を解決するのに、今後数十年はかかるであろう(5)。

より重要なことは、「インディアン」がこれまで享受してきた「特別の権利や免責特権」が今後どうなるのかは、同法だけでは判断できないという点である。要するに、「インディアン」に市民権《シティズンシップ》を付与すると連邦議会が宣言しただけでは、「インディアン」／「市民」という法的身分それぞれに付随する諸権利・諸義務の体系のうち、どれが存続し何が破棄されるのかは、全く不明なのだった。

後世の歴史研究においても、二四年法の法制・政策史上の位置づけは曖昧である（序章参照）。もっとも近年では、同法自体が先住民の法的地位を一変させたとの説は退けられつつある。たとえば、一九一八年にウッドロー・ウィルソン大統領が提唱した「民族自決」に触発された民族的マイノリティの権利意識の高揚に対応すべく、連邦議会が「インディアン」に対する市民権《シティズンシップ》付与を明文化したいきさつはすでに明らかにされている[6]。また、一九二〇年代〜三〇年代に先住民政策改革を主導した行政官や連邦議員のあいだでは、二四年法に関する詳細な議論はほとんどなかったことはよく知られている。たしかに第3章でみたように、当時の非先住民の「改革者」の関心は、「インディアン」の土地や固有の権利の擁護であった。さらに、保留地制度が維持されていた先住社会では、市民権《シティズンシップ》の付与は保留地の解体を意味するとして抵抗する動きがみられたことも指摘されてきた[7]。このことは、二四年法の制定のみで政策上の画期とみなすのではなく、当時の文脈や特定の局面に即して、先住民の権利・義務の何が問題になっていたのかを明らかにする必要性があることを示唆している。

以下では、一九二〇年代の連邦議会における採掘権リース法案やトライバル・ファンドに関する論争を取り上げる。そして、「インディアン」＝「被後見」となぞらえることによって正当化されてきた数々の行政措置や慣行が、「インディアン」の市民的権利を侵害しているとして問題化される経緯を検証する。

## 2　石油発見と「玉虫色の法案」――ヘイデン法案の争点

ナヴァホ保留地における石油発見を契機として、連邦議会においては、石油採掘権リースに関する法案（以下、ヘイデン法案とする）が審議されることになった。二四年法とは対照的に、この法案をめぐっては連邦議会内で激しい議論がたたかわされることになる。

ヘイデン法案の骨子を説明するために、ここでは仮に、トライブAの保留地内で一〇〇万ドルの石油が産出されたと想定しよう。同法案のもとでは、トライブAに対して採掘業者が支払った採掘料（同法案では収益の五パーセントと規定されている）五万ドルのうち、三七・五パーセントにあたる一万八七五〇ドルが「州税に代わって」徴収され、残りの三万一二五〇ドルがトライブAの収入となる。(8) これは一見すると、単に石油鉱業権のリースをめぐる諸規定を成文化しただけのようにみえる。ところが連邦議会においては、同法案をめぐり激しい論争が巻き起こったのである。

鉱業権を論じる際に重要なことは、公有地（public domain）、一般私有地、先住民保留地それぞれの法律上の区別である。そのため、ここで公有地と保留地の定義を確認しておこう。まず公有地とは、各種連邦施設や国立墓地などの「政府施設のある土地や国立公園など特定目的のために確保された土地を含まず」、国有林などの「連邦・州政府が法に基づいて払い下げなどの処分をなしうる」土地を指す。それに対して先住民保留地とは、権原（title）は合衆国に帰属するが、特定先住民グループのために保有されている土地のことである。(9) さらに保留地は、設立過程という観点から、「条約保留地」（treaty reservation）と「行政命令保留地」（executive order reservation）に二分される。前者は、各トライブとの条約締結を終了した一八七一年以前に条約により画定された保留地を指す。それに対して後者は、一八七一年から一九一九年までのあいだに行政命令により設立された保留地のことを指す。一九二〇年代当時、行政命令保留地は、西部一〇州にまたがる二二〇〇万エーカー（全保留地の約三分の二に相当し約八万五〇〇〇人が居住）を占めていた。なお、ナヴァホ保留地内で石油が発見された地区は、条約・行政命令双方からなる保留地であった。そして、条約保留地の石油鉱業権については制定法がすでに存在しているため、行政命令保留地における石油鉱業権に関する法案が審議されることになった。(10)

では、なぜ一部の議員はヘイデン法案に反対したのだろうか。ここでは、一般私有地と公有地それぞれを対象とした石油採掘権に関する各種制定法と比較しながら、ヘイデン法案の特徴を略述する。

私有地における石油採掘権リースに関しては、一九二〇年代当時、土地所有者に支払う石油採掘料は収益の一二・五パーセント、採掘料収入に対して課される州税である石油税は通常三パーセント前後（最も高率のミネソタ州で六パーセント）と定められていた。他方、公有地においては、一九二〇年二月に制定された一般リース法が適用される。これは、公有地における天然資源採掘権について、土地の所有者である合衆国が採掘業者に採掘権をリースする際の取り決めである。同法のもとでは、収益の五パーセントに相当する採掘料が合衆国に対して支払われ、その採掘料収入のうちの三七・五パーセントが当該公有地の所在州の収入となり、残りの六二・五パーセント（その九割は既採掘地の修復資金として使われることが明記されている）は国庫に納められることになっている。(11)

そして、行政命令保留地を対象としたものがヘイデン法案であった。同法案は、採掘料の比率（収益の五パーセント）と採掘料収入に対する課税率（三七・五パーセント）などの点で、公有地を対象とした一九二〇年一般リース法の規定に準じたものであった。つまり同法案の支持者は、一九二〇年一般リース法の一部を行政命令保留地にも適用したのである。他方、ヘイデン法案の反対者は、一九二〇年一般リース法が行政命令保留地に適用できるという法的根拠はないと反論した。とりわけ反対派が反発したのは、採掘料収入の三七・五パーセントを州に納めるという項目に対してであった。彼らは、採掘料の比率や採掘料収入に対する州税率の設定は、行政命令保留地も一般私有地も同率にすべきであると主張したのである。事実、条約保留地については、一般私有地と同様の規定がすでに成文化されていた。したがって、法手続きの観点からいえば、行政命令保留地もそれに準じると明文化すればすむことだったのである。

ここで留意すべきは、一九二〇年一般リース法が行政命令保留地に適用されるか否かというこの問題は、瑣末な法解釈論争などでは決してなく、先住民の諸権利（なかでも最重要視される土地所有権）の根幹にかかわるという点である。けれども、一九二〇年代当時、行政命令保留地の法的地位については、条約保留地と同等であるとの準則が主に判例によって形成されており、連邦議会による制定法は存在していなかった。行政命令保留地の大半は市場価値の低い乾燥地であったため、わざわざ成文化しておかなくても問題はないと考えられていたのだろう。

ところが、ナヴァホ保留地で石油発見の可能性が高まるにつれ、この状況は一変することになる。その嚆矢となったのが、ヘイデン法案に先立つ一九二二年六月九日のフォール内務長官の独断専行である。フォール内務長官は、行政命令保留地に一九二〇年一般リース法を適用して、石油採掘業者に試削権と鉱物権を貸与するとの決定を下したのである。このことは、フォール内務長官が連邦裁判所の判例を無視して、行政命令保留地は「行政命令によって一時的に留保された公有地にすぎない」と曲解し、（公有地のみに適用されるはずの）一般リース法が行政命令保留地にも適用できると勝手に解釈したことを意味していた。(12) 仮に、一般リース法が行政命令保留地に適用されれば、開発業者にとっては望外の好条件が与えられる。すでにみたように、一般リース法が適用される公有地の採掘料比率は、私有地のそれの四割程度であるだけでなく、収益に対する州税も課されないからである（ただし土地所有者である国が採掘料収入のなかから、州に対して税金を支払う）。

では、フォール長官の行動は、何らかの正当性をもつものだったのだろうか。フォールの後任のワーク内務長官とカルヴァン・クーリッジ大統領はともに、一九二〇年一般リース法を行政保留地に適用することの当否について、司法長官に意見を求めている。一九二四年五月二七日付の司法長官意見には、次のような記述がみられる。

ここで重要なことは、裁判所と連邦議会は、行政命令保留地と条約あるいは制定法によって設立された保留地のあいだに、その性格や範囲という観点において差異を認めてこなかったという点である。…中略…それゆえ、一九二〇年鉱業権リース法は行政命令保留地には適用されない(13)。

このように、行政命令保留地の石油採掘権に関するフォール内務長官の決定は、それまでの判例や法解釈に反した独断であり、正当化の根拠は皆無であった。にもかかわらず、ヘイデン法案は、このフォール長官の曲解をいわば追認する形になっていたのである(14)。

連邦議会下院におけるヘイデン法案反対派の旗手は、ジェームズ・フレア下院議員であった。一九二六年三月、フレア議員は、二度にわたって次のような演説を行っている。「合衆国政府は、一般リース法のもとで実質的にすべての採掘料収入を既採掘地の修復費と州への供与金として使っている。けれども、かたや三〇〇〇億ドルの資産をもち、自由意志で所有地をホームステッドなどの方法で払い下げることが可能な合衆国政府と、学校や医療設備もなく味方もいない貧しいインディアンのあいだには、何のアナロジーもありえない(15)」。億万長者への所得税率が最高でも一〇パーセントであるにもかかわらず、「貧しいインディアン」の採掘料収入に対する課税率が三七・五パーセントだというのは、いかなる論理をもっても正当化できない、というのである。加えて、連邦議会は二四年法によって全ての「インディアン」は合衆国市民であると宣言したのだから、採掘料収入への課税率が先住民と一般市民のあいだで異なるのは違法である、と訴えた(16)。要するに、同じ「市民」のあいだで別個の課税率を設定することの不当性を主張したのである。行政命令保留地の法的位置づけに曖昧な点があるならば、なぜインディアン局は、それを制定法によって是正すべく連邦議会に働きかけないのか。なぜ当局は、先住民にとって明らかに不利な採掘料や税率を定めたヘイデン法案を支持するのか。ヘイデン法案に反対する議員たちは、次第に、フレア議員のいう「玉虫色の法案」のみならず、インディアン局の方針そのものを非難するようになっていった。

フレア議員に名指しで批判されたバーク局長には、下院インディアン業務委員会の聴聞会において、反論の機会が与えられた。バーク局長は、「フレア議員はあたかもわれわれがインディアンから何かを奪おうとしているかのように」言っているがそれは誤りだと訴え、争点の三七・五パーセント条項について、こう述べている。「われわれは、採掘料収入の六二・五パーセントをインディアンのために国庫に納め、「州に納められる残りの」三七・五パーセントを間接的に彼らのためになるように使おうとして」おり、「三七・五パーセントがインディアンのために使われるのでなければ、いかなる条件でもそのような発議には同意しないと私は申し上げたのです[17]」。バーク局長の反論は、ヘイデン法案に関する限り説得力はなかったといってよい。なぜなら、ここでの争点は税収の用途ではなく、先住民のみを対象として、「市民」とは異なる課税基準を設定することの是非だったからである。このようにインディアン局側は、第3章でみたインディアン裁判所に関する審議と同様、従来の「保留地例外主義」に問題はないとの見解を示したのである。

ヘイデン法案やその修正案については、一九二六年二月から四月にかけて、上下両院においてたびたび聴聞会が開催されている。ナヴァホ保留地を総括する立場にあるハーバート・ヘガマン（Herbert Hagerman）弁務官は、ある聴聞会の場で、「採掘量収入の約三分の一」を州に納めることを含めてナヴァホはヘイデン法案に反対していない、と述べていた（弁務官については本章第4節を参照[18]）。しかし結局、ヘイデン法案は葬られ、一九二七年三月三日には、代替法案のフレア―キャメロン法案が成立した。この法律により、採掘料収入はすべてトライブのものとみなされ、一般市民と同率の州税が課されることになった。さらに重要なことに、同法によって、連邦議会のみが行政命令保留地の境界を変更する権限を有していることが明文化された。[19] 同法の制定後は、フォール前内務長官の一事にみられたような、行政官による曲解の余地はなくなった。

## 3 「白昼の強盗」——リー・フェリー橋建設費をめぐる論争

ヘイデン法案の審議と前後して、連邦議会では、ナヴァホに直接かかわる論争が新たに起こっていた。それは、一九二五年二月二六日の法律により、ナヴァホ保留地内のリー・フェリーと呼ばれる場所に建設されることになった橋をめぐるものであった[20]（図1-1参照）。この法律によれば、橋の建設費の半額に相当する一〇万ドルをナヴァホのトライバル・ファンドに負債として計上させることになっていた。この点に関して、同橋建設費のための予算支出を一項目として含む歳出法追加法案の審議過程で、一部の議員が異議を唱えたのである。ここでは、上下両院の代表的論者の見解を引用しながら、争点を浮き彫りにしていきたい。

実は、このリー・フェリー橋の一件よりも前から、先住民側の了承を得ずに、橋や道路の建設費用を特定のトライバル・ファンドから捻出するという方法は実施されていた。この「慣習」は、一九一一年に当時の院内総務が、ナヴァホに対してある橋の建設費用六〇〇〇ドルを一方的に「貸し付ける」という方法を考案したことにはじまったといわれている。その後、ナヴァホの他にも、プエブロ、ピマ、ユマなど主に南西部の先住民に対して、同様の手段が用いられた。トライバル・ファンドに計上されたこれらの建設費用は、将来、ファンドに何らかの臨時収入があった時点で返済するという曖昧な根拠のもとで、連邦議会が承認してきたものであった。実際のところ、ナヴァホに限定してみても、リー・フェリー以前にもすでにいくつかの橋や道路が同様の手段で建設されており、その負債総額は六万八五〇〇ドルに上っていた。しかも、石油発見以前のファンドの残高はゼロに近かった。にもかかわらず、ナヴァホ側からすれば、知らないうちにファンドに負債が次々と計上されていったのである。こうした不可思議な「慣習」が連邦議会で容認されてきた背景には、国有林や保留地などの連邦所有地が多い南西部諸州ならではの事情があった。州が固定資産税を徴収できる私有地が少ないため、その税収を主な財源とする州内のインフラ整備がままならないという不満が州内に鬱積していたのである。たとえば、ニューメキシコ州の場合、保留地や国有林などの連邦所管の土地は約四三パーセントを占めており、州税減収の一因となっていた。[21] 連邦議会が道路や橋の建設を目的としたトライバル・ファンドの流用を事実上黙認してきたのは、自らが管理するトライバル・ファンドを流用する形で州に資金を供給することで、各州内の開発を促すねらいがあったのである。[22]

ところが一九二六年には、一〇年以上続いていたこの「慣習」が問題視されるようになった。そのきっかけは、同年二月四日、連邦下院における歳出法追加法案の審議過程において、ナヴァホ保留地のリー・フェリー橋建設費が取り上げられたことだった。カリフォルニア州選出のフィリップ・スウィング（Philip D. Swing）下院議員は、一九二六年現在の残高一一万六〇〇〇ドルのナヴァホ・トライバルファンドに対し、さらにリー・フェリー橋建設費の一〇万ドルの負債を計上させることは、常軌を逸した意思決定ではないかと訴えた。そして、同橋は、ユタ州とアリゾナ州の国立公園を行き来する年間約一〇万人の観光客にとっては有益であるものの、ナヴァホ自身はこの橋からは何の恩恵も受けないと主張した。たしかに、リー・フェリー周辺は、保留地内で最も人口密度が低く、放牧にも適さない地区であった。罹患率の高いトラコーマや結核などの治療費不足や初等教育の普及の遅れ、そして井戸など日常生活に必要なインフラ整備さえままならない現状を鑑みれば、「この橋の建設費用をインディアンに負担させるべきではない」というのが同議員の意見であった。[23]

スウィング議員の意見に対し、アリゾナ州選出のカール・ヘイデン（Carl Hayden）下院議員は真っ向から対立する姿勢をとった。ヘイデン議員は、「カリフォルニア州のインディアンに対する措置はアメリカ文明上の最大の汚点」であるが、それとは対照的に、ナヴァホは「ロードアイランド、マサチューセッツ、ニューハンプシャー三州とほぼ同面積にあたる広大な土地を占有し…中略…辛酸をなめたカリフォルニア州のインディアンと比べれば十分手厚く処遇されている」とやや的外れな議論を展開し、カリフォルニア州選出のスウィング下院議員が引用したAIDAの資料は紛らわしく、実際にはナヴァホへの予算配分は年々増大していると反論した。さらに近い将来に見込まれる石油採掘料収入にも言及し、「将来、ナヴァホがもっとも裕福なインディアンになると私は確信しておりますが、その暁には…中略…彼らはこの橋の建設費用を喜んで返済するでしょう」と述べ、採掘料収入を橋建設費として使うほうが、「悪名高い頭割りによって労せずして施しを受けたあるトライブの例にみられるように、貧民と化し堕落してしまうよりもずっと有益なのではないでしょうか」と締めくくった。[24] ヘイデン議員は、前述のヘイデン法案とリー・フェリー橋建設法案を議会に提出するなど、先住民関連法案の審議において少なからぬ影響力のある議員歴一五年の議員であり、すでに連邦議会を通過しているリー・フェリー橋建設法に基づいて予算支出を承認するよう求めた。

ここで、ヘイデン議員のいう「あるトライブ」について補足しておきたい。この「あるトライブ」とは、ナヴァホ保留地で石油が発見された当初、マスコミや一部の連邦議会議員のあいだで前例として頻繁に引き合いにだされていた、オクラホマ州のオセージ（Osage）のことである。ただし、多額の採掘料収入を約二〇〇〇人で頭割りにしたオセージとは異なり、人口約三万六〇〇〇人のナヴァホの場合、仮に一九二六年の予想採掘料収入（約一一万六〇〇〇ドル）を頭割りにしたとしても、一人当たりの受取額はわずか三・二ドル程度にすぎなかった。[25] にもかかわらず、ナヴァホも近い将来巨額の富を得るはずだといった風評が議会内にも広まっていた。その背景には、ヘイデン議員を典型とする南西部諸州選出の開発重視派の存在があった。彼らにとって、保留地の土地そのものは魅力はないが、固定資産税などの州税や地下資源の開発という観点からみれば、（連邦信託地であって州税は非課税となる）保留地の存在は障害とみなされたのである。南西部諸州選出のこれらの議員は、石油発見の後は、道路やパイプライン敷設による地価上昇を目論む地元勢力の強力な後押しを受けていたのである。

連邦下院と同じく上院でも、歳出法追加法案の一項目であるリー・フェリー橋建設費用について、異議が唱えられた。そして上院では、同橋の項目は一旦却下された。しかし、それに対する下院の同意が得られなかったことと、リー・フェリー橋建設法がすでに議会を通過していることから、二月二四日、上院において改めて審議されることになった。まずニューメキシコ州選出のサム・ブラットン（Sam G. Bratton）議員は、連邦議会は「インディアン」に市民権《シティズンシップ》を付与したのだから、橋の建設よりもむしろ「市民権《シティズンシップ》に伴う責務についての理解を深めるための教育」に貴重な資金を投入すべきだと主張した。同議員は、昨年七月に開催されたナヴァホ評議会の議事録を引用しつつ、ナヴァホ側が橋の代わりに家畜の品質改良や荷馬車・農耕具の支給を要求していると述べ、「市民の一員としての彼らの貢献」を促すほうが橋の建設よりも有益だと説いた。続いてラルフ・キャメロン（Ralph H. Cameron）議員は、「なぜわれわれ合衆国上院議員は、自らを弁護できないインディアンのトライブから［一〇万ドルの橋建設費を］奪うことを承認しようとしているのか」と激しい口調で非難し、「白人だからという理由で何かをすべきではない」と訴えた。二人の上院議員に追随するように、ウィスコンシン州選出のバートン・ウィーラー（Burton K. Wheeler）議員は、連邦議会はこれまで「あたかも独裁者のようにインディアンとの条約を反故にしてきた」のだから、せめて「白人のためにトライバル・ファンドから資金を調達して橋を建設するのはもうやめるべきである」(26)と述べた。このように、上院インディアン業務委員会のメンバーである三議員はともに、リー・フェリー橋の建設費をトライバル・ファンドの流用によって捻出することに反対したのである。

翌日、上院において、両院協議会が提示した修正案に対する採決が行われた。採決に先立ち、ブラットン議員は昨日と同様に反対の意を表明した。同議員は、二月一一日付のナヴァホ保留地内のサンファン管区の住民からの嘆願書を長々と引用し、ナヴァホ自身がリー・フェリー橋建設に反対しており、井戸の掘削や家畜の品質改良、住居の改善、医師の派遣を要求していると再三訴えた。キャメロン議員もまた、前日よりも語気を荒げて反対演説を行った。同議員はまず、年間一〇万人の集客力を誇るユタ・アリゾナ両州の国立公園の運営上という観点に限れば、リー・フェリー橋建設に賛成すると述べた。なぜなら、もしリー・フェリー橋が建設されれば、グランドキャニオンのノース・リムで折り返していたユタ南部からの旅行客が引き続きサウス・リム、そして西海岸へと周遊する一大ルートが完成することになるからである。この周回ルートは、キャメロン議員の地元アリゾナ州の経済活性化という点からみれば非常に魅力的であった。しかし同議員は、こうした経済効果は認めながらも、建設費用の出所に反対し、次のように訴えた。一九二四年の法律によって、内務長官は国立公園局を通して橋を建設する権限を与えられたにもかかわらず、「なぜ内務省インディアン局は、これらの貧しいインディアンから資金を奪おうとする条項を支持しているのでしょうか。これはまさに白昼の強盗というべき行為です」。要するに、同橋の建設費については、その恩恵を全く受けないナヴァホのファンドを流用するのではなく、国立公園局が堂々と連邦議会に予算請求をすべきだというのが、キャメロン議員の言い分であった。ウィスコンシン州選出のアーヴィン・レンルート(Irvine L. Lenroot)議員も、「たった二万六〇〇〇人の無学のインディアンではなく、平均的なアメリカ人の白人がかかわっていると仮定してください。このような不正を阻止すべく、必要ならば議事妨害によって議案の通過を遅らせるのではないでしょうか」と加勢したが、この日は審理未了に終わった(27)。

そして三月二日には、改めて両院協議会案の採決が行われることになった。採決に先立ち、キャメロン上院議員は再び、ナヴァホは同件について十分な説明を受けておらず、このまま採択することは「インディアンに対して甚だしく不正な行為である」と訴えている。そして、約四七パーセントの罹患率といわれるトラコーマや結核等の伝染病の蔓延や高い未就学率（未就学者は約七〇〇〇人）にもかかわらず、「無人地帯」に橋を建設することの是非を問うた。[28]それに対して、いわば開発派で知られるピットマン（Pittman）議員（ネヴァダ州選出）は、ナヴァホ保留地で石油が発見されたからには、橋や道路の建設が「何よりもこのインディアンの繁栄に不可欠なのはいうまでもない」と断じ、この橋の建設に反対する者は「インディアンの敵」であり「いわゆる政治家」なのだと非難した。この「いわゆる政治家」という売り言葉に刺激されたキャメロン議員は、アリゾナ州では先住民に投票権は与えられていないため、「ここにはポリティクスの入り込む余地はない」と反駁するなど、やや感情的な応酬が続くことになった。キャメロン議員が断固として譲らなかったため、橋建設費の半額を負担する予定のアリゾナ州が州議会から歳出割当の承認を得るまで、この件については保留してはどうかという提案がなされた。[29]

このような激しい攻防の後、最終的には両院協議会案は採択され、リー・フェリー橋の事項を含む歳出法追加法案は可決された。同法案には傷痍軍人への給付金など政治的・社会的に重要な項目が多く含まれており、仮に審議が長引けば、合衆国政府が莫大な損害――ある上院議員によれば一日あたり二五万ドルあまり――を被ることへの懸念が広がったことが最大の要因であった。[30]

ただしその後も、リー・フェリー橋は、インディアン局によるいわば食わせ物の典型として、連邦議会においてしばしば引き合いにだされることになる。たとえば、フレア下院議員はこの二日後に下院で演説を行い、ファンド流用によるリー・フェリー橋建設を「白昼の強盗」と喝破したキャメロン上院議員の言葉を繰り返し引用し、同様のことが現在でもピマ、プエブロなど南西部の先住民に対しても実施されていると訴えた。そして、ヘイデン法案における三七・五パーセント条項とリー・フェリー橋などの「観光客用の橋建設」へのトライバル・ファンドの流用とは、インディアン局による「同根の不正行為」であると喝破したのである。さらに三月二三日の演説において、フレア下院議員は、バーク局長を個人攻撃しているのではなく巨大な「腐敗した官僚制」を批判しているのだと述べる一方で、「玉虫色の法案」を支持し「白昼の強盗」に加担してきたことなどを理由に、バーク局長やメリット局長補佐の更迭を要求した。(31) この頃までには、インディアン局の抜本的改革を求めて、フレア下院議員とＡＩＤＡのジョン・コリアが連携し、当局側と対立するという光景は、連邦議会の聴聞会ではおなじみとなっていた。

フレア下院議員の批判に対し、バーク局長は、下院インディアン業務委員会において次のように反論している。バーク局長によれば、トライバル・ファンドを担保とした負債については、連邦議会がここ一五年のあいだに承認してきた事項であった。とりわけナヴァホの場合は、七七万一〇〇〇ドルの負債のうちの五〇万ドル分は、局長就任以前からすでに計上されており、しかもそれは「フレア氏が下院議員であったここ数年間になされたもの」であった。そして、最終的にはインディアン局ではなく連邦議会が決定したことであると強調したのである。また、フレア氏の演説には「コリア氏のような物言い」が多く含まれていると指摘し、ＡＩＤＡの事務局長ジョン・コリアを名指しで批判した。(32) バーク局長の発言は往々にして感情的であった。同局長はこの頃の連邦聴聞会において、ＡＩＤＡの資料を引用する議員からの質問攻めにあっており、苦し紛れの弁明が続いていたからであろう。ただし今回のファンドの件では、連邦議会にも責任があるとのバーク局長の指摘は一理あるといえよう。(33)

このように連邦議会においては、フレア下院議員がインディアン局の包括的調査のための両院協同決議案を提出し、他方でキャメロン上院議員が「インディアンのみならず連邦議会に対しても何をすべきか指図してきた官僚的な一行政機関」に対する調査の必要性を訴えるなど、インディアン局の諸施策への批判が強まっていった。さらに、インディアン局は「インディアンの犠牲のもとで自己増殖している」巨大な官僚組織にすぎないと発言したメルヴィル・ケリー（Melville C. Kelly）下院議員（ペンシルバニア州選出）のように、国家予算の浪費を指摘するコスト論的立場に立つ議員も加勢して、それまでの先住民業務全般を見直す機運が高まっていった。(34)

## 4　ナヴァホ評議会の創設

ナヴァホ保留地における石油発見により、連邦議会のみならず連邦行政府においても、政策の転換を余儀なくされることになった。インディアン局にとっての当面の課題は、「ナヴァホ部族評議会《トライバルカウンシル》」（以下、ナヴァホ評議会と略記）を創設することであった。保留地内での天然資源の開発には、一八九一年の法律により、「当該インディアンを代表する評議会の同意」が義務づけられていたからである[35]。

以下では、ナヴァホ評議会が創設された経緯を検証し、ナヴァホ側の主導権が発揮されない仕組みを解明していく。第3章でみたプエブロ評議会とは対照的に、当時のナヴァホ評議会は、他の多くの先住社会の評議会と同様、外部からの要請で創設された。この事例研究を通じて、当時、全米各地の部族評議会《トライバルカウンシル》が直面していた制度的な問題が明らかになるだろう。

最初に確認しておくべきことは、一九二〇年代に至るまでのナヴァホ社会には、「ナヴァホ族」としての集団的帰属意識は存在していなかったという事実である。序章でみたように、ナヴァホの人々は、政治的自律性を備えたバンドに属しており、各バンド内は首長のもと成員間のコンセンサスを重視する形で統治されていた。もちろん、一九世紀末以降、保留地の六つの管区それぞれに監督官が常駐するようになると、必要に応じて、各管区内で監督官と地元住民の会合が開かれることもあった。しかし、ナヴァホ全体を代表する常設の統治機構は存在していなかった（それとは対照的に、ナヴァホ保留地の一管区とみなされていたホピの場合は、集落ごとに自律的な統治組織が存在しており、監督官などの当局職員との接触はより頻繁に行われていた）。

なお、一八六八年条約には、トライブ全体に関わる不動産（保留地の土地）の売却等の審議方法として、「成年男子の四分の三以上の賛成」が必要と記されている。[36] そのため、インディアン局によるナヴァホ評議会設立は条約違反との解釈も存在していた。たとえば、一九二三年三月付のナヴァホの有力者数名から内務長官宛の抗議文は、「条約によって認められた権利」として「トライブの構成員全員によるカウンシル」があるため、インディアン局による「小さな評議会の創設は違法である」と主張していた。また、一部のナヴァホの指導者たちは、石油採掘権リースの問題とナヴァホ評議会の創設は直接連動していると認識しており、少数のナヴァホ評議会の方が一八六八年条約に規定されているトライブの構成員総数よりも当局にとって御しやすいことを見抜いていたという。[37] この点については、一九二四年の『サーヴェイ』誌のなかで、ジョン・コリアが次のような見解を表明していた。コリアによれば、「一八六八年の条約によって定められた審議方法自体、ナヴァホの伝統とは何の関連もなく、何らかの形の部族統治機構の創設という現代的要請にも合致していないため」、一九二三年のナヴァホ評議会の創設自体は、条約違反とはいえない。ただし、「ナヴァホの氏族組織や信仰体系とこの新しく創設された世俗の統治機構とをどのように調和させるかは今後の課題」であり、しばらく時間が必要だというのである。この時点では、コリアはナヴァホ評議会の将来について、かなり楽観視していたようである。神聖首長と世俗の部族評議会の調和が保たれているプエブロを引き合いに出し、「適切な時間とインディアン局の賢明な判断」さえあれば、将来的にはナヴァホの人々の信頼を勝ち得た評議会になることは可能である、とコリアは考えていた。[38] たしかに、ナヴァホ全体の利益を代表する何らかの組織は必要であった。

ところで、石油が発見されたナヴァホ保留地内のサンファン管区では、早く試掘を行いたい石油会社からの圧力を受け、一九二一年、インディアン局は地元住民と石油会社の代表を招いて会合（当時はこの種の会合も「カウンシル」〔council〕と呼んでいた）が開かれた。サンファン管区では、インディアン局職員と地元住民が一堂に会するのは約二〇年ぶりであったという。[39] そして最初の会合（同年五月）では、住民側が反対したため、リース契約は不成立となった。それにもかかわらず、八月にはミッドウエスト石油会社に最初の賃借権が与えられることになった。さらに翌年三月の会合では、住民側は新たなリース契約の提案を再度却下した。これに業を煮やした石油業者の働きかけがあり、インディアン局はナヴァホの有力者三名からなる「ナヴァホ商業評議会」を創設した。しかし、今度はその合法性を疑問視する声があがった。こうして場当たり的に会合を重ねた末に、一九二三年一月、インディアン局は改めて「ナヴァホ部族評議会《トライバルカウンシル》」を創設することになった。[40]

ナヴァホ評議会設立にあたり、インディアン局は以下の骨子からなる「ナヴァホ・インディアントライブに関する規則」を定めている。まず、ナヴァホ保留地を統括する「ナヴァホトライブ弁務官」（以下、弁務官と略記）一名が内務長官によって新たに任命され、この弁務官にナヴァホ評議会の召集と臨席を義務付けた。また、評議員の資格条件として、「各管区に居住する真正の（*bona fide*）ナヴァホインディアン」であることが明記され、定員（評議会によって選出された議長と評議員一二四名）や三分の二の定足数、議長の任期なども定められた。[41] この規則によって、それまで六名の監督官のもとで分断されていた六つの管区が一名の弁務官のもとに統合された。

そして一九二三年七月には、ナヴァホ評議会において、石油採掘権リース契約に関しては弁務官に代理権を付与するとの決議が採択された。[42] 要するに、鉱業権リースの契約（採掘権の入札や採掘料の設定・管理）については、最終的に弁務官がすべてを取り仕切ることになった。このように、設立直後のナヴァホ評議会は、石油採掘権契約については弁務官が全権を有し、さらにその弁務官がすべての会議を召集し実質的に運営する点で、実情としては弁務官の形式上の諮問機関にすぎなかったのである（第3章の図3-4参照）。[43] 当時のナヴァホ評議会は、実質的な権限がなく監督官（あるいは弁務官）を制御できないという点で、一九二〇年代当時の各地の保留地における部族評議会《トライバルカウンシル》の典型であった。

そのためナヴァホ社会では、以後、ナヴァホ評議会をめぐってさまざまな混乱や対立が起こることになる。とりわけ、評議会での重要な審議事項が急増した一九三〇年代以降、ナヴァホ評議会内は大きく分裂することになる。この点については、一九三〇年代以降の政策改革の事実経過のなかに位置づける必要があるため、第6章で詳述する。

部族評議会《トライバルカウンシル》が実質的な権限をもたない場合、保留地は、行政官（監督官—インディアン局長—内務長官）の独壇場となってしまう恐れがあった。プエブロの場合は、例外的に、既存の統治機構（族長と評議会《ガバナー》）が行政官と対立したり、行政官の不正を連邦議会議員や世論に訴えるなど、自律的な活動を行っていた（第3章参照）。それに対し、各保留地の部族評議会《トライバルカウンシル》の大半は、人々の支持を得た統治機構としては機能していなかったのである。当時のナヴァホ評議会は、その典型であった。しかし、こうした状況が次第に連邦議会で問題視されるようになっていくひとつの契機が、前節でみたナヴァホ関連の法案審議であった。以下では、弁務官とナヴァホ評議会の関係に注目し、当時の利害関係や事実経過のなかでこの変化を跡付ける。

当時の連邦議会では、ナヴァホに直接関連する事項に関して数々の聴聞会が開かれていた。ナヴァホの場合、新設されたばかりとはいえナヴァホ評議会が存在していたが、数々の連邦聴聞会で意見陳述を行ったのはナヴァホ評議会議長ではなくヘガマン弁務官であった。たとえば、ヘガマン弁務官は、前述のヘイデン法案に関する連邦聴聞会において、ナヴァホが三七・五パーセント条項を含むヘイデン法案に賛成していると証言していた。しかし、ヘガマン弁務官は、一九二六年三月四日付のインディアン局宛の電報のなかでは、「チー・ドッジとダスリン（Dasline）との話し合いはつつがなく終了した。…中略…インディアンたちは行政命令保留地での採掘料の六二・五パーセント［をトライブの収入とすること］に全く異論はない」と記していた。つまり実態としては、ナヴァホ評議会全体ではなく、非公式の会話のなかで有力者二名が三七・五パーセント条項を承服したにすぎなかったのである(44)。この事実を知ったフレア議員は、連邦下院において、「ヘガマン氏がインディアン局と結託している」証拠として槍玉に挙げ、インディアン局を批判した。それに対してバーク局長は、「人格者として知られているヘガマン氏」をフレア議員が不当に批判していると訴え、聴聞会での弁務官による報告には何ら問題はないと応酬した。けれどもAIDAの調査によると、ヘイデン法案を審議するためにナヴァホ評議会が正式に招集されたことは、一度もなかったのである。(45)

また、リー・フェリー橋に関しても、ヘガマン弁務官はナヴァホ評議会の見解をインディアン局長や連邦議員に伝えていなかったことが明らかになった。一九二五年七月七日のナヴァホ評議会の議事録によれば、ナヴァホ評議会の見解として、J・C・モーガン（J. C. Morgan）評議員は、リー・フェリー橋建設費を「トライバル・ファンドから支出することに反対する」と弁務官に伝えていた。(46)しかし弁務官は、局長にはこの件を正確に伝えなかったのである。そのためバーク局長は、下院インディアン業務委員会において、ナヴァホが橋の建設を承認したと述べていた。同局長はその証拠として、ナヴァホ所管の監督官から局長宛の書簡を挙げ、ナヴァホ評議会のチー・ドッジ議長が「この地域のナヴァホにとって利点はないが、保留地西部のナヴァホにとっては橋の建設はたしかに有益であると述べた」との一文を引用した。ただしバーク局長は、上述のナヴァホ評議会の正式見解については全く言及しなかった。(47)

ところが、ここで留意すべきは、前述の二つの法案審理の過程で、一部の連邦議員やロビー団体のあいだでヘガマン弁務官に対する評価に変化がみられたことである。なかでもAIDAは、ヘガマン弁務官による聴聞会などでの意見陳述と実際の行動に食い違いがみられることに気づき、独自に現地調査を行うようになった。そして、一～二年のうちに、ヘガマン批判の急先鋒となっていった。実は、AIDAのコリアは、一九二四年一月の時点では、石油採掘権リースについてのヘガマンの措置は「公平無私かつ適切」であり、「ヘガマン弁務官はナヴァホにとって最良の頼みの綱」と絶賛していたのである。(48)

では、なぜ一～二年のあいだに、一部のロビー団体や連邦議員はヘガマン弁務官に対して厳しい批判の眼をむけるようになったのだろうか。一つには、ナヴァホ保留地における石油採掘権リースに関して、ヘガマンは、条約・行政命令それぞれによって画定された部分で異なる措置をしていたことが挙げられる。一方の条約保留地では、同弁務官は、既存の法律（条約保留地の採掘権リースについて定めた法律）に従った合法的なリース契約を進めていた。ところが、行政命令保留地部分では、（公有地を対象としたリース法を保留地にも適用できるとの独断に基づき）石油業者に有利なヘイデン法案を支持していたのである。上述の一九二四年一月の時点で、ＡＩＤＡが「公平無私かつ適切」と判断したのは、条約保留地部分でヘガマンが行ったリース契約についてであった。ヘガマンはそれを行政命令保留地部分では踏襲しなかったのである。

第二の理由は、ヘガマン弁務官がナヴァホ評議会の見解を正確に連邦議会で報告していないという事実が明らかになったことである。では、同弁務官の利害関心は何だったのだろうか。第一に、サウスウエスタン・ランド＆キャトル社の共同経営者として、ヘガマンはパイプラインの敷設による所有地の地価の上昇に関心があったといわれている。[49] ヘイデン法案やトライバル・ファンドを使ったリー・フェリー橋建設を支持する真の理由は、ここにあった。また第二に、この一連の動きは、民主党の次期上院議員候補のひとりと目されていたヘガマンが、候補者選びの主導権を実質的に握っていた地元の有力組織「ホワイト・セトラーズ」（The White Settlers）の意向に配慮した結果であった。この時期には、全プエブロ評議会の対抗組織として、インディアン局側が合衆国プエブロ評議会を創設しようとした一件（第3章参照）に関して、ヘガマン自らが関わっていた疑いも浮上した。地元ニューメキシコ政界の名士として、すでにプエブロの土地問題の調停役を務めていたヘガマンは、非プエブロにとって有利なように土地問題を解決すべく全プエブロ評議会を転覆しようと企てたのである。こうした事実が明らかになるにつれ、ＡＩＤＡと一部の連邦議員は、ヘガマン弁務官、ひいてはインディアン局の対ナヴァホ政策を批判するようになったのである。

以上のように、連邦議会におけるナヴァホの石油鉱業権やトライバル・ファンドをめぐる論議の審議過程の検証により、「インディアン」の土地や預貯金などの共有財産の管理者である連邦政府自らがその権利を侵害してきたメカニズムが明らかとなった。当時の連邦議会によるインディアン局批判は、一言でいえば、保留地では行政官が実質的な立法権・司法権まで有している実態への批判であった。一部の議員が繰り返し用いていた「玉虫色の法案」（ヘイデン法案）や「白昼の強盗」（ファンドの流用）といった形容には、慣習化・制度化されたこうした権利侵害を黙認してきたことへの自責の念がこめられていたのである。たしかに、これらの連邦議員の発言のなかにも、「遅れた」「無学の」といった先住民に対する差別的な表現が散見されるように、先住民蔑視の傾向は依然としてみられた。しかし、それにもかかわらず、法的裏づけのない変則的措置を問題視する動きは、連邦議会内では確実に広まっていった。一九二七年二月には、インディアン局所管の「インディアン」約二二万人を対象とした現地調査を行うという上院決議が採択されたのは、すでにみた通りである。

ただし、一九二〇年代の先住民政策論争は、全般的に、非先住民による「インディアン」のための論争であった。このことを象徴するのが、行政命令保留地に居住する「インディアン」約八万五〇〇〇人に直接かかわるヘイデン法案に関する連邦聴聞会において、先住民の参考人がひとりも招致されなかったという事実であった。また、当時の部族評議会《トライバルカウンシル》の大半は、ナヴァホの事例で明らかなように、実態としては植民地統治さながらの監督官（あるいは弁務官）の諮問機関にすぎなかった。当時の連邦議会では、先住民関連の法案審理に際して議員や行政官、ロビイストらによる様々な意見陳述がなされたが、その大半は伝聞証拠に基づいていた。このことを鑑みれば、たとえ一部の連邦議員が先住民側の見解に言及するようになったといっても、しょせんお手盛りに過ぎないとの解釈もありえるだろう。しかし、審議の過程で、保留地全般を管轄する行政官の肥大化した権限や、「インディアン」の有する諸権利への「合法的」侵害のメカニズムが連邦議会において可視化・問題化されたことの意義は、認めねばならない。温情主義的な従来の先住民政策改革論とは異なり、「インディアン市民」＝市民権《シティズンシップ》を有する「インディアン」という観点からの改革論では、必然的に、既存の法制度や慣習的な行政措置全般が議論の対象となるからである。さらに、先住民自身の見解を考慮すべきとの主張は、その後の上院による包括的な調査や保留地各地での公聴会の開催へと結実していった。以上の観点からみれば、一九二〇年代の連邦議会における先住民政策論争は、先住民政策史上における重要な転機と位置づけるべきであろう。

# 第II部　小　括

第II部で検討したことは、次の二点に要約できる。

第一に、「インディアン」（という政体の成員）への市民権《シティズンシップ》の付与は、一九二〇年代当初の先住民政策の文脈では、便宜的・象徴的な措置であったという点である。「インディアン」のみが有する権利と「市民」としての権利は究極には矛盾するとの指摘は、当初から一部の行政官や専門家によってなされてきた。そして、当時の改革運動を牽引していたロビイストたちも、二四年市民権法自体にはほとんど関心を払っていなかった。また、保留地制度が温存されていた南西部を中心として、「インディアン」自らによる市民権《シティズンシップ》獲得運動はみられなかった。彼らの最大の関心は、「インディアン」のみに与えられた権利や共有財産を維持することだったからである。それどころか、法権利意識の高いプエブロ指導層のように、市民権《シティズンシップ》付与によって「インディアン」のみに認められた権利（土地の占有権や共有財産の連邦による信託管理など）が剝奪されるのではないかとの懸念すら存在していたのである。これらの非先住民のロビイストや「インディアン」からみれば、二四年市民権法自体は、さまざまな権利や義務が錯綜する実態を一挙に整理してくれる伝家の宝刀などでは決してなかったのである。

第二に、一九世紀末以降の同化政策への代替案が形成される経緯を再検討したことである。一九二〇年代の先住民政策改革運動の最大の成果は、保留地では行政官が実質的な立法権・司法権を有していることを問題化したことだったという点を確認しておきたい。そして、「インディアン」が共有する不動産や預貯金の管理といった「後見」的責務を担ってきたインディアン局に対して、連邦議会による包括的な調査がその後約一〇年をかけて行われることになった。さらに連邦議会内においては、トライバル・ファンドの流用などの慣行を自ら行ってきた事実を認め、先住民関連の法制度の抜本的改革への機運が高まっていった。こうした状況の変化に伴い、一部の連邦議員のあいだでは、従前の法的・行政的慣行の多くが「インディアン」の市民的権利（信教・良心の自由など）を侵害してきたとの認識が共有されるようになった。「インディアン」固有の権利・義務との整合性という難問は残されたものの、「インディアン」の市民的権利への関心の高まりは、一九三〇年代以降の政策改革を促進する一因となったといえよう。

第III部で詳しく述べるように、一九三〇年代には、二〇世紀の先住民関連法のなかでは最も包括的かつ重要といわれる法律が制定され、「インディアン・ニューディール」を標榜する諸改革が講じられた。これらの諸改革は、一九二〇年代における以上のような変化を前提としていたのである。従来の保留地における行政官の「圧政」を繰り返さないためには、行政官を制御する部族評議会《トライバルカウンシル》の権限をどう規定するのか。一九三〇年代に「自治政府」（部族評議会）の重要性がクローズアップされる端緒は、この頃すでにみられたのである。

# 第Ⅲ部　「インディアン・ニューディール」と南西部先住社会

——一九三〇年代～四〇年代——

　第III部では、「インディアン・ニューディール」と称したインディアン局主導の一連の先住民政策改革の展開について、とくに保留地内の部族評議会《トライバルカウンシル》と学校の機能と役割という観点から、諸改革の具体的内容と意義を明らかにする。この諸改革の第一の特徴は、「インディアン」という法的地位の解消を第一義とした従来の同化政策とは異なり、「インディアン」という法的地位は温存しながら、保留地を基盤として諸施策を講じるという点にあった。そのため、保留地という土地基盤や親族組織などの社会組織が比較的温存されていたプエブロとナヴァホがモデルケースとなる場合が多かった。しかし、諸改革の結果は、両者のあいだで鮮やかな対照をなしていた。プエブロ社会での諸改革は大きな成果を収めたが、それとは逆に、ナヴァホ社会では大きな混乱と反発が巻き起こることになったのである。以下では、プエブロ・ナヴァホそれぞれに即して、二〇世紀の先住民政策史上、最も包括的な諸施策が講じられた一九三〇年代の改革について、連邦政府（インディアン局）・連邦議会・先住民指導層それぞれの動向と論理を解き明かしていく。二つの事例研究を通じて、ある施策に対するローカルな実践レベルでの対応を比較・対比しながら、為政者と先住民指導層との如何を問わず、複雑な利害関係や相反する願望を相対的に捉えることが可能となるだろう。

# 第5章　改革のモデルケース
## ――重点施策地域・プエブロ社会における諸改革の意義――

一九三三年のフランクリン・ローズベルト政権の誕生に伴い、内務省内の人事は一新した。新任の内務長官ハロルド・イッキーズは、一九二〇年代にロビー団体ＡＩＤＡの活動に携わっていたことで知られていた（第Ⅱ部参照）。一部の先住民指導者と個人的な信頼関係を築いていたという点で、イッキーズは従来の内務長官とは異なっていた。さらに、インディアン局長にジョン・コリア、内務省法務官にネイサン・マーゴールドがそれぞれ着任した。マーゴールドと彼の補佐となった二人の顧問弁護士フィリクス・コーエンとチャールズ・ファーフェイ（Charles Fahey）もＡＩＤＡの会員であり、ともにプエブロの法律顧問としてプエブロ指導層の信頼を得ていた人物である。ＡＩＤＡの旧知のメンバーが一堂に会した新しい陣営は、前例のない結束力の強さを誇っていたのである。(1)

インディアン局長に就任したコリアは、自ら主張していた改革案を実行に移す権限と責任を負うことになった。「インディアン・ニューディール」を標榜した一連の政策改革の理念は、コリアによれば、「土地に根ざした経済的再建、インディアン・トライブが自らの手で［保留地における教育福祉等の一部の］諸業務を執り行うための組織化、インディアンのための市民的・文化的自由と機会の確保」という三つの骨子からなっていた。(2) 本章では、この三点に焦点を絞り、改革のモデルケースとなったプエブロに即して改革の経緯を検証する。それによって、首都ワシントンの改革派の論理はもとより、それに対するプエブロ指導層の動向もあわせて論ずることが可能となる。

## 1　「経済的・精神的リハビリテーション」——再組織法案の審議過程

バーサム法案反対運動以来、ジョン・コリア率いるＡＩＤＡは、インディアン局の諸施策を全面的に批判してきた。ところが、一九三三年には一転して、コリアがその局長に就任することになった。そのためプエブロ指導層のあいだでは、一瞬の戸惑いがあったようである。イスレタ・プエブロの指導者パブロ・アベイタは、「コリアを敵にまわすことだけは避けたかった」ため、当初はコリアをインディアン局長に推さなかったと回想している。けれども、バーク局長のもとで局長補佐を務めたエドガー・メリットが次期局長の候補の一人として挙げられていると知るや否や、全プエブロ評議会は、コリアあるいは『メリアム・レポート』の責任者ルイス・メリアム（Lewis Meriam）を次期局長に推す声明を発表した。プエブロにとっては、メリット局長補佐といえば合衆国プエブロ評議会を招集するなど、「われわれの評議会をつぶそうとした」当事者に他ならなかったからである(3)。

従来のインディアン局長と比較すると、コリアの経歴はたしかに異色であった。まず、歴代の局長を輩出していたＩＲＡの会員ではなく、自らが率いていたＡＩＤＡに所属していたことが挙げられる。フィラデルフィアを拠点としてプロテスタントの名士が集うＩＲＡとは対照的に、ＡＩＤＡは主にカリフォルニアやニューメキシコなど先住民人口の多い南西部で活動していた新興のロビー団体であった。また、コリア自身はカトリック教徒であった。このことは、コリアが過去の慣習に囚われることなく改革を断行しやすい立場にあると同時に、守旧派からの反発を受けやすいことを意味していた。というのも、先住民政策形成過程においては、プロテスタント諸教派の代表が政府の各種諮問機関のポストを独占していたからである。こうした状況のなかで局長に就任したコリアは、まず最初に、意思決定の迅速化をはかるとの理由で、内務長官の諮問機関であるインディアン審議委員会（The Board of

Indian Commissioners）を廃止した。一八六九年に創設された同委員会は、IRAの創設者ハーバート・ウェルシュの叔父にあたるウィリアム・ウェルシュ（William Welsh）初代議長の強力なリーダーシップのもとで、予算支出を含む先住民政策の立案過程において絶大な影響力を行使してきたことで知られていた。したがって、同委員会が廃止されたことは、ここに多くの会員を送り込んでいたIRAにとっては大きな痛手であった[4]。

ただし、IRAの影響力低下の背景には、同委員会の廃止や対抗組織の登場のみならず、より重要な理念上の要因があったことにも留意すべきであろう。そもそもIRAは、一八八七年一般土地割当法（通称ドーズ法）の制定に貢献したことで国政の舞台に踊りでたが、一九二〇年代末までには、『メリアム・レポート』の指摘を待つまでもなく同施策の弊害は広く知られるようになっていた（第1章参照）。さらに、IRAの基本綱領のひとつであった「われわれ人民の一般的生活へのインディアンの同化」という理念は、一九世紀末の時点では、土地の個別割当政策と寄宿学校政策という形で、一旦は具現化された。ところが、その後およそ半世紀にわたって多額の税金が投入されたものの、一九一〇年代には、その「成果」は疑問視されるようになった。それどころか、国家予算の浪費との批判が連邦議会でも高まっていたのである。こうしたコスト論の観点からの批判に加えて、先住民社会における貧困や疾病の蔓延、家庭や地域社会の崩壊などは衆目の一致するところとなっており、人道主義的立場からの批判も強まっていた。また、IRAが当然視してきた先住民の「キリスト教徒化」についても、第3章で論じた一九二〇年代の「ダンス論争」が象徴するように、一九世紀末の抽象的な信条や哲学としてならばともかく、市民権《シティズンシップ》付与後の具体的な施策としては問題視されるようになっていた。「市民」である「インディアン」にも、信教の自由を含む市民的権利を認めるべきとの論調がみられるようになったからである。IRAが創設時に掲げた基本方針の耐用年数は、約半世紀を経た一九三〇年代には過ぎようとしていたのである。

一九二〇年代には、ロビイストとしてインディアン局の諸施策をことごとく批判していたコリアではあったが、自らが局長に就任した際には、「土地基盤の回復」を当面の最優先課題として掲げた。なぜなら、一八八七年一般土地割当法などの制定以降、保留地の解体と私有地化が進み、一九三三年までに総計約三六万平方キロメートルの土地が先住民の手から離れ、土地や代替となる生活手段を持たない貧困層を生み出していたからである。このような事態に対処すべく、コリアは着任早々、ロビー活動で培った連邦議会議員との人的ネットワークを活用し、長年あたためていた構想をもとに法案の作成にとりかかった。一九三四年一月には、首都ワシントンにおいて各種教会団体と民間ロビー団体を招いて会議を主催し、法案の作成には彼らの提言が不可欠とのリップサービスをしつつ、早くも翌月には一九三四年再組織法の原案となる法案（以下、HR7902とする）を下院に提出した。ここで注目すべきは、先住民法制史上初めて、事前に法案のコピーが各保留地で配布され、全米一〇カ所の保留地において「インディアン・コングレス」と称した主旨説明や意見聴取が行われたという事実である。さらに、同法案が議会を通過した場合、各トライブが最終的に採択するか否かを問う住民投票が行われることになっていた。事前の主旨説明の有無という点では、同法案はそれ以前の法案とは大きく異なっていた。[5]

では、首都ワシントンで審議中の法案に対し、プエブロ指導層の反応はどのようなものであったのだろうか。一九三四年三月一五日にサントドミンゴ・プエブロにおいて開催された「インディアン・コングレス」の議事録からは、各プエブロの代表者の法案に対する関心の高さとコリアへの信頼感を読みとることができる。

この会議では、一九のプエブロからの代表者一〇〇余名に加え、インディアン局職員、プエブロの顧問弁護士やロビー団体の会員など二〇人弱が一同に会したが、終始、穏やかな雰囲気のなかで質疑応答が行われた。[6] とりわけ印象的なのは、プエブロ側の法意識の高さである。プエブロの代表者は、事前に配布された法案はもちろんのこと、グアダルーペ・イダルゴ条約などの関連法規の全文も持参していたほど、用意周到であった。[7] そのため、プエブロの出席者からの質問は、再組織法案のある条項の文言についてといったように極めて具体的であった。たとえば、同法案のなかの一般土地割当法を無効とする条項には、適用対象として「インディアン保留地またはコミュニティー」と記されていたが、ここにスペイン植民地時代からの「プエブロ・グラント」を念のため付け加えて欲しいといった要望が出された。また、「インディアン裁判所」に関しては、「地元サンファン・プエブロのインディアン裁判所には、健康、福祉、安全という同法案にある文言を解釈する権限と義務があるのか」といった厳密な法解釈についての質問があった。さらに、「自治政府」（self-government）の条項でオプションとして提示されている「自治体設立のための法律」（charter）について、それを採択しないコミュニティーでも同法案の「教育」の条項で提示されている教育ローンを活用することができるのか否かといった質問が矢継ぎ早にだされている。答える側のコリアが「それはいい質問ですね」と繰り返すほど、プエブロ側の出席者は、原案を熟読し詳細に検討を重ねたうえで会議に臨んだことがうかがえる。とりわけ、「自治政府」の一項に関しては多くの質問が寄せられた。ホピの代表の表現を借りれば、「クリストファー・コロンブスのおばあさんが生まれる前から存在しているわれわれの政府」への誇りは、プエブロ側の発言の随所にみられたが、この「われわれの政府」（具体的には、各プエブロ既存の族長《ガバナー》と評議会、そして神聖首長を指す）と同法案でいう「自治政府」との関連が、法案を読んだだけでは必ずしも明らかではないからであった。

ここで注目すべきは、コリアやコーエンなどの同法案の起草者が「インディアンの自治政府」というとき、プエブロ既存の政府をつねに想定していたという点である。第4章でみたように、一九二〇年代にナヴァホ評議会が創設された頃から、コリアは「プエブロの政府」をモデルとして理想の部族評議会《トライバルカウンシル》像を論じていた。また、コリアが直接かかわったとされる一九三二年のインディアン部族評議会《トライバルカウンシル》法案（のちに不成立）には、「プエブロ既存の政府」のみに適用される条項が含まれていた。このように、「プエブロ既存の政府」に対するコリアやコーエンなどの改革派の関心の高さを裏付ける事例は枚挙にいとまはない。なぜなら、従来の連邦法においては、合衆国との特殊な歴史的関係や固有の統治形態をもつ「開化五部族」やイロクォイ諸族に限り、「部族評議会《トライバルカウンシル》」という文言が含まれる各種法律（たとえば第4章で扱った採掘権リース法など）の適用除外とするのが慣例となっていたからである。事実、前述のインディアン部族評議会《トライバルカウンシル》法案の第八項には、「ニューメキシコ州とアリゾナ州のプエブロ諸族はひきつづき伝統的習慣と…中略…既存の部族政府を保持することができ、部族評議会《トライバルカウンシル》に関する権限や機能を定めた同法律のすべての条項については、既存の部族政府と矛盾しない限りにおいてすべて同様に適用される」との一文があった。つまり、それまでの連邦法の伝統から逸脱して、同法案では、プエブロの政府は「特別扱い」されていたのである。(8)このように、少なくとも一九三〇年代前半のＡＩＤＡの主要メンバーは、「部族評議会《トライバルカウンシル》」が争点となるときにはいつでも、プエブロ既存の政府との兼ね合いを懸念していたのである。このことは、同一メンバーが主導してきた再組織法案の「自治政府」構想を分析するうえで、つねに留意すべき点であろう。

ところで、プエブロで開催された「インディアン・コングレス」におけるコリアの説明によれば、内務長官が「プエブロの既存の政府」を否認する権限はないと判断できる法的根拠が三つあるという。それは、グアダルーペ・イダルゴ条約、ニューメキシコ準州がかつてプエブロを自治体とみなしてきたという歴史的経緯、そしてかつての連邦最高裁判所の判決のなかに「プエブロは地方公共団体」（法律または特許状によって自治権を付与された地方団体）(9)に準じるとの文言があることの三点である。けれども、万が一、既存の政府の正当性について内務長官が法廷で異議申し立てをした場合、その前例はないだけに、どのような判決が下されるかは未知数であった。こうした状況を踏まえて、再組織法案（HR7902）を起草した動機について、コリアはこう述べている。「局長に就任する以前の私を含めたあなた方の友人たちは、長年にわたって、プエブロの自治政府を守るために何らかの正式な文書を連邦議会から取り付け、内務長官が自治政府に介入したり否定したりする可能性をなくそうとしてきました」。このように、すでに確固たる「既存の政府」が存在するプエブロ社会を想定しながら再組織法案を読めば、同法案の

「自治政府」構想は具体性を帯びてくる。そこには、既存の統治機関に対し、「自治政府」として連邦政府の一機関に準じる法的地位を保証してそのまま合衆国の法体系に組み込むことによって、将来おこりうる「自治政府」への不当な干渉や介入を避けるねらいがあったのである。

コリアの「自治政府」構想では、各「部族《トライブ》」ごとに自治政府が創設（あるいは自治体設立法の採択を通じて正式に改組・承認）され、その政府は連邦の一機関として「トライブの名の下に公共の用のために土地を収用する権限や、その際の正当な補償額を決定する権限、自治政府の諸事業のための労働力提供の要請をする権限」などを有している。政治学者のヴァイン・デロリアは、再組織法案の「自治政府」の権限について、合衆国の植民地時代以降、ひとつの統治機関がこれらの諸権限を有していた例はないと指摘し、「現実的なコミュニティーや政治計画とはかけ離れたファンタジー」であったと述べている。たしかに、強制移住を経て土地の個別保有化が進んでいたオクラホマ州の先住民グループのあいだでは、再組織法の眼目である「個別土地割当ての中止」に対しては、両義的な反応がみられた。なぜなら、これらの「部族《トライブ》」の成員の多くは、一九世紀前半に締結された条約に基づいて個別割当てされた土地に居住していたからである。そして当該先住社会においては、現在の土地の占有権は、条約によって認められた権利（条約的権利：treaty rights）の一つとみなされていた。したがって、彼らはこの条約的権利の継続的承認には関心はあったものの、その権利に一定の制約を課すかもしれない新たな法律には懐疑的であった[10]。一九三四年三月にオクラホマ州で開かれた「インディアン・コングレス」の場でも、すでに割り当てられた土地は「当該部族にしか売却できない」という再組織法案の一項に反対する声が多数を占めていた[11]。いまさら「部族《トライブ》」を創出して「自治政府」に土地の収用権を与えたり共同作業を義務化したりすることは、これらの先住社会においては時代錯誤とみなされたのである。

ところがプエブロの場合は、「既存の政府」が慣習法にもとづき土地収用権や使役権を行使してきた歴史がある

（第3章参照）。したがって、コリアの「自治政府」構想は必ずしもファンタジーではなかった。そのため、プエブロ側の真の関心は、合衆国の法体系のなかで確固たる法的地位を得ることの代償が何かということであった。法案に示されているような自治体設立法を採択した一種の連邦機関として「部族《トライブ》」を認定することは、合衆国の法体系のなかに完全に組み込まれることを意味している。それは、「主権免除」（その同意なくして国内の裁判所で訴えられることはないとの原則）を有する独立主権者（independent sovereigns）として「部族《トライブ》」を認定することとは明らかに異なる。つまり、この両者の違いこそが、再組織法案の自治政府構想のアキレス腱であった。デロリアがいみじくも指摘しているように、再組織法案でいうところの「自治政府」とは「独立主権者としての部族政府《トライバルガバメント》」としての「自治政府」を意味しているのか否かといった複雑な法解釈の問題については、コリアは明言を避けたのである[12]。

こうした「独立主権者としての部族政府《トライバルガバメント》」を理想とするプエブロ側にとって、再組織法案の自治政府構想の問題点は認識されていたのだろうか。「インディアン・コングレス」の議事録をみる限り、プエブロの出席者のあいだでは表立って問題点を指摘する声はあがっていない。むしろ、ソテロ・オーティス議長のいうように「われわれの政府により大きな権限を、われわれ自身や財産、そして宗教生活に対してより大きな保護を、と長年にわたり合衆国政府に求めてきた」が、この法案により望ましい方向に向かっているといった現実的な反応が大半であった。つまりプエブロ指導層は、「自治政府」案は理想に一歩近づく暫定措置とみなしていたといえよう。

この微妙なスタンスに関して、ポワキ・プエブロのアントニオ・タピア（Antonio Tapia）の以下のような発言は注目に値する。

> この法案ではインディアンが全体として、市民あるいは有権者としてではなく、従属国家（dependent nation）として承認されているため、この法案は成立すべきだと考えている。…中略…われわれの局長はわれわれの権

利を守るために議会に働きかけており、われわれはその提案を受け入れるべきだと信じている。(13)

タピアのいう従属国家とは、合衆国とは区分され、しかも植民地としてではなく正当にその国に属する「属領」に近いものであった。このことは、タピアが「市民あるいは有権者としてではない」法的地位にこだわっていたことからも明らかである。言い換えれば、タピアの「従属国家」観は、「市民あるいは有権者として」連邦の一機関や地方自治体に準じる「自治政府」をもつことではなかった。コリアの自治政府構想には、「属領」的側面（部族政府に土地収用権や使役権を付与）と、連邦一機関あるいは地方自治体的側面（自治体設立法による政府の樹立）が混在しており、両者は究極的には矛盾する。けれども、「連邦議会議員がインディアンに対して好意的な今のうちならば、この手の法案は成立しやすい」とソテロ・オーティス議長が述べたように、複雑な法制論議の迷路にさまようことは避け、一歩前進という現実主義的な実をとったと考えるべきであろう。

以上のように、再組織法案についてのプエブロ側の反応は、明らかに好意的なものであった。その背景には、一九二〇年代前半のバーサム法案反対運動以来、プエブロ指導層とコリア局長・コーエン法務官（当時）などのAIDAの主要メンバーとのあいだに築かれていた確固たる信頼関係があった。もちろん、プエブロ指導層は再組織法案自体を評価していた。ただしそこには、AIDAの法律専門家ならば自分たちの利害に反することはしないだろうという希望的観測も含まれていたのである。このことは、ラグーナ・プエブロの族長《ガバナー》であるポール・ジョンソン（Paul Johnson）が、「インディアンの真の友人であることは疑いの余地がない」コリアが「同じくわれわれのよき友である弁護士の方々とともに、一四年間にわたって尽力されてきたものを無にすることだけは避けたい」と訴えていたことにも表れていた。(14)

結局、一九三四年六月、原案（HR7902）からみれば妥協・折衷の産物であったとはいえ、インディアン再組織法（The Indian Reorganization Act：以下、再組織法と略記）が成立した[15]。

コリアによれば、再組織法には「先住民族の経済的かつ精神的なリハビリテーション」という二つの目的があるが、とくに土地問題について次のように述べている。

一八八〇年代以降最も重要な法律であるウィーラー・ハワード法［再組織法のこと］は、トライブの土地や資産の個別所有化によって、インディアンの同化を促進しようとする積年の有害無益な試みに終止符を打つものである。さらに同法は、個別土地保有化政策とその関連施策によってもたらされた甚大なる被害を可能な限り補償するための法的・財政的手段を提供するものである[16]。

しかし、「土地基盤の回復」は、当然ながら一般土地割当法が破棄されただけでは実現できない。しかも元来保留地であった（はずの）土地の所有権をめぐっては、長年係争中であることが多かった。したがって、法廷や特別に設置された土地登記所における「合法性」をめぐる争いは、歴史的にみても、特定集団の政治力と不可分であったのはいうまでもない。この争いに「勝つ」ための鍵は、自らの権利を擁護し代表する有能な弁護士の存在である。実際のところ、信頼できる法律専門家を雇用する資金力の有無が、結果を大きく左右したのである。

この点に関しては、プエブロは例外的に幸運なケースであった。長年親交のあったＡＩＤＡを通じて、優れた弁護士を雇用する資金も調達できたからである。当時のプエブロは、リチャード・ハンナ（Richard Hanna）やフィリクス・コーエンといった錚々たる顔ぶれの弁護士や法律家の支援を受け、さらに当時の先住民グループとしては例外的に、顧問弁護士も擁していたのである。これらの法律専門家の尽力もあり、プエブロは不十分ながらも、土地権の確立や喪失した土地への補償を得ることができた。他方、多くの先住民グループでは、優れた専門家の支援を得る手段と資金がともに不足していた。実態としては、ひとつの案件について、過去の二重売買や担保権の存続に加えて、さまざまな不正行為も錯綜しているケースが大半であった。個々の案件ごとに信頼しうる弁護士を探し出し雇用することは、多くの先住民グループにとって至難の業であった。

このように、他の先住民グループやイスパーノと比べれば、プエブロの「土地基盤の回復」過程は極めて例外的かつ幸運な事例であることがわかるだろう。この一連の成果は、バーサム法案反対運動を主導したＡＩＤＡのメンバーがプエブロとの「個人的な約束を果たした」[17]結果というべきものであった。したがって、プエブロのみを対象としていたという限界があった。

以上のように、「土地基盤の回復」という点に関しては、一般土地割当法という「弾丸の込められたピストル」が取り除かれたという法制上の成果があった[18]。つまり、以後は保留地の土地の個別割当ては実施されないことが明文化されたのである。この点に関しては、その歴史的意義を認めねばならないだろう。ただし、それはすべての先住社会における「土地基盤の回復」を保障するものではなかった。土地問題に限れば、改革の即時的成果を実感できた先住民グループはごく少数にとどまったのである。

## *2*　先住民の「市民的・文化的自由」とプエブロ社会

前節でみたように、新政権が最も重視していたのは「土地基盤の回復」であった。ただしコリア自身は、この目標を達成するためには劣等感を植え付けられてきた人々の「精神的なリハビリテーション」が不可欠であると考えていた。それによって、部族評議会《トライバルカウンシル》が自律性を保ち、保留地の監督官を制御する役割を果たしうるからであった。

以下では、「インディアン・ニューディール」の理念の一つであった「市民的・文化的自由」を具現化しようとした諸施策について、その経緯を検証する。その過程で、この「市民的・文化的自由」の問題は、部族評議会《トライバルカウンシル》の権限と直接結びついた本質的な問題であることがあきらかになるだろう。

局長就任直後に各地へ視察に訪れたコリアによれば、多くの先住民は、インディアン局が先住民の文化や言語に対して否定的・抑圧的であると感じていたという。そのため、一九三四年一月にコリアは、先住民の信仰や儀式を制限した通達を無効とし、代わりに「インディアンの宗教の自由と文化」と題した通達を出した（第3章参照）。この通達の主旨は、先住民の信仰生活への不干渉、先住民の美術・工芸品の奨励と支援、各トライブの言語と英語のバイリンガリズムの奨励であった。さらに、この通達でいう宗教とは、キリスト教のほかに「インディアンの宗教」も含まれると明記したうえで、内務省所管の学校においてはいかなる宗教行為も強制してはならないとされた。また、通学学校においては、宗教教育を理由とした週一時間以内の公欠も認めるという具体的な勧告も含まれていた。この通達は、次の一文で締めくくられていた。

全てのインディアンに対する宗教・良心・文化に関して、憲法で保証されている自由があることを強調しておく。またインディアン局内においては、インディアンの文化的価値に対して肯定的・賞賛的態度で接することが望ましい。(19)

ここで注目すべきは、この通達のなかの宗教教育を理由とした公欠に関する一項は、プエブロを想定して書かれたという点である。その背景を知るためには、一九二〇年代のバーク局長時代にインディアン局とプエブロのあいだで、宗教教育をめぐり対立した経緯を説明しておく必要があるだろう。

プエブロの宗教教育をめぐる論議の発端は、一九二四年四月、バーク局長とワーク内務長官がタオス・プエブロを訪問中に、「土着信仰」の宗教教育を受けるために通学学校を欠席していた男子二名に対し、出席を勧告したことであった。内務省所管の先住民を対象とした一九二〇年義務教育強化法を盾に、バーク局長は、欠席を許可しないと主張した[20]。それに対して、タオス・プエブロの指導層は、古来の信仰生活を継承するためには、将来の指導者たちがその地位に相応しい価値観と実践的技能を修得する訓練が不可欠であると反発したのである。また、ヘメス・プエブロにおいても同様の対立が起こっていた。「エストーファ」（現在ではキヴァと呼ばれる祭祀や会合を行う半地下の部屋）での四日間の訓練のために男子数名が学校を欠席したことに対し、地元のインディアン局職員S・ヤング（S. A. M. Young）は、当該プエブロ指導層宛の書簡のなかで、「あなた方の宗教的権利を侵害する意向は全くないが、その実践によって学校生活は阻害されるべきではない」と説得を試みた。けれども、ヘメス・プエブロの指導層にとって、ヤングの忠告は承服できないものであった。ヘメス・プエブロのヴィデル・サンチェス（Videl Sanchez）は、ジョン・コリア宛の手紙の中でその理由をこう述べている。

> 白人が現在のアメリカ大陸にむかって出帆しようと夢見る遥か昔から、インディアンが続けてきた儀式を、なぜ今になって破壊せよというのでしょうか。仮にわれわれインディアンが白人に対して、彼らの宗教を放棄し代わりにわれわれの宗教を信じろといったら、どういうことになりますか[21]。

ただし、プエブロの指導層は公教育自体に反対しているのではないということに留意したい。一九二四年七月、コリアの助言を受けたタオス・プエブロの評議会は、バーク局長へ次のような公式書簡を送っている。それは、評議会としては学校教育の重要性は十分認識しており、「一時的に宗教教育のために退学させる男子については、遅れを取り戻すよう配慮する」が、プエブロにとって信仰は「いわば生活規範」であるので、バーク局長の勧告には従うことはできないというものだった[22]。このようにプエブロの指導層は、先住民の文化や宗教は消滅すべきとする価値観に基づいた習俗・信仰への公的干渉や、公教育の場において両親の同意もなくキリスト教が義務づけられていること自体を問題視していたのであって、学校教育の有益性・必要性については否定していなかった。そして、公教育の普及と文化的多様性の保持とのバランスをどうとるべきかというプエブロが直面していた課題に対し、コリアが提示した妥協案が前述の通達であったといえるだろう。

では、コリアの通達に対し、プエブロ以外の先住民の反応はどのようなものだったのだろうか。バーク局長による通達がまだ記憶に新しい当時、他の先住民のあいだでは、戸惑いや不安があったようである。たとえば、ベンジャミン・レイフェル (Benjamin Reifel) は、一九三三年にインディアン局の農務官として駐在していたパイン・リッジ保留地での出来事をこう回想している。

当時、私はまだ二五歳の若造でした。年配の人たちがダンスをするために事務所に許可をもらいにくることがありました。彼らは土曜日の夜だけダンスをしてもいいと言われていたのです。バート・キルズ・クロース・トゥ・ロッジ (Bert Kills Close to Lodge) が事務所に来て、「今夜われわれのグループが村でダンスをするので許可をもらいたい」と言ったのです。私はちょうど、ジョン・コリアの署名つきの電報を受け取ったところでした。そこには、「もしインディアンの人々が一晩中でも一週間ぶっつづけでもダンスをしたいと申し出たとしても、それは彼らが自分たちで決めることだ」とありました。それで、私はそれを読み上げました。それを聞いて、バートは、編んだ髪を撫でつけながらその場にしゃがみこんでしまい、ラコタ語で「弱ったなぁ」と言ったのです。この話のオチは、自分たちの責任でやるとなると警備などの問題もあるので、一カ月後に延期となってしまった、ということです。[23]

ラコタ出身のレイフェルとの幾分くつろいだ会話のなかで思わず出たジョークではあったにせよ、ロッジは、万が一、トラブルが発生したときに自分たちだけで対処しきれるのかと懸念していたのである。長年にわたり「許可」

レオパルディ カンティ 脇 功／柱本元彦訳
恋愛結婚の成立 前野みち子著
天ハ自ラ助クルモノヲ助ク 平川祐弘著
踊る身体の詩学 山口庸子著
西洋近現代史研究入門［第3版］ 望田幸男他編
帝国のはざまで シュミット著 糟谷憲一他訳
共和主義の思想空間 田中秀夫／山脇直司編
福澤諭吉 国家理性と文明の道徳 西村 稔著

子育ての変貌と次世代育成支援 原田正文著
シリーズ現代中国経済【全8巻】完結！
企業の成長と金融制度 今井健一／渡邉真理子著
新版 経済思想史 大田／鈴木／高／八木編
税と正義 マーフィー／ネーゲル著 伊藤恭彦訳
ファミリービジネス論 末廣 昭著
免疫実験法ハンドブック 中島 泉編
サナギから蛾へ 石崎宏矩著

# 刊行案内

＊ 2006.5 〜 2006.12 ＊

名古屋大学出版会

■お求めの小会の出版物が書店にない場合でも、その書店に御注文くだされればお手に入ります。
■小会に直接御注文の場合は、左記へお電話でお問い合わせ下さい。宅配もできます（代引、送料200円）。
■表示価格は税別です。
■小会の刊行物は、http://www.unp.or.jp でも御案内しております。

☒平成17年度櫻田會特別功労賞 新版 現代中国政治（毛里和子著）2800円
☒第59回中日文化賞 名古屋大学出版会

〒464-0814 名古屋市千種区不老町一 名大内 電話〇五二(七八一)五三五三／FAX〇五二(七八一)〇六九七／E-mail: info@unp.nagoya-u.ac.jp

ジャコモ・レオパルディ著　脇　功／柱本元彦訳

## レオパルディ カンティ

A5判・628頁・8000円

今はや心よ黙せ……。ニーチェからカルヴィーノまで、また漱石から三島まで、多くの魂を共振させた近代イタリア最大の詩人レオパルディ。西洋文学の深い流れを汲んだ「思索する詩人」が、ペシミズムの極限に見出した世界とは。その詩と散文の代表作を、彫琢された日本語で見事に再現。

4-8158-0538-5

前野みち子著

## 恋愛結婚の成立

—近世ヨーロッパにおける女性観の変容—

A5判・428頁・5600円

中世・ルネサンス時代には相容れないとされた恋愛と結婚を、直線的に結びつける眼差しが、近世都市社会の成立過程で誕生した。本書はこの眼差しが発展するあり様を、ラブレターを描き込んだオランダ風俗画、〈毀れ瓶〉の民衆歌、人生段階図など幅広い資料から領域横断的に跡づける。

4-8158-0546-6

平川祐弘著

## 天ハ自ラ助クルモノヲ助ク

—中村正直と『西国立志編』—

四六判・406頁・3800円

明治最大のベストセラーとして日本産業化の国民的教科書となった『西国立志編』——近代日本の社会と文化に与えた巨大な影響を、翻訳者中村正直を軸に、丹念に跡づけるとともに、イタリア・中国などとの比較を通して、思想が文化の境を越えて運動する姿を立体的に描きだした労作。

4-8158-0547-4

山口庸子著

## 踊る身体の詩学

—モデルネの舞踊表象—

A5判・390頁・5200円

新しく、根源的なもののイメージとしてのダンス。——ダンカンやヴィグマンら舞踊家たちと、ニーチェはじめ文学者たちとの交点で、言語と身体、全体性や聖性をめぐる想像力の爆発的展開を捉え、二〇世紀に芸術や運動の一大結節点となった「踊る身体」の宇宙論的表象を読み解く。

4-8158-0550-4

望田幸男／野村達朗／藤本和貴夫／川北稔／若尾祐司／阿河雄二郎編

## 西洋近現代史研究入門［第3版］

四六判・546頁・3200円

最新の研究成果を織り込んだ好評の第3版。「周辺」地域を含めた諸国の政治・社会史から家族・女性史、民衆の生活・文化史に至る西洋近現代史研究の基本視角、その主要問題群、代表的文献を案内したベーシックな研究入門。新たな論点や文献を加えた、学生・関連領域研究者必携の一冊。

-8158-0542-3

## 帝国のはざまで
—朝鮮近代とナショナリズム 1895-1919—

アンドレ・シュミット著　糟谷憲一／並木真人／月脚達彦／林雄介訳

A5判・336頁・4800円

日清戦争から大韓帝国への[illegible]民族主義る時代の朝鮮ナショナリズムの勃興を、民族主義と植民地主義の交差する地点から捉え、歴史や国境、「文明化」などをめぐる激しい葛藤を浮かび上がらせる。ナショナル・アイデンティティの形成とその今日に及ぶ影響を捉えた画期的研究。

4-8158-0549-0

## 共和主義の思想空間
—シヴィック・ヒューマニズムの可能性—

田中秀夫／山脇直司編

A5判・576頁・9500円

能動的な市民参加による政治社会はいかにして可能なのか。ポーコックをはじめ近年大きな盛り上がりを見せた共和主義研究を参照点に、英米とヨーロッパにおける近代共和主義の多様な展開を跡づけるとともに、公共哲学としての現代的可能性を探った、わが国初の本格的共同研究。

4-8158-0541-5

## 福澤諭吉　国家理性と文明の道徳

西村　稔著

A5判・360頁・6000円

市民的自由主義者から帝国主義者にわたる従来の「政治的」福澤像を精算、状況的方法と文明論的方法を二つながらに駆使して実践的な言葉を紡ぎ出し続けた巨大な知性の全体像を、「国家」「文明」「道徳」を軸に描き、「賢慮の人」としての福澤を定位した力作。福澤の重厚な批評性が甦る。

4-8158-0551-2

## 子育ての変貌と次世代育成支援
—兵庫レポートにみる子育て現場と子ども虐待予防—

原田正文著

B5判・386頁・5600円

世界的にも稀な大規模で信頼性の高い子育て実態調査の結果を、過去の調査と比較しつつ丹念に分析。ここ二十数年間での子育ての急速な変貌とその課題を明らかにする。精神科思春期臨床の視点やストレス理論、心の発達理論なども踏まえ、母親に必要な支援および子ども虐待の予防策を探る。

4-8158-0543-1

## 企業の成長と金融制度

今井健一／渡邉真理子著

シリーズ現代中国経済4

四六判・360頁・2800円

工業化の担い手としての企業に焦点を当て、公企業主体の工業化から九〇年代末以降の民営化推進にいたる企業制度発展のダイナミズムを分析するとともに、企業金融（ミクロ）から金融調節手段（マクロ）まで、従来否定されてきた金融機能が再生する過程を見通しよく整理した待望の一冊。

4-8158-0444-3

大田一廣／鈴木信雄／高哲男／八木紀一郎編

## 新版 経済思想史
—社会認識の諸類型—

A5判・364頁・2800円

ヒュームからサミュエルソン、ガルブレイス、センまで、二五人の代表的経済学者の経済・社会認識の歩みをその人物・思想・理論から平易に解説した好評テキストの新版。限界革命以前・以後の展開を辿るとともに、経済学における社会認識・思想の規定的役割に迫った最良の経済思想入門。

4-8158-0540-7

L・マーフィー／T・ネーゲル著　伊藤恭彦訳

## 税と正義

A5判・266頁・4500円

「税は公平であるべきだ」と多くの人が言う。しかし、その意味をきちんと考えることは実は難しい。本書は、現代正義論の観点から、これまでの租税理論を根本的に再検討したうえで、課税ベース、累進性、相続、差別といった具体的論点に説きおよび、アメリカで大きな反響を呼んだ話題作。

4-8158-0548-2

末廣　昭著

## ファミリービジネス論
—後発工業化の担い手—

A5判・380頁・4600円

ファミリービジネスは遅れた企業形態なのか？アジアやラテンアメリカの経験をふまえ、タイにおける豊富な事例に基づきながら、「進化するファミリービジネス」の論理を明らかにし、グローバル化時代における淘汰・生き残りの分岐点と、今後の行方を示した画期的論考。

4-8158-0553-9

中島　泉編

## 免疫実験法ハンドブック

B5判・376頁・7600円

免疫学の歴史と主要概念を総覧するとともに、実験に必要な基礎的技法から、発展と生命科学への応用、臨床までの手技を、現場で実地に活用できるよう具体的に詳述。基礎医学研究に携わる全ての学生・研究者、臨床現場で免疫学的知見を必要とする医師・臨床検査技師などに必携の書。

4-8158-0536-9

石崎宏矩著

## サナギから蛾へ
—カイコの脳ホルモンを究める—

四六判・254頁・3200円

昆虫が変態する謎を追って、延べ三千万個の蛾の頭をすり潰し、数々の苦難の末に、カイコの変態を司るホルモンの本体をついに突き止めた一人の科学者と、彼とともに研究に携わった多くの人々——その解明にいたる道筋を、昆虫内分泌学の知見とともに [illegible]

8158-0545-8

と「監視」が日常と化していたなかで、自己の責任において自由に行動せよとの急な御達しに、奇異の感を抱く者がいたとしても無理からぬことであった。

他方、一九二〇年代の「ダンス論争」にかかわっていた知識人やロビイストのあいだでは、この通達に対する批判の声が高まっていた。その代表的な例は、一九三四年八月の『クリスチャン・センチュリー』誌上に掲載されたエレイン・イーストマン（Elaine Goodale Eastman）の寄稿とコリアの反論である。まずイーストマンは「アンクル・サムは異教信奉を助長しているのか？」と題した論考において、「合衆国市民であるインディアンが…中略…彼ら自身の国である合衆国の主流文化（the dominant culture）の恩恵を享受」するようわが政府は務めてきたにもかかわらず、コリアの通達によって「史上初めて、正式な神学や聖典のない宗教である先住民の信仰が肯定的に支持され」、その結果、「異教とキリスト教のありうべからざる習合というまがいの宗教が生まれる」おそれがあると主張した。イーストマンによれば、コリアの通達は、市民的権利の付与どころか、先住民の「進歩」を遅らせる見当違いの異教信仰の奨励と堕落をもたらすというのである[24]。このようにイーストマンの議論は、従来の同化モデルにのっとった個人主義的な観点から、コリアの通達を批判するものであった。

これに対してコリアは、次のように反論した。先住民の宗教を含む「あらゆるトライバルな組織はすべて破壊されるべき」であるという過去の先住民政策の前提をみごとに踏襲している点で、イーストマンの議論は検討に値する、とコリアはいう。一八八〇年代以降、「トライバルな組織をただ弾圧するだけではなく、…中略…個人として一瞬にして白人に変身させる」という「いわゆる個人化政策」（the so-called individualization policy）が講じられ、寄宿学校制度に象徴されるような「ネイティヴな言語、芸術、宗教、共同体が共有してきた知識、そして家族の絆までもが弾圧の対象」とされるなかで、就学後故郷に戻らなければ「成功」、あるいは「ブランケットに戻れば失敗」であるとみなされてきたと訴えた。なお、このブランケットとは、保留地に戻った寄宿学校の卒業生や在校経験者が再びブランケットを身にまとってしまったとの揶揄をこめて、当局職員やロビイストのあいだで頻繁に用いられてきた「ブランケット・インディアン」という蔑称のことを指している（元々は一九世紀末の大平原地帯を中心に、官給品のブランケットをまとい寒さを凌いだことに由来している）。またコリアは、現政権の方針として、いかなる宗教活動であろうと法に反すれば処罰の対象となるが、単に先住民の組織・宗教であるとの理由だけで、自動的に規制の対象とすることはないと明言し、先住民に対しても「信教の自由という基本的権利」を保障すべきであると反論した[25]。一九三〇年代を通じて、ことあるごとに先住民の信教の自由をめぐって論争が起こったが、議論はこうした平行線をたどることが多かった。

ここで留意すべきは、プエブロの指導層にとって、信教の自由という市民的権利を強調しすぎることは、ある種の危険を伴っていたことである。というのも、個人の市民的権利の主張と、プエブロ社会における神聖首長を中心とした伝統的慣習や信仰生活の保持・継承という目的とは、必ずしも両立しないからである。実際のところ、各プエブロの評議会は、伝統的慣習や信仰生活のルールに従わない者に対し、しばしば制裁措置を講じてきた。たとえば、一九三〇年代のサンタクララ・プエブロでは、灌漑用水路の掃除などの共同作業に従事しない者に対して一種の制裁措置がとられ、当事者が土地配分の際に不利益を被る一件があった[26]。同様の事例は、他のプエブロでもみられた。以上のことから、当時のプエブロ指導層は、成員個人の「市民的権利」（civil rights）と自治権などの「集団別権利」（collective rights）は究極的には両立しないと認識していたことがうかがえる。

プエブロ指導層は、なぜ、信教の自由などの市民的権利に対してつねに留保をつける形で臨んできたのだろうか。この問題に関しては、法哲学者のウィル・キムリッカ（Will Kymlicka）が『多文化時代の市民権』において、「プエブロ族の神権政府」（本書でいう神聖首長と部族《トライバル》評議会《カウンシル》）に即して考察を加えている。以下では、同書を参照しながら論点を整理しよう。

キムリッカは、「エスニック集団や民族集団が行う可能性のある権利要求」として、以下の二種類を区別する必要があると述べている。

一つは、ある集団が自らの成員に対して行う権利要求であり、もう一つは、ある集団が主流社会に対して行う権利要求である。両者の権利要求はともに、民族的共同体ないしエスニック共同体の安定性を保護しようとするものとみなすことができる。しかし両者は、異なった不安定化要因に対する反応である。前者は、集団を内部の異論（たとえば伝統的慣習や習慣に従わないという個々の成員の決断）のもたらす不安定化から保護することを意図しているのに対し、後者は、集団を外部の決定（たとえば主流社会の経済的・政治的決定）による衝撃から保護することを意図している。これら二種類の権利要求を区別するために、前者を「対内的制約」（internal restrictions）、後者を「対外的防御」（external protections）と呼ぶことにする。[27]

本書との関連で注目したいのは、キムリッカは、「対内的制約」の典型として「プエブロ族の神権政府」にたびたび言及しているという点である。事実、プエブロ評議会は、成員個人の有する市民的権利に抵触するような「対内的制約」を要求してきた。その一例としては、前述のサンタクララ・プエブロでの制裁措置が挙げられる。その他の事例としては、キムリッカによると、法的身分としての「プエブロ族」の成員資格に関する「性差別的」な規定の存在や、共同体内の宗教的マイノリティであるプロテスタントの成員に対して、住宅補助の支給を拒否してきたことが挙げられる。[28]これらの「対内的制約」の事例は、具体的な制裁内容は異なるものの、スペイン植民地時代以来、必要に応じて実施されてきたことであった。

このように、キムリッカがマイノリティの権利と自由主義の関係を原理的に問い直すなかで、「プエブロ族の神権政府」に何度も言及していることは、単なる偶然ではない。なぜなら、「対内的制約」の問題は、「固有の自治権をもつ独自の文化および社会として承認されることを非常に重視している」集団の権利を論じる際の試金石となるからである。[29] 言い換えれば、「対内的制約」が問題視されるのは、集団の成員個人の「市民的権利」と「集団別権利」が真っ向から対立している局面においてである。

こうした観点からみれば、一九二〇年代の「ダンス論争」と三〇年代のコリアの通達をめぐる対立の構図は、本質的には同じであったといえるだろう。すなわち、それは全プエブロ評議会のように集団別権利に基づく「対内的制約」を要求する立場と、IRA・進歩主義プエブロ評議会のように個人の市民的権利を主張する立場の相克であった。そして、プエブロの神聖首長(キムリッカのいう「プエブロ族の神権政府」に相当)が行使していた「集団の成員の市民的権利を制約する集団別権利」に対する見解の相違があったのである。この点に関しては、キムリッカは「神権政府」側に「重大な欠陥」があると指摘している。しかし同時に、キムリッカは次のように問いかけている。

プエブロ族の部族評議会は、良心の自由を制限することにより、また、成員資格に関する性差別的な規則を用いることにより、その成員を侵害している。しかし、プエブロ評議会に力ずくで干渉して、こうした権利を尊重させる機能は(あるとすれば)いかなる第三者にあるのだろうか。[30]

この微妙な問題について、一九三〇年代のインディアン局の改革推進派はどのように認識していたのだろうか。彼らは、神聖首長の存在がプエブロ社会の文化的安定性の源であると考えていた。だが、それと同時に、この神聖首長による「対内的制約」の要求が、場合によっては成員個人の市民的権利に抵触するおそれがあることも自覚していた。そのため、コリアは通達や論争の場では信教の自由といった概念を用いながらも、プエブロの信仰生活の内実には極力触れないようにする一方で、「自治」の権限の名の下で神聖首長制を守ろうとしていたのである。したがって、前述の再組織法案（HR7902）の聴聞会（「インディアン・コングレス」）において、コリア自身がプエブロ指導層に次のように説明していた。コリアは「インディアンの宗教的・慣習的生活を妨げることがないよう、同法案には主にプエブロを想定した項目がある」と明言したうえで、「自治政府」の設立法（charter）採択について定めた一項について、こう述べている。

> もしプエブロが（再組織法に基づき）自治政府の設立法を採択した場合、この設立法のもとで創設された統治機関は、古来の土着政府の同意なしには土着政府がすでに有している権限を有することはできないのです。この意味を、ズニの例に即して具体的に説明しましょう。もし、ズニ・プエブロが設立法を採択したとすると――実際、採択するのはほぼ確実とのことですが――ズニの神聖首長が有している権限は、その設立法によって剝奪されることはありません。ただし、もし祭司長が望むのならば、その権限の一部を移譲することは可能です。むろん、現在でもこれはやっていますが。皆さんがよくご存知のとおり、イッキーズ氏も私自身も、プエブロの伝統的な生活に対しては真摯な関心を抱いているのです。ただし、具体的にどのようにして古来の生活が守られるのか、といった複雑な問題をここで話し合う時間的余裕がありません。…中略…けれども、古来の生活は、無条件かつ完全に擁護されていると断言できます。この点についてはイッキーズ内務長官と私、そしてあなたがたの友人であるハンナ氏を信じてもらうしかありません。この点については、これまでの物事の経過をみれば、われわれを信じていただけるのではないでしょうか。[31]

再組織法のもとでの「自治政府」構想には、矛盾や曖昧さがあることはすでに指摘したとおりである。ただしその曖昧さは、先住民側にも解釈と選択の余地があるという肯定的な意味をもつ場合もあったことに留意したい。プエブロのケースがその典型であった。つまり、再組織法のもとで「自治政府」を設立（プエブロの場合、既存の評議会が設立法を採択するという手続きをとることで「設立」されたことにすればよい）しておけば、将来、外部からその正当性や合法性について問われることはない。他方で、歴史的に公的干渉の対象となってきた神聖首長制については、その権限の一部を「自治政府」に移譲する形にしておけば、表立って神聖首長を批判・弾圧することは不可能になるのではないか。一九二〇年代の連邦議会では、先住民の信教・集会の自由などの市民的権利を侵害してきたインディアン局の慣行や内規が次々と問題視されるようになり、先住民の宗教を公然と弾圧することは難しい状況となっていた（第II部参照）。このような状況における「自治政府」構想は、スペイン植民地時代以降、「コンパートメント化」により世俗政府（族長《ガバナー》と評議会《カウンシル》）と神聖首長制を両立させてきたプエブロ社会には適合的であった。

以上のように、一九三〇年代の先住民政策論の文脈において、「自治政府」を構想した当局側の立案者は、プエブロ既存の統治機構をモデルとしていたのみならず、その「自治政府」がプエブロの神聖首長の権限を侵害しないよう腐心していたという事実は注目に値する。このことは、構想立案者が「対内的制約」の問題を認識していただけでなく、それがいかに論争的であるかをよく自覚していたことを示唆しているからである。言い換えれば、こうした「自治政府」を構想することで、（伝統的な信仰や慣習に従わない成員の自由を制限するといった）「対内的制約」の問題が浮上した場合でも、合法的な組織である「自治政府」による「自治」の権限のもとで、外部者ではなく先住民自らが主導権を発揮できる余地を残しておこうとしたのである。これが当時の「自治政府」構想の最大の特徴であった。

では、当時の「自治政府」構想において、「対外的防御」に関連する「自治政府」側の権利要求については、どのように位置づけられていたのだろうか。この点については、当時のプエブロ社会ではほとんど問題化されていない。「主流社会の経済的・政治的決定」に異議を唱える自律的統治機関が機能していたためである。そのため、このの「対外的防御」の問題については、「主流社会の経済的・政治的決定」によって大きな影響を受けたナヴァホの事例に即して、第6章において検討する。

## 3　寄宿学校制度批判の高まり

一八八〇年代後半以降のインディアン局主導の先住民政策では、「インディアン」という法的地位の解消が最優先課題として設定されていた。その具体的な施策は、保留地制度の解体と「主流文化」への同化教育制度の普及策であった。では、その同化教育政策の象徴的存在であった「インディアン・スクール」(インディアン局所管の先住民対象の学校)においては、一九二〇年代以降にどのような改革が講じられたのだろうか。

本節では、まず一九二〇年代以降の先住民教育政策上の変化を整理しておこう。それがとりもなおさず、一九三〇年代にインディアン局が標榜した「先住民の文化的自由」という理念を当時の事実関係に即して論じる前提となる。

第1章でみたように、一九二八年公刊の通称『メリアム・レポート』は、先住民政策の抜本的改革の嚆矢の一つであった。「インディアンの大多数は極めて貧しく、彼らは主流白人文明の経済・社会システムに順応していない」という一文で始まる同書によれば、インディアン局の本来の役割は、先住民が「主流文明に同化されるか、あるいは最低限の健康と品位を保ちながらその文明に直面しつつ」生きていくための「広義の教育」業務であるという。そのためには、「あらゆるインディアン的なるものを撲滅するのではなく、彼らの宗教や倫理の利点を認識し、発展させ活用」すべきであると主張し、なかでもキリスト教については「古いインディアンの宗教を修正したり補ったり」するものと位置づけた。この宗教観は、キリスト教への改宗を「文明化・市民化」の大前提としてきた保守派の「インディアンの宗教観」（「インディアンの宗教」は「石器時代の遺風」でしかないとするＩＲＡの見解）とは一線を画していた。以上の提言は、暫定的かつ消極的ながらも「主流文化への同化」以外の選択肢があることを示唆しており、当時の先住民政策の文脈においては画期的であった。なぜなら、「滅びゆくインディアン」（vanishing Red Man）のフレーズは決して死語ではなかっただけでなく、連邦政府の政策も依然として「滅びゆく文化・種族」を前提としていたからである。(32)

一九二九年にインディアン局長に着任したチャールズ・ローズは、局長就任の条件として、『メリアム・レポート』の提言の実現を全面的に支援するとの確約を旧友のハーバート・フーヴァー大統領からとりつけていた。ところが、ローズの直属の上司にあたるレイ・ウィルバー（Ray Lyman Wilbur）内務長官は、「新しい政策」を掲げておきながらも、「保留地を部分的に白人入植者に解放すること」によって「インディアンに白人文明に同化する機会を与えるべき」であると主張していた。一八四九年以来、先住民業務を管轄してきた内務省内においては、旧来の同化主義的政策論は依然として根強く残っていたのである。(33)

ただし教育の分野では、例外的に、『メリアム・レポート』の調査団の一員であったカーソン・ライアン（W. Carson Ryan, Jr.）教育部長のもとで、改革の機運が高まっていた。フーヴァーの均衡財政主義にもかかわらず、一九二八年から三三年のあいだに、インディアン局の教育・厚生・福祉関連業務への予算配分は約二倍増となったことも追い風となった。さらに一九三〇年には、約三〇年ぶりに寄宿学校への予算の増額が連邦議会において承認された。寄宿学校の規模や所在地によって配分された予算額には大きな開きがあったものの、寄宿学校における生活環境に限れば、全般的に改善されつつあった。(34)

衣食住の面での改善がみられる一方で、一九二〇年代の連邦議会においては、寄宿学校制度は先住民政策の失敗の象徴となっていた。たとえば、一九二七年の上院聴聞会では、従来の寄宿学校制度への批判が相次いで出された。

ジェームズ・フレア下院議員は、「もしストウ夫人がここにいたならば…中略…『アンクルトムの小屋』よりももっと悲惨な物語を書くだろう」と述べて寄宿学校制度を全面的に非難した。続いて、アリゾナ州の寄宿学校を訪問したある医師が参考人として招致された。彼は、「不十分な食事、不完全な指導、強制的な制服の支給と断髪の規則、そして非衛生的な校舎の中で非現実的な強制的訓練を長年続けてきて、一体、政府は何を成し遂げたというのか」と語気を荒げ、インディアン局の先住民教育政策の抜本的改革を求めた。さらに、ジョン・コリアも、「多くの子どもたちを一カ所に集めて厳しい管理統制下において、数年間も親元から引き離す機関は、破滅と苦悩をもたらすだけである」と訴えた。このように寄宿学校制度は、人道主義のみならず国家財政の観点からも批判にさらされるようになっていたのである。また一九三一年四月、ナヴァホ保留地内で開かれた上院聴聞会においても、寄宿学校制度が争点となった。会場となったルップ寄宿学校では、一年前に、親元に帰ろうと学校から逃げ出した少年が途中で凍死した痛ましい事件があったばかりであった。この事件をきっかけとして、強制的な生徒募集や学校での体罰のうわさが広がるなど、地元の人々と学校関係者のあいだでは緊迫した関係が続いており、学校側の責任を問う声が強まっていた。(35)

なお、寄宿学校への就学の規定については、一九一七年のインディアン局の通達には、両親あるいは親族の同意なく保留地外の学校に就学させてはならないと明記されていた。また、「配給の停止やその他不適切な手段」でもってインディアン局職員が生徒募集を行うことは違法であることを周知徹底させ、さらに親の同意なく居住州外の学校に就学させることも禁止されていた。それにもかかわらず、実態としては、多くの学校で依然として強制的な生徒募集が行われていた。(36)ただし、これらの長年の慣行は、一九二〇年代の連邦議会においては先住民の市民的権利という観点から、次第に問題視されるようになっていたのである。

このように、首都ワシントンの一部の連邦議員やロビー団体の改革推進派によれば、一九世紀末以来の寄宿学校政策は倫理面や衛生面での弊害ばかりであった。加えて、毎年「湾岸警備隊や関税局」とほぼ同額の予算がインディアン局の運営には必要であったため、コスト論的観点からの批判が高まっていた。[37] こうした状況のなかで、首都ワシントンの改革派のあいだでは、子どもを親元から引き離すことが最大の問題であると考えられるようになっていった。生徒の寄宿舎からの逃亡事件が頻発するのは、生徒に問題があるのではなく、学校の方に問題があるからではないのか。生徒個々人の精神的・情緒的成長という観点から「ホームシック」という言葉が多く用いられるようになったのは、この頃からである。[38]

一九三三年にローズベルト新政権が誕生した後も、インディアン局は、ライアン教育部長のもとで引き続き寄宿学校の生活環境の改善を図る一方、寄宿学校を通学学校に転換する改革を進めていった。そのライアンにも、新局長ジョン・コリアの方針は斬新と映ったようである。そのことは、ライアンが「現在の合衆国のインディアン政策、なかでもインディアン教育プログラムは、われわれにとって新しい前提に基づいている。それは、先住民の伝統的な生活そのものに、急を要して擁護すべき価値があるというものである」と述べていたことからもわかる。[39]「白人のやり方」の絶対優位性を必ずしも自明と見なさず、先住民の諸文化と価値観そのものを理解しようと努めるという点で、新しい方針が打ち出されたからであった。

一九三六年には、インディアン局教育部長に就任したウィラード・ビーティー（Willard Walcot Beatty）によって、前任者の方針を踏襲して寄宿学校の改善を進める一方で、地域社会の向上に貢献する通学学校制度の充実化が政策目標として掲げられた。かつて、進歩主義教育協会の会長であったビーティーは、伝統的な読み書き・算術を中心とした教科中心学校ではなく、家庭と地域生活と密接に結びついた学校を理想としていた。この進歩主義教育の観点からすれば、先住民対象の寄宿学校制度の失敗の一因は、保留地にある固有の経済的・文化的資産を全く活用していないことにあった。[40] 折しも、都市での失業問題が記憶に新しいこともあり、保留地内の通学学校を拠点にした農業・牧畜業関連の実業訓練が重視されるようになった。

こうして一九三〇年代には、寄宿学校の低学年部門の漸次閉鎖と、保留地内における経済再建と文化的復興を掲げたコミュニティースクール（通学学校）の増設が教育改革の二つの柱となっていく。早くも一九三三年には、一〇校の寄宿学校が閉鎖され、一部は通学学校へと転換されるなど、寄宿学校の在籍者総数は二万二〇〇〇人（一九三二年）から一万三〇〇〇人（一九三四年）へと減少した。その一方で、各保留地における初等教育を担うべく、一〇〇校あまりの通学学校が公共事業費の助成を受けて新設されることになった。(41)

以上のように、一九三〇年代前半までの首都ワシントンでは、寄宿学校制度の弊害は広く認知されるようになっていた。その代替案として、寄宿学校の生活環境の改善を図る一方で、通学学校を増設する計画が打ち出されたのである。

では、こうした教育政策上の変化に対応して、生徒あるいは親の学校観には、何らかの変化がみられたのだろうか。特定の寄宿学校を対象とした事例研究やオーラルヒストリー・プロジェクトによれば、一九三〇年代以降、少なくとも就学経験者による寄宿学校観については、概ね肯定的なものへと変化してきたという。とりわけ、寄宿学校によって若干の差異はあるものの、この時期には愛校心が芽生えつつあったことが数多くの証言によって裏付けられるという。(42)その背景には、学校における衣食住の改善に加え、両親や祖父母が学んだ同校に自らも学びたいという自発的な就学者の増加という要因があった。

ここで、首都ワシントンの一部の連邦議員やロビイストたちとは異なり、先住民の指導層のあいだでは、寄宿学校の全面的撤廃を要求する主張はほとんどみられなかったことに留意したい。一例として、一九三一年に行われた上院聴聞会におけるプエブロ指導層の見解をみてみよう。この聴聞会では、各プエブロの代表は通学学校の受け入れ拡大や実業教育の質の向上を求める一方で、ニューメキシコ州の認定水準に達するよう、サンタフェ寄宿学校高等部の図書室の増設を要求していた。そうすれば、同校高等部が州の認定基準を満たすことができ、同校の卒業生は、一般の州立高校卒業生と同等の資格（高校卒業証書）を得ることができるからであった。また、ラグーナ・プエブロの指導層は、村落内の通学学校での受け入れを第八学年まで引き上げるよう要求する一方で、アルバカーキとサンタフェの寄宿学校については「ナヴァホは保留地内に十分教育施設をもっているのでプエブロのみを受け入れるべき」と主張していた。議事録を見る限りでは、プエブロ側の出席者のなかに、寄宿学校の即時閉鎖を要求する者はいなかった。このように、寄宿学校は諸悪の根源といわんばかりの非先住民の改革派とは対照的に、プエブロ指導層の最大の関心事は、寄宿学校の在校生の安全や卒業生の雇用確保という現実的な問題であった。言い換えれば、プエブロ指導層は、寄宿学校を必要あるいは必要悪であると捉えていたのである。(43)このような寄宿学校観は、ナヴァホ指導層の方がより顕著であった。そのため次章では、ナヴァホ社会に即して寄宿学校をめぐる論争を詳しく検討する。ここでは、先住民の指導層と非先住民の改革派のあいだには、寄宿学校制度をめぐって当初から温度差があったことを確認しておきたい。

## 4　「学校が伝える文化」と「民俗伝承に基づく文化(44)」の相克
### ——サンタフェ寄宿学校における諸改革

前述のような寄宿学校での衣食住の改善は、予算さえあれば実現は可能であり、論争に発展することはほとんどなかった。それとは対照的に、学校において先住民の文化的遺産を何らかの形で取り入れることに対しては、様々な立場からの論議をよぶことになった。以下では、この点に関して、一九二〇～三〇年代のサンタフェ寄宿学校

（以下、サンタフェ校と略記）での論議に即して争点を明らかにしていく。ニューディール期の先住民教育改革のモデル校であった同校は、先住民文化への寛容さと関心の高さの点で群を抜いていたといわれている。以下では、まず同校における改革の具体的内容を把握し、次に在学生の約七割を占めていたプエブロ側が新しいプロジェクトをどのように捉えていたのかを明らかにする。そして、この事例研究を通じて、近代的な国家的教育制度の典型である先住民対象の寄宿学校の統合力の強さを確認するだけでなく、その限界をも検証する。

一九三〇年代前半のサンタフェ校では、まず学校生活面での変化がみられた。一九三〇年に着任したチェスター・ファリス（Chester Faris）校長は、軍隊式行進を廃止し、英語以外の言語を禁止する規則を撤廃した。学校において母語の使用が許されると、課外活動として、母語で歌や踊りをする「インディアン・クラブ」が結成されるようになった。ただし、他の保留地外寄宿学校と同様、サンタフェ校の在籍者の出身地は多様であったため、生徒同士のおしゃべりも実質的に共通語は英語（厳密にいえば、ある在籍者いわく口語体の「寄宿学校英語」）であったという。また食堂においては、食事の質はともかくも量という点では改善がみられる一方で、男子生徒が女子生徒と隣り合って食事をすることになった。さらにローズベルト政権期になると、公共事業局（ＷＰＡ）の芸術プロジェクトの一環として、サンタフェ校にも重点的に予算が配分され、校舎の増改築や壁画プロジェクトなどが次々と導入された。「文化的遺産の上に築こう」（Build on a Cultural Heritage）が標語として掲げられるなか、教室や食堂にはプエブロやナヴァホの日常生活を描いた壁画が描かれるなど、外観や内装だけをみても大きな変化がみられた（図5-1参照）。当時のあるインディアン局職員によれば、サンタフェ校は、「インディアンがインディアンのままでありつづけることができるところ」として全国的に知られるようになった(45)。

こうした変化を受けて、既存のカリキュラムにも実験的プログラムが導入されるようになった。とりわけ、同校の職業訓練のための陶芸や織物、銀細工などの工芸部門では、人員とカリキュラムの大幅な拡充がなされている。

公共事業局からの助成によって、プエブロやナヴァホの職人や画家が講師として迎えられ、「アート」をキーワードとした壁画の共同制作や陶芸の講習会など、数々のプロジェクトが校内のあちらこちらで行われたという。歴史や理科などの基礎科目においても、壁画を作成することにより生徒の理解を深める実験的プログラムが導入された。さらに一九三四年には、インディアン局の教員向けの夏期講座がサンタフェ校で開催されるなど、同校は教育改革の象徴的存在となった。芸術家のコロニーを擁する周辺コミュニティーの先住民文化への関心の高さも手伝って、サンタフェ校は「インディアン・アートの学校」として全国的に知られるようになった。当時、同校が作成したハンドブックによれば、「単に美術工芸だけではなく、インディアンの生活に現存しているすべてのよい点を保持・奨励・発展させることによって、インディアンが適切な代替物もなく現在もっているものをすべて捨て去ってしまうのではなく、その基盤のうえに新たなものを築き上げること」こそが、同校が目指しているものだった。[46]

このようにサンタフェ校は、当時の改革推進派を中心として、「先住民の文化的自由」を学校で具現化する重要なモデルケースと位置づけられるようになった。

しかし、サンタフェ校が掲げた「(先住民の)文化的遺産の上に築こう」という目標は、散発的な実験的プロジェクトならまだしも、教室で何をどのように教えるべきなのかという点に関して具体案を提示するものではなかった。実際のところ、教室内における新しい試みはさまざまな困難に直面せざるを得なかったのである。以下では、当時、全米に知られていたドロシー・ダン(Dorothy Dunn)という教員による絵画教室に焦点を絞り、ダンが考える理想の「インディアン・ペインティング」の授業内容と、生徒側のそれとを比較・対比する。それによって、「学校が伝える文化」を先住民側がどのようにとらえていたのかを探っていきたい。

ドロシー・ダンは、一九二〇年代に、プエブロやナヴァホ保留地の通学学校で図画工作の授業を担当した経験をもち、一九三二年には、サンタフェ校のファリス校長に請われて同校の美術担当講師として着任した。課外活動の

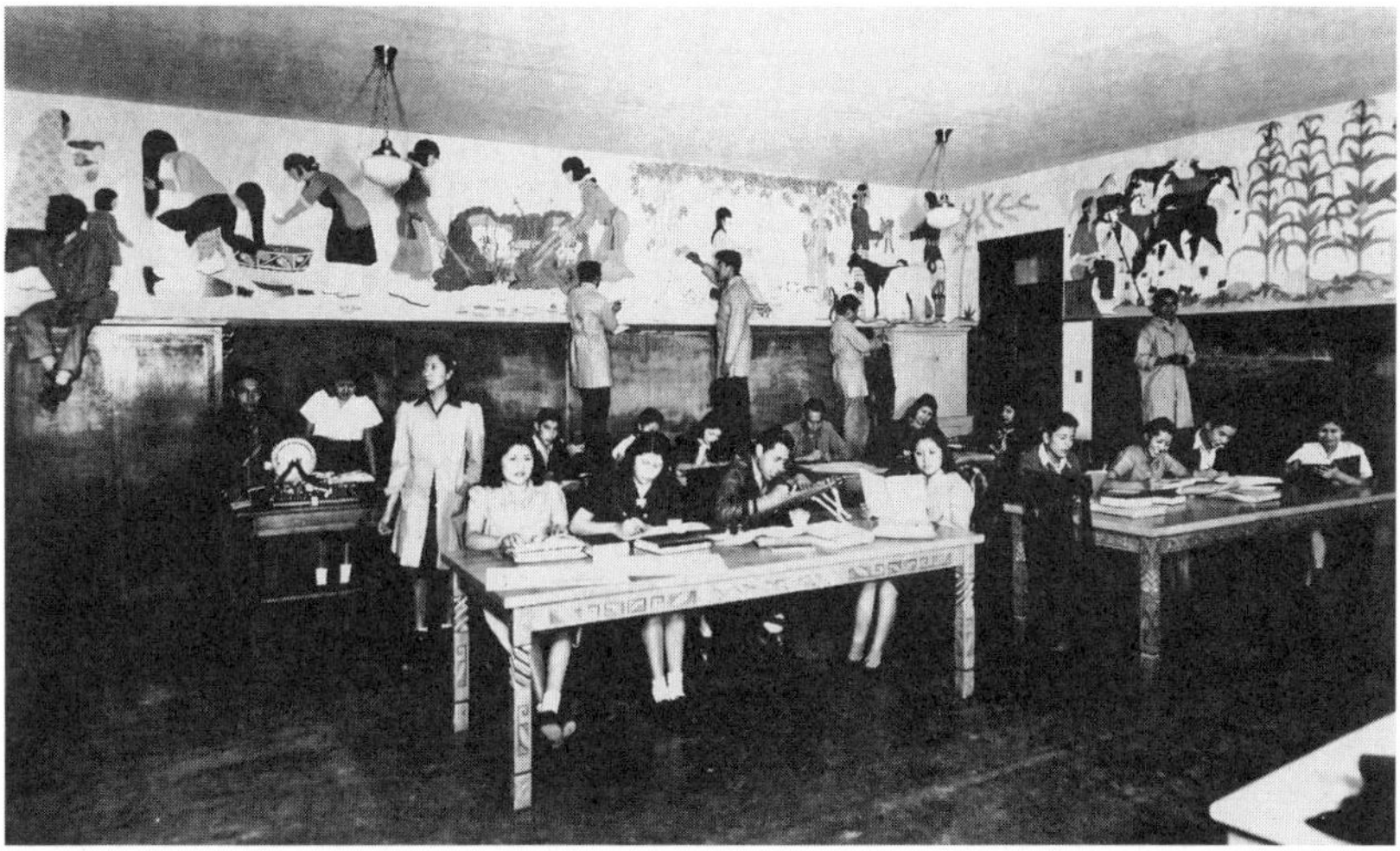

**図5-1**　サンタフェ校の教室（社会科の授業の一環としての壁画作成風景，1940年）

出典）Sally Hyer, *One House, One Voice, One Heart : Native American Education at the Santa Fe Indian School* (Santa Fe : Museum of New Mexico Press, 1990), 43.

一環としてはじまったダンの絵画教室は、翌年一二月にインディアン局が「純粋・応用美術教員」というポストを新設したのを受けて、正規のカリキュラムに組み込まれることになった。ダンはのちに、「このポストが新設されたことは、単にインディアン局がこの工房を認可したというだけではなく、史上初めて、インディアンによる絵画の価値を当局が認めたことを意味して」おり、画期的なことであったと回想している[47]。ダンの絵画教室はたちまち大人気のクラスとなり、「工房」（The Studio）の愛称で呼ばれるようになった。さらに、その後数年のうちに、ダンの生徒による作品は、アメリカ国内にとどまらずヨーロッパの主要都市における展示会でも注目を集めるようになった。一九三七年には、ダンの生徒による絵画がパリで開催された国際展覧会において銅メダルを受賞し、パリ、ロンドン、プラハなどのヨーロッパの都市や全米各地の都市の合計三七カ所において展示されている。こうしてサンタフェ校の「工房」は、欧米での「インディアン・ペインティング」ブームを巻き起こしたのである[48]。

ダンによれば、「工房」の目的は大きく分けて二つあるという。それは、生徒と一般大衆のあいだに、インディアンの絵画が世界の芸術の一つとして価値あるものであるという認識を定着させることに加えて、基本的な形式を継承するとともに新しいスタイルや技術を生み出すために、古典的な美術工芸の技術を生徒自ら率先して学ぶことであった。そのため「工房」では、従来プエブロで陶器の絵付けなどに使われてきた岩絵の具などの画材を研究し、伝統的モチーフや過去の優れた工芸品に親しむことがとくに奨励された。その結果、プエブロの陶器の彩飾技術や伝統的なモチーフなどを参考にして、次第に、「工房」スタイルともいうべき独特な画風がつくりあげられていった。それには、ポップ・チャーリー（Pop Chalee）の作品（図5-2）に代表されるように、正確なブラシ使いや明暗のない彩色、背景の欠如といった特徴があった。このような「伝統」の重視とは対照的に、たとえばジェラルド・ネイラー（Gerald Nailor）による風景画（図5-3）のように、遠近法写実的技法を用いた風景画については、欧米の絵画的伝統の模倣だとみなされ、望ましくないことと教えられた。ダンは、生徒が「アメリカ人の芸術家がやるようなデザイン」に固執するのは、それまでの学校教育において自文化が劣っていると教え込まれてきたためだと考えていた。そして、自文化への誇りと敬意を育てるためには、欧米の絵画的伝統の影響を当面は排除する必要があると信じていたのである。(49)

当時、「工房」は、先住民対象の学校のなかでは唯一の絵画教室であったため、チリカウア・アパッチ出身の彫刻家アラン・ハウザー（Allan Hauser）、サンタクララ・プエブロ出身の画家パブリータ・ヴェラーデ（Pablita Velarde）、ナヴァホのハリソン・ビゲイ（Harrison Begay）など、後に芸術家として名を成した人々の多くが学生時代にダンの指導を受けている。教え子の一人であるポップ・チャーリーが一九三六年一一月号の『スクール・アーツ』誌において、ダンは「自らの文化的ルーツを見つめるよう」生徒を励ます一方で、生徒による作品を国内だけではなく世界にも広く紹介したと評価したように、ダンの「工房」は短期間のうちに広く世に知られる存在とな

**図5-2**　ポップ・チャーリー（Pop Chalee）の作品

注）1935年の作品と思われる。
出典）Bruce Bernstain and W. Jackson Rushing, *Modern by Tradition : American Indian Painting in the Studio Style* (Santa Fe : Museum of New Mexico Press, 1995), 67.

**図5-3**　ジェラルド・ネイラー（Gerald Nailor）の作品

注）1933年の作品と思われる。
出典）Bernstain and Rushing, *Modern by Tradition*, 20.

った。[50] 一九三七年には、一七〇名の生徒が受講登録をするなど、最も人気のある講座となっている。

ところが、このような「成功」にもかかわらず、ダンは、慢性的な予算不足に加え、他の教職員からの嫌がらせやインディアン局職員との軋轢など、様々な問題を抱えて疲弊しきっていた。とくに生徒の作品の売上金の所管をめぐり、他の教員や職員との諍いが絶えなかったといわれている。ダンは、首都ワシントンにいる親しい上司にこのように書き送っている。


インディアン局がやっているという素晴らしいことに関するプロパガンダをあちらこちらで読むたびに、私には、それは悪い冗談だとしか思えないのです。もし実際に、何か価値あることがなされているとすれば、それは様々な障害と闘っている個人によってなされているのであって、インディアン局がやっているのではないのです。[51]

結局、ダンは、サンファン・プエブロ出身のジェロニーマ・モントーヤ（Geronima Montoya）に後を託して、一九三七年、サンタフェ校を去った。全米の主要都市やヨーロッパにおける関心の高さとは対照的に、ダンはわずか五年で「工房」を後にしたのである。

ダンが創設した「工房」に対する評価は、時代とともに変化してきた。その歴史的意義を検討するためには、一九三〇年代以前のサンタフェ校の状況と比較しつつ、歴史的文脈に位置づけてみる必要があるだろう。

一九二〇年代までのインディアン局所管の学校における図画の授業は、先住民工芸の愛好家であったケネス・チャップマン（Kenneth Chapman）の言葉を借りれば、「日よけ帽子の赤ちゃん、ピルグリム・ファーザーズ、切妻造りの農家」の模写と決まっており、「日常生活に根ざした自らの関心を表現する機会」はほとんどなかった。[52] 先住民文化に対して比較的寛容といわれていたサンタフェ校においてさえ、先住民の文化的伝統や保留地での日常生活を画題として取り入れることへの抵抗は根強かった。一九二〇年には、課外活動の一環として、プエブロやホピの生徒数名にプエブロでの生活の様子を描かせていた同校の校長に対し、一部の守旧派教員が激しく抗議したため、同校長が事実上更迭されるという事件も起こっている。一九三〇年代には、守旧派によるあからさまな抵抗はほとんどみられなくなったものの、依然として、先住民の日常生活や伝統的モチーフを国費で運営されている学校において描くことは望ましくない、と考える教職員は存在していた。

ところが、ここで注目すべきはプエブロ側の対応である。プエブロ指導層は、全く別の理由から、寄宿学校において「日常生活に根ざした自らの関心」を描くことに対して、警戒し反対していた。なぜだろうか。すでに第3章でみたように、研究者や観光客に情報提供することは、プエブロ社会においては一種の秘密漏洩罪とみなされていた。学校という外部の機関においても同様であった。彼らは、学校において自らの文化的伝統を披露することに対して、一抹の懸念を抱いていたのである。事実、一九二〇年代後半には、プエブロの男子生徒がサンタフェ校である伝統行事の絵を描いたとの理由で、出身プエブロの指導層に呼び出され、譴責処分を受けるという一件が起こっている。[53]それまでの「学校が伝える文化」を守ろうとする守旧派教職員と、その異文化に自らの文化が取り込まれることを恐れるプエブロ指導層はともに、学校において先住民の日常生活や信仰生活が描かれることに抵抗したのである。

ただし、ダン自身はこうしたプエブロ指導層の懸念を十分認識していた。そして「工房」におけるダンの指導方針は、プエブロ指導層からみても問題はないとされていたようである。一九二〇年代にサントドミンゴ・プエブロの通学学校で教えていたダンは、一九三一年の時点ですでに、プエブロの文化的要素を教材に取り入れる際には、「何をすればプエブロの伝統を踏みにじることになるのか、学校ではどこまで許されるのかという配慮が求められている」と述べていた。[54]プエブロにおいては、陶芸やパン作りなどの日常生活の情景を描くことは何の問題もなかった。その反面、伝統行事に関連する門外不出の情報や神聖な儀式などについて描くことは、タブー視されていたのである。この事情に精通していたダンは、「工房」においても、プエブロ指導層が描いてはいけないと考える題材は何なのかを、つねに慎重に見極めつつ指導していた。「工房」でダンの教えを受けたあるプエブロの生徒によれば、ダンは「村の年長者が描くべきではないと考えている一部の事柄については、非常に慎重に」その掟に抵触しないように気遣っていたという(55)。

一九三〇年代のわずか五年間、インディアン局の寄宿学校という制約のなかで行ったダンの試みに対する評価は、時代とともに変化してきた。現在では、「インディアン・ペインティング」に対するダンの視線は、オリエンタリズムと同根であるとの批判がいわば主流となっている。これに先立つ一九六〇年代にはすでに、先住民の芸術家や知識人のあいだで、「インディアン・アート」をめぐるそれまでの当為論への批判が高まっていた。一九三〇年代にフェニックス寄宿学校の教員であったチェロキー出身の芸術家ロイド・ニュー（Lloyd New）は、一九六〇年代に次のように語っている。「インディアンの芸術家は、何よりも、インディアン・アートにおける形式、技術、表現方法に関するいかなる新しい試みも拒否する純粋主義者が規定する、無意味なマンネリズムの枠にはまらないように注意すべきである。そのために、芸術的な意味で、自分自身の足で立つことを学ばねばならない(56)」。先住民の芸術家による「純粋主義者」批判の高まりのなかで、ダンの「工房」への評価もかつて賞賛一辺倒から否定的なものへと変わっていった。そして、かつての教え子のなかからも、ダンの思い描く絵画像に疑問を抱いていたとの発言がみられるようになった。のちに著名な彫刻家となったアラン・ハウザーは、ダンに敬意を払いながらも、彼女の指導法の問題点を次のように指摘している。

彼女は、われわれを皆同じように訓練しようとしたのです。「このように描きなさい、ハウザーさん、そうでなければインディアン・アートではありませんよ」。…中略…その結果、しばらくの間、皆そろいもそろって同じような絵ばかりを描き続けることになったのです。[57]

たしかに、ダンが去った後の「工房」の作品は、「工房」スタイルと呼ばれた独特の画風の焼き直しにすぎないものが多くなった。このような状況の変化を自覚していたのかどうかはさだかではないが、一九六六年、ダンは自らの「工房」での活動にも言及した著書『インディアン・ペインティング』を出版した。しかし、かつてのような注目を集めることはなかった。それどころか、ダンの「工房」での活動に対しては、「純粋主義者」的「インディアン・アート」観を助長していただけではないかとの批判も寄せられたのである。

「工房」時代のダンは、「教師ではなく案内人」として謙虚な姿勢で生徒に接し、プエブロの文化的伝統を踏みにじらないよう細心の注意を払っていた。約三〇年前に孤軍奮闘していた彼女にとって、「純粋主義者」との批判は心外であっただろう。後に独自の画風を確立した画家パブリータ・ヴェラーデにとっては、現在でも、ダンは生徒自身が一番よく知っている自文化に根ざした題材を選ぶべきだと励ましてくれた「尊敬すべき教育者」であるという。[58]ただし、生徒のもつ文化的伝統への配慮と「純粋主義者」的「インディアン・アート」観の助長とは、紙一重の差しかなかった。ダンは、「インディアン的なもの」をことごとく否定し蔑んできた「学校が伝える文化」とひとり対峙した。けれども、ダンの果たした役割にどのような評価を下すかについては、「インディアン・アート」全般に関わる論議と同様、現在でも論争的である。

以上のように、一九三〇年代には、イッキーズ内務長官とコリア局長のもとで、インディアン局が先住民の文化の独自性を認識する雰囲気が広がりつつあった。[59]先住民のダンスに対してインディアン局職員が「半野獣的」と公言することははばかられるようになり、保留地や学校における集会や良心の自由は保証されつつあった。こうした変化について、プエブロ指導層は全面的に歓迎する意向を表明していた。たとえばミゲル・トルヒーロ（Miguel Trujillo）は、一九三七年のインディアン局広報誌への寄稿のなかで、「現政権には、インディアンの文化的貢献への賞賛と理解、宗教生活や宗教的表現に対する不干渉という好意的な態度がみられる」と述べていた。プエブロ出身の人類学者アルフォンソ・オーティス（Alfonso Ortiz）は、一九八三年の時点で、「コリアのニューディール政策によってもたらされたものは、要するに、われわれが一息つく機会と踊りや工芸を再興する自由」であったと述懐している。たしかに、一九三〇年代には、保留地の日常生活における監視の度合は低くなっていた(60)。

しかし、インディアン局所管の学校内の改革については、「先住民の文化的自由」といったスローガンの画期性に反して、表面的な改革に終始したといえよう。このことは、教育改革のモデル校であったサンタフェ校においてさえ、実態としては教室内の壁画や工芸部門の人員補強といった限定的な成果しかみられなかったことからも明らかであろう。

なぜ学校教育の分野では、抜本的な改革が断行されなかった（できなかった）のだろうか。第一の要因としては、首都ワシントンの改革派と各地の教育現場の人々は、同じ先住民文化観を共有していなかったことが挙げられる。本節で取り上げた「工房」の事例でいえば、ダンに対する同僚による中傷や妬みの背景には、先住民の文化的要素を学校のカリキュラムに取り入れることへの根強い反発があった。当時、先住民文化に最も寛容といわれたサンタフェ校においてさえ、これが実情であった。他の地域の学校では、守旧派の教職員の抵抗は容易に想像できよう。また、長年先住民教育に携わってきたキリスト教諸教派の各種団体やＩＲＡは、一九二〇年代のダンス論争以来、先住民のキリスト教化を第一義としないインディアン局長に対する批判を強めていた。こうした反コリア派勢力の存在を念頭におけば、首都ワシントンの改革派が標榜する「先住民の文化的自由」のスローガンの限界は明らかだろう。それは、具体的な教育施策を提示していないという点で、教育現場での新しい試みよりもむしろ、混乱と反発を招くことのほうが多かったのである。

第二に、「学校が伝える文化」と（学校という制度に拠らずに次世代に継承されてきたという意味での）「民俗伝承に基づく文化」のあいだの緊張関係について、当時のインディアン局の改革派と先住民側のあいだに共通了解はなかった点が挙げられる。自文化の芸術的表現や精神世界を具現化した要素を学校のカリキュラムに取り込むことについては、プエブロ指導層は一貫して消極的であった。なぜだろうか。ヴァイン・デロリアとクリフォード・リトル（Clifford Lytle）によれば、プエブロに限らず、他の先住社会においても、先住民の文化的要素が美術教育などの学校のカリキュラムに取り込まれることに対する抵抗や留保がみられるという。そしてその根底には、自文化が「教科書のレベルに貶められてしまう」、あるいは支配的文化にからめとられてしまうとの警戒心があると指摘している。[61] ここには、「最も強力なアメリカ化装置」（カーライル校初代校長リチャード・プラット）という一面をもっている学校教育制度から、一定の距離を保とうとする先住民側の意図を垣間見ることができる。以上のように、先住民に関連する法制度・土地制度上の改革と比べて、学校教育の分野では限定的な成果しか得られなかったのである。

本章でみたように、一九三〇年代の「インディアン・ニューディール」を標榜した諸改革には、従来の研究では指摘されてこなかった次の特徴があった。それは、首都ワシントンの改革派が「自治政府」構想や「先住民の文化的自由」を唱えるとき、プエブロがモデルとして想定されていたという点である。一九二〇年代初頭のバーサム法案反対運動以来、ＡＩＤＡのメンバー（一九三〇年代のインディアン局の改革推進派）とプエブロ指導層は、土地問題の解決やダンス論争などを経て、強固な信頼関係を築き上げていた。こうした好条件に支えられていたプエブロの場合、「自治政府」の権限とインディアン局の裁量権のせめぎあいや、「学校が伝える文化」と自文化の相克といった微妙な問題は、表面化することはなかった。したがって、一九三〇年代の諸改革を検証するうえでは、プエブロの事例だけではもはや十分ではない。次章では、もう一つの重点施策地域であったナヴァホ社会に即して、諸施策の経緯をみていこう。

# 第6章 「第二のロング・ウォーク」の波紋

## ――ナヴァホ社会における家畜削減政策と通学学校論争――

ニューディール期に巨額の公共事業費が支出されたことは、結果的に、対ナヴァホ政策において、放任から積極的関与へと方針の転換を促すことになった。本章では、ナヴァホ保留地において短期集中的に実施された、家畜削減政策と就学率の向上策をとりあげる。これらの施策は、「土地に根ざした経済的再建」や先住民の「文化的自由と機会の確保」といった改革の理念を具現化しようとした代表的な事例である。しかし、多額の助成金と人材が投入された改革のモデルケースであったにもかかわらず、これらの施策はナヴァホ社会に混乱と内部対立をもたらす結果となった。以下では、家畜削減政策の実施という当時の事実関係のなかで、再組織法案に基づく「自治政府」構想の理念と現実の乖離を検証する。続いて、ナヴァホ社会の転換期において、ナヴァホの人々のあいだで学校観が大きく変化した要因を分析する。前者は、ナヴァホ評議会の権限をめぐり、「対外的防御」（第5章参照）の問題が顕在化した事例として重要である。また後者の事例では、元来両義的で曖昧な存在だった学校が大きな役割を担うようになる経緯が明らかにされる。それによって、学校教育の果たす統合機能を当時の文脈に即して検討することが可能となるだろう。

## 1 家畜削減政策という試金石

ナヴァホ保留地における家畜削減政策の経緯を述べる前に、二〇世紀初頭のナヴァホ保留地の地理的・社会的状況を確認しておこう。当時、ウエスト・ヴァージニア州とほぼ同じ約六万平方キロメートルの保留地には、約五万人が居住しており、牧羊と農業による自給自足的生活を営んでいた。[1] 一見すると広大な土地ではあるものの、二〇世紀初頭以降は、保留地内の過放牧（overgrazing）による牧草地の荒廃が頻繁に報告されている。たとえば一九〇七年、ナヴァホ保留地に駐在していたあるインディアン局職員は、局長宛の報告書のなかでこう述べている。「(ナヴァホ）インディアンは、統計上、牧草地すべてを使い尽くすだけの羊を所有している。これ以上家畜数が増えれば、人口の八〇パーセント以上が生計を立てているこの主要産業は、根底から崩壊することになる」[2]。また、ナヴァホ保留地で長年布教活動を行っていた宣教師のアンセルム・ヴェーバー（Anselm Weber）は、一九一一年に作成した報告書のなかで、「ナヴァホ保留地の過放牧は地元ではつとに知られており」、保留地を拡張しなければ放牧地の回復は不可能だと訴えていた。[3] この背景には、水源から四マイル以上離れたところでは農業や放牧は不可能であるため、実質的には保留地の三分の一程度しか使用できないという乾燥地ゆえの事情があった。さらに旱魃時には、小川が干上がるために泉などの恒久的な水源に家畜が集中し、その周辺の牧草地が一層荒廃してしまうのだった。

ナヴァホ保留地で放牧を行う場合、一九二二年の内務省による調査によれば、羊・山羊の放牧には、一頭あたり八エーカー、子牛・馬は一頭あたり四〇エーカーを要するという。当時のナヴァホ保留地には、一一〇万頭の羊と山羊、五万頭の牛、六万頭の馬と小型ロバがいたというから、羊と山羊の放牧のみで保留地の土地すべてを使い切ってしまう計算になる。では、ナヴァホの人々は、実際にどうやって生計を立てていたのだろうか。もっとも簡単な解決方法は、保留地の境界を無視して保留地外で放牧することであった。実際のところ、一八八〇年代後半には、ナヴァホの約四分の一が保留地外で放牧していたといわれている。二〇世紀初頭になっても、保留地外の総計約二〇〇万エーカーの土地が実質的にナヴァホの人々によって占有されていた(4)。ところが一九一〇年代以降、アングロサクソン系やメキシコ系の移住者や牧畜業者が増えるにつれ、保留地外の長年の占有地や水源の利用権をめぐるトラブルが頻発するようになった。

次に、ナヴァホが所有する家畜総数の変化をみてみよう。羊については、一八六九年には二万頭だったが、一八八〇年代には一〇〇万頭を数え、その後の寒波や旱魃により四〇パーセント近く減少したものの、一九二〇年代には一〇〇万頭まで回復していた。また、馬の総数は、一八八〇年代には二〇万頭を越えていたといわれるが、一九二〇年代までに一〇万頭に減り、一九三〇年代初めには四万～八万頭にとどまっていた。ところが、ここで留意すべきは、家畜数は漸減傾向であったのに対し、一八九〇年代から一九三〇年までの約四〇年間で人口は倍増していたという点である。したがって、一人当たりの羊・山羊の所有数は、平均で一八八〇年代には一人当たり五〇頭であったが、一九一〇年には二五・六頭へと減少し、三〇年代には二五～三三頭と横ばいであった。つまり、一八九〇年代と一九二〇年代を比較すると、家畜総数自体は漸減にとどまっていたが、一人当たりの家畜数は四〇～五〇パーセントも減少していたのである(5)。以上のように、ここ数十年のあいだの人口増加にもかかわらず、実質的な占有地は年々縮小していたために、放牧地不足、ひいては保留地境界内での過放牧が慢性化していたと考えられる。

こうした状況にもかかわらず、一九二〇年代の連邦議会においては、ナヴァホは「自活しているトライブ」との認識が根強く残っており、過放牧への危機感が共有されていたとはいいがたい。このことは、ナヴァホに対する国庫支出の総額は、一九世紀末からほとんど増えていなかったことからもわかる。実際のインディアン局による行政サービスも、井戸の掘削や農地の開墾、家畜の品種改良などが散発的に導入されるに留まっていた。

ところが、ボルダーダム（一九二九年着工、後にフーバーダムと改称）が本格的に稼動したことを機に、状況は一変することになる。このダムは、当時、ロサンゼルス市を中心とする南カリフォルニア地域が抱える積年の水不足を解消し、なおかつ電力の供給源としても注目されていた「コロラド川プロジェクト」の要と位置づけられていた。一見すれば、このボルダーダムとナヴァホ保留地は物理的にも離れており、何の関係もないようにみえる（図1-1を参照）。しかしここで重要なのは、一九三〇年代初頭以降、首都ワシントンの内務省を中心として、ナヴァホ保留地から流れ出すシルト（沈泥）がいずれダムの大幅な機能低下を招くとの現状認識が共有されていたという事実である。たとえば、一九二九年の合衆国地質調査委員会の報告書によると、支流のサンファン川からコロラド川に流れ込む水量は全体の約一四パーセントにすぎないにもかかわらず、流入するシルトの量は約五〇パーセントに相当するという。そして当時の連邦政府内では、このシルト流入の原因はナヴァホ保留地での過放牧であるとの共通了解が形成されつつあった。その論拠としてしばしば言及されていたのは、一九三三年九月の内務省・農務省による調査報告書である。同書は、ナヴァホ保留地では過放牧が原因で十数万エーカーの土地が砂漠化し、数十万エーカーは荒廃しつつあると述べ、それが土壌流出の主因だと断定したのである。また、一九三六年の土壌保全局の報告書は次のように指摘していた。「もしナヴァホ保留地の土壌浸食がこのまま続けば、保留地の峡谷に堆積された土砂がすべてダムに流れ込むことになり、貯水池の容量を維持するための連邦、州、市、民間による莫大な投資を無駄にする恐れがある」。これらの報告書によって、少なくとも連邦政府内では、「ナヴァホ保留地における過放牧→土壌の流出」という図式的理解が定着することになった。そしてボルダーダムの機能保全という観点から、ナヴァホ保留地内の土壌浸食問題への関心が高まっていった(6)。

こうして首都ワシントンでは、ナヴァホ保留地内の家畜削減は不可避との考えが主流となった。では、インディアン局は、ナヴァホ保留地における家畜削減の必要性をどのように認識していたのだろうか。また、家畜削減の補償として、具体的にどのような対策を講じようとしたのだろうか。

一九三三年に局長に就任したジョン・コリアは、基本的に、当時の内務省内で主流であった「ナヴァホ保留地における過放牧→土壌の流出」といった単純な因果関係の図式を信じていたようである。たとえば、同年一〇月のナヴァホ評議会におけるコリアの発言をみてみよう。コリアは、このままの状態が続けばナヴァホは「一〇年から一五年後には砂漠のなかで呆然と立ち尽くすホームレス」になってしまうと警告する一方で、「南カリフォルニアに水と電気を供給することになる世界最大・最高額のボルダーダム」プロジェクトにも言及し、「ナヴァホ保留地の土壌浸食を食い止めなければ、数十年以内に、ナヴァホ保留地から流入した土壌でダムが埋まってしまう」危険性があると訴えていた。そしてコリアは、「あなた方の土地と生活を救うため」に家畜削減政策は不可避であると強調し、ナヴァホ評議会の承認と協力を求めた。家畜を削減する代わりに、家畜による収入の約六倍に相当する賃金労働の機会を保障し、さらに大規模な灌漑プロジェクトや通学学校建設、土地の購入なども実施すると公言したのである。(7) このように、当時のインディアン局は、ナヴァホ保留地内の放牧地の荒廃自体に真摯な危機感を抱いていたものの、ボルダーダムをめぐるポリティクスと無縁ではありえなかった。

また、インディアン局は、公共事業関連の賃金労働の機会を提供することで、家畜削減による反発や混乱は避けられると楽観視していた。具体的には、自然保護青年団（ＣＣＣ）や公共事業局（ＷＰＡ）などからの巨額の公共事業費を活用することで、家畜削減による年収の減少を賄うことができるとの算段だった。このことを示唆するのが、ナヴァホ評議会や連邦聴聞会におけるコリアの答弁である。まず、一九三四年三月一二日のナヴァホ評議会において、コリアは次のように述べている。

　昨年の七月一日から今日まで、賃金の形でナヴァホ保留地につぎ込まれた助成金は、総額一六〇万ドルにもなります。まだ一年もたっていませんが、これほどの大金がすでに使われたのです。単に口約束だけではないと納得していただくために、言っているのです。われわれが約束をちゃんと果たすことを信条としていることは、過去一〇《ママ》カ月のこのような行為が何よりも雄弁に物語っているのではないかと思います(8)。

さらに一九三六年八月の上院聴聞会においても、コリアは、家畜数の削減によって絶対数は減るものの羊毛と肉の品質の向上は期待できると述べ、公共事業への雇用機会の増大によって当面の減収を補うことで、大きな混乱は避けられるとの考えを示した(9)。こうした対応策は、少なくともその場に居合わせた上院議員にとっては納得できるものだった。

当時のインディアン局は、ナヴァホ社会における羊の価値――商業主義的な意味での家畜ではなく文化的・社会的資産としての羊の価値――をある程度までは理解していた。たとえば、ある有力誌への寄稿のなかでコリアは、ナヴァホ社会において羊や山羊は「あたかも自分の子どもと同じように」育てられていることや、一般に、女性が山羊や羊の所有者であることなどを正しく認識していた(10)。しかし、家畜削減を補償する具体的な対応策をみる限り、家畜は単なる収入源として捉えられていたようである。このことは、家畜削減の補償策としては、賃金労働の機会提供のみで十分対応できるとインディアン局側が考えていたことからもわかる。

こうした点を踏まえて、以下では、家畜削減政策という「主流社会の経済的・政治的決定(11)」について、その概略を述べる。もちろん、家畜削減政策に対する人々の対応にも触れないわけにはいかない。ナヴァホ社会の混乱は、ナヴァホ評議会の活動をも大きく左右したからである。なお、家畜削減政策に対するナヴァホ評議会自体の対応については、「自治政府」の役割を検証する次節で詳述する。

削減政策の施行にあたっては、保留地内の数カ所において、インディアン局職員と住民のあいだで数回にわたって会合が開かれている。一九三三年七月には、フォート・ウィンゲート（Fort Wingate）において約二〇〇〇人が一堂に会し、説明会が開催された。そして、英語とナヴァホ語の通訳を介して、家畜数削減や放牧権の再配分による放牧場の再編、主穀生産計画の再検討、道路建設計画の見直しと縮小、緑化促進計画の開始という一大プロジェクトが発表された。その後、数十カ月のあいだに、約一〇万頭の羊と一五万頭の山羊を含めて総家畜数の三分の一が削減される一方で、数百人が内務省土壌保全局の土壌保全プロジェクトなどに雇用されることになった。[12]

削減政策は、数回にわたって、羊、山羊、馬それぞれを対象に施行された。まず一九三三年には、最初の削減政策として約一〇万頭の羊が削減の対象になった。上院聴聞会において、ナヴァホ側の代表チー・ドッジは、政府が設定した買い取り価格（経産した雌羊約一・五ドル、去勢した雄羊約三ドル）は安すぎると主張し、この価格では大所有者は種畜（繁殖用家畜）を売却しないから削減の実質的な効果は薄いと訴えた。さらにドッジは、このままでは零細の所有者から生存のために必要な家畜を奪うことになる、と警告した。しかしコリアは、ナヴァホ社会における家畜所有数の格差については十分考慮していると反論し、ドッジの忠告を退けた。[13] 結果は、ドッジの予想通りであった。選り分けた家畜を売却することで凌ぐことができた大所有者とは対照的に、小所有者は生存のために必要な家畜を奪われるという最悪の事態となったのである。

ところが、一九三四年の秋には、さらに一五万頭の山羊（山羊の総数の約半分に相当）と五万頭の羊がインディアン局によって買い取られることになった。結局、一九三九年末までには、馬一万四〇〇〇頭（馬の総数の約四分の一に相当）が削減され、四一年までには家畜総数の約五八パーセントが削減されて、目標数値はほぼ達成された。こうして数年のうちに、羊と山羊を定率（約一〇パーセント）で削減したため、生産手段を奪われた零細所有者を中心として激しい反発を招く結果となった。[14]

ナヴァホ保留地における家畜削減政策に対しては、一九三〇年代半ば以降、ロビー団体のあいだでも批判が高まっていた。その筆頭は、一九二〇年代とは対照的に、ことあるごとにインディアン局批判を展開していたIRAであった。IRAの機関誌『インディアン・トゥルース』は、「家畜を削減しすぎた結果、生産手段を奪われた人々の多くが貧困と絶望に打ちひしがれており、救援物資に依存するようになった」と述べ、ナヴァホ保留地における家畜削減政策は失敗であったと断じた。ただし、先住民のキリスト教化を一貫して主張し続けてきたIRAは、「信教の自由」を提唱するコリアを再三にわたり非難しており、コリア批判のための一材料として削減政策批判を展開した感は否めない。[15] とはいうものの、コリアの古巣であるAIDAでさえも、削減政策の失敗は認めざるを得ない状況だった。AIDAの現地調査報告書は、IRAによる批判は誤解を招くと反論してはいるものの、次のように結論づけた。「過去四年のナヴァホに対する諸施策に精通している者は誰でも、過ちと混乱を認めないわけにはいかない。…中略…行政の中央集権化や緊急保全事業と土壌保全事業の早急なる導入、そして通学学校プログラムの実施は、すべて大失策といわざるを得ない」。[16]

さらに事態を悪化させたのは、家畜数を管理するための新たな放牧区の画定と放牧許可証の発行が、またもや性急に実施されたことであった。一九三六年以降、保留地には新たに一八の放牧区が設けられ、各個人には保有可能な家畜数の上限と放牧区を指定した許可証が発行されることになった。家畜削減政策導入前には、長年の慣習を遵守するのならば、人々は、その時々の気候や牧草の状態によって放牧場所を臨機応変に変えることができた。ところが、今後は、放牧区を越境しての放牧や家畜の移動は違法行為となった。つまり、それまでの慣習法では「合法」である行為が、「不法侵入」とみなされる場合がでてきたのである。これは、家畜数を削減させられた人々にとって納得できないことであった。あるナヴァホの言葉を借りれば、まさに、「足に何かを縛り付けられ、身動きが取れなくなった状態」に置かれたのだった。[17]

積年の先住民政策に通底する強制性をなによりも非難していたはずのコリアが、なぜ、無謀な家畜削減政策を当局側の責任者として性急に講じたのだろうか。すでにみたように、インディアン局は、一九三三年一〇月にはじめてナヴァホ評議会において削減政策案を提示し、その翌年には三〇万頭もの家畜（羊と山羊）の削減を断行していた。これでは、時期尚早との謗りは免れないだろう。この点に関してコリアは、上院聴聞会において、「連邦緊急救済庁（FERA）と農業調整局（AAA）の緊急援助基金を使って家畜を買い取るというチャンスが浮上した」ため、「このファンドに飛びついたのです」と弁明している。(18)またコリアは、一九三四年三月のプエブロ評議会において、「来期の連邦議会は今期ほど好意的ではないでしょうし、政府の財政状況も来年は今年ほどよくはないでしょう」と述べていた。長年のロビー活動を通して、慢性的な資金不足ゆえに、改革をしたくともできないという実情を熟知していたコリアにとって、ニューディール期に急増した連邦助成事業はまさに天恵だったのだろう。そして、是非とも今会期中に懸案の法案の成立や予算支出の承認を議会から取り付け、諸改革を一挙に軌道にのせようとしたのである。(19)

こうした資金繰りにまつわる焦りに加え、インディアン局とナヴァホ指導層（評議会議員）のあいだで信頼関係を築き上げる時間的余裕が全くなかったことも、さらなる反発と混乱を招いたもう一つの要因であった。コリア自身、ナヴァホ保留地の家畜数が「多すぎる」と認識したのは局長に就任した後のことであると率直に認めていた。(20)つまり、インディアン局はナヴァホ側の指導層との意思疎通が不十分なまま、ナヴァホ社会の経済構造を根底から揺るがしかねない家畜削減政策を断行したのである。インディアン局と指導層のあいだの信頼関係という点では、プエブロとナヴァホはきわめて対照的であった。

では、家畜削減政策に対し、ナヴァホの人々はどのように対応したのだろうか。ここでは、主にオーラルヒストリー集『ナヴァホ家畜削減政策』などに拠り、人々の声に耳を傾けてみよう。(21)

人々の反応の最大の特徴としては、家畜の価値をめぐり、インディアン局職員や専門家とは真っ向から対立していたことが挙げられる。この傾向は、インディアン局内部では市場価値が全くないとみなされていた山羊や馬について顕著であった。ナヴァホの人々によると、山羊は羊より警戒心が強く嗅覚も優れているため、危険を察知したり水源へ羊の群れを誘導したりするうえで重要な役割を果たしているという。また、山羊の乳は、羊だけではなく幼児にとっても貴重な栄養源であり、山羊や馬はいざというときの非常食でもあった。ナヴァホの人々にとって、山羊や馬は商品ではなく、生活の糧であり万が一のときの保険だったのである。したがって、仮に政府雇用によりナヴァホの平均年収が上昇したとしても、これらの家畜が提供してきた保険や貯蓄としての機能やそれがもたらす安心感、さらには子どもの実地訓練の機会は失われたと人々は感じたのである。

二つめの特徴は、当然のことながら、削減政策の方法に対して激しく抗議していることである。インディアン局による事前の説明では、買い取られた家畜の一部は非常食として缶詰に加工されることになっていた。ところが実際には、缶詰工場での加工が追いつかず、衰弱死した家畜がそのまま放置されることもあったという。さらに、衛生上の理由から、その死骸にガソリンをまいて焼却することもあった。こうした行為は、ナヴァホの人々からみれば正気の沙汰とは思えなかったのである。加えて、政府官吏との接触がほとんどなかった地域では、家畜削減政策について事前に知らされていなかった人々も多かった。削減後の家畜保有許可証——人々は「朱印つきの紙」と呼んでいた——の法的価値や機能についても、十分な説明をうける機会はなかったとの意見が多く寄せられている。怒りのあまり許可証を火に投じてしまい、割り当てられた家畜数を証明することができなくなったために、すべての家畜を失った人もいるという。「学校教育を受けていない人にとっては、白人のやることを理解することは難しい」とアキナバー・バーバンク（Akinabh Burbank）が回想しているように、混迷のきわみにあって、人々のあいだで不満と無力感が広がることになった。(22)

精神科医のデイヴィッド・アベル（David Aberle）によると、削減政策の打撃を最も受けた小所有者層のあいだでペヨーテ信仰（キリスト教と土着信仰を融合した先住民の宗教であり、サボテンの一種であるペヨーテを用いる）が広まったことが統計的に裏付けられるという。このことは、不合理な削減によって引き起こされた混乱と動揺に対する人々の対処法のひとつとして注目に値する。前述のオーラルヒストリー集の編者であるルース・ラッセル（Ruth Roessel）は、その序文のなかでこう記している。ラッセルの両親の世代が経験した削減政策について、一九三〇年代から五〇年代にかけて研究者や専門家が大挙してナヴァホ保留地で「調査」をしていたにもかかわらず、同政策が引き起こした深い喪失感に理解を示した研究者はアベル以外にはいなかったという。「今日明日をどうやって生きていけばいいのか」が切実な問題となった人々にとって、政府高官や専門家が提示する政府雇用の増大や家畜の質の向上といった代替案は、全くリアリティに欠けていたのである。[23]

もちろん、ナヴァホの人々は、なすすべもなく呆然としていたわけではない。一九三〇年代後半には、保留地の住民から連邦議会議員宛に多くの嘆願書が提出された。たとえば、ツイン・レークス地区の住民は、ニューメキシコ州選出のデニス・チャベス（Dennis Chavez）上院議員宛の書簡のなかで、削減の理不尽さをこう言い表している。「羊はわれわれにしかるべき生活水準を保証してくれる唯一のものです。その羊がいなくなると、コリア氏はジグを踊って喜び満足するのです」。さらに一九四〇年以降になると、首都ワシントンに代表団を送るための活動が活発化した。そして、そのための募金活動をした人々が帰宅途中に逮捕される事件が頻発した。当時、保留地西部の一集落であるカエンタ（Kayenta）での集会において五〇ドルを寄付したバック・オースティン（Buck Austin）は、帰宅途中に逮捕されたと回想している。その日のうちにカエンタに近いチューバ・シティの拘置所は、同様の理由で逮捕された人々で一杯になったという。[24]

こうした混乱をもたらした家畜削減政策に対して、人々は、いつしか「第二のロング・ウォーク」と呼ぶようになり、その責任者であるコリアを敵視するようになった。ナヴァホの人々にとって、コリアといえば忌まわしい家畜削減政策が想起されるという状態が数十年にわたって続くことになった。親たちは、聞き分けのない子どもがいると「言うことを聞かないとコリアがくるよ」と諭すようになったという。[25] そして一九四一年には、ローズベルト大統領自らが公開状を送り、一応事態は収拾されたものの、インディアン局とナヴァホの人々のあいだに深い禍根を残した。

後に最大の失策といわれるようになった初期の削減政策（一九三三～三四年）が、実際のところ、零細所有者にどの程度大きな打撃を与えたのかを知るための統計資料は存在していない。ただし、東部の保留地外に居住しているナヴァホ四五名を対象とした調査結果によれば、削減の割合は次の通りであった。当該地域では、零細所有者（羊一〇〇頭以下）は所有する家畜の二三パーセントが削減されたのに対し、小規模所有者（一〇〇～二五〇頭）と中規模所有者（二五〇～五〇〇頭）はそれぞれ二〇パーセントと七パーセント、そして大規模所有者（五〇〇頭以上）については五パーセントのみが削減されていた。[26] さらに事態を悪化させることになったのは、零細の家畜所有者のなかには種畜も手放した者が多かったことだった。当時のナヴァホ社会全体では、五つの名家が保留地内のもっとも良質な放牧地を実質的に支配しており、二五〇〇家族は全く家畜をもっていないといったように、貧富の差が歴然としていたといわれている。このことを鑑みれば、零細所有者に対する大幅な家畜削減が社会全体にいかに大きな衝撃を与えたかが推測できよう。

以上のように、一九三〇年代の家畜削減政策こそが、ナヴァホ社会の社会的・政治的・経済的安定を一挙に損なった事実は否定できないだろう。その背景には、ナヴァホ保留地周辺において、土地や水利権などの限られた資源をめぐる争いが年々激しさを増していたという要因があった。事実、一八六〇年から一九三〇年までの七〇年間に、ナヴァホの人口はおよそ四倍になったが、ニューメキシコ州とアリゾナ州の人口はそれぞれ七倍と六七倍に急増していた。加えて、カリフォルニア南部の水問題解決の切り札とみなされたボルダーダムをめぐる「ポリティクスと権力関係という生物学的関心以上のもの[27]」が、ナヴァホ保留地でのあまりに早計な削減政策を後押ししていた。もちろん、ナヴァホ保留地の拡張の実現に向けて尽力したインディアン局は、ナヴァホ保留地の慢性的な土地不足に対して、真摯な危機感をもっていた。だからこそ、インディアン局は、一九三三年一一月のナヴァホ評議会において採択された家畜削減政策支持の決議文を連邦議員宛の書簡に添付し、保留地拡張の必要性を連邦議会において再三訴えていた。その書簡には、ナヴァホはこれが最後の保留地拡張となることを認識しており、「過放牧を防ぐためにも羊と山羊の削減をしなければならないと自覚している」と記されていた[28]。インディアン局側は、「最後の」保留地拡張でありしかもナヴァホが「自発的な」削減政策を行っていることをアピールすることで、最後まで保留地の拡張に尽力していたことがわかる。

とはいうものの、ナヴァホ保留地において約一〇年間に五七パーセントもの家畜を削減したことは、スピードと量という点で明らかに無謀であった。南西部の保留地外の国有林において、土壌保全の目的で断続的に行われてきた家畜削減の割合は、約五〇年間（一九〇七～五〇年代）で四〇パーセント減であったことと比較すれば、その無謀さは際立っている。このように、一九三〇年代のナヴァホ保留地における家畜削減政策は、単にインディアン局とナヴァホの関係としてではなく、限られた資源をめぐる南西部全域におけるポリティクスという文脈において理解する必要がある[29]。

なお、一九五〇年代初頭までには、旧ボルダーダム（後にフーバーダムと改称）の貯水池・ミード（Mead）湖に総容量の五パーセントに相当するシルトが堆積していた。しかし、一九三〇年代とは異なり、その原因を単純に過放牧を含む土地利用法に帰する科学者は皆無であった[30]。その頃までには、「ナヴァホ保留地における過放牧→流出したシルトによるダムの機能の低下」という図式の「科学的」根拠はないとの説が主流となっていた。そして、一九三〇年代のナヴァホ保留地での家畜削減政策については、ダムの機能低下への対応策であったというよりもむしろ、将来の「危機」を想定した予防策的性格が強かったこと、そしてその予想が誤りだったことが明らかになったのである。

## 2　ナヴァホ評議会の内部対立――チー・ドッジとJ・C・モーガン

本節では、上述した家畜削減政策が引き金となった混乱期のナヴァホ社会に即して、「自治政府」構想の曖昧さが露呈する過程を検証する。とりわけ、部族評議会《トライバルカウンシル》をめぐる先住民側の自治権と連邦政府側の裁量権の緊張関係を立体的に浮かび上がらせるために、チー・ドッジ（一八六〇?～一九四七年）とJ・C・モーガン（一八七九～一九五〇年）という二人の指導者に注目し、ナヴァホ社会内部におけるナヴァホ評議会の動向を論じる。その作業を通じて、第5章で言及した「対外的防御」（集団を外部の決定による衝撃から保護することを意図した、ある集団が主流社会に対して行う権利要求）[31]の観点から、インディアン局が掲げた「自治政府」構想の限界にも説き及ぶことができるであろう。

最初に、J・C・モーガンの略歴を紹介しておこう。モーガンは、インディアン局所管のハンプトン寄宿学校を優秀な成績で卒業し、一九二三年にナヴァホ評議会議員に任命された時点ではインディアン局の教員であった（当時はインディアン局がナヴァホの評議員を任命していた）。その二年後には、ニューメキシコ州・ファーミントン（Farmington）のキリスト教改革派教会で通訳兼助手を務めるなど、熱心なプロテスタントでもあった。一九二〇年代後半頃からモーガンは、チー・ドッジなどのリーダー層が「就学経験のあるわれわれ若年層の職を奪っている」と公然と批判し、寄宿学校卒業生や在校経験者を主な支持母体として頭角をあらわすようになった。モーガンは、自他共に認める「同化主義者」であり、ドッジがアメリカ主流文化への同化を標榜しないことに対して批判的であることでも知られていた(32)。このような立場の違いは、一九三〇年代以降、先住民の「文化的自由」を提唱するジョン・コリアが局長に就任した後、顕在化することになる。

他方のドッジは、保留地内の会合にはビュイック車で土煙をあげて乗りつけ、クリスタル（Chrystal）と呼ばれる集落に近い邸宅では毎晩のように酒宴を催すなど、豪傑なパトロンかつ緻密な起業家として知られたカリスマ的存在であった（第2章参照）。また、各地のナヴァホの有力者と姻戚関係を結ぶ一方で、ナヴァホ社会において「リコ」に求められる一種のノブリス・オブリージュを発揮して貧者へ雇用機会や食糧を提供するなど、伝統的なナヴァホのリーダー像にも合致していた。つまり、ナヴァホ社会内部の幅広い層から支持されていた、ナヴァホの最有力者というべき存在だった。

こうした性格や経歴の違いに加え、ドッジとモーガンそれぞれの支持基盤であるフォート・ディファイアンス周辺とシップロック周辺では、対連邦政府感情という点で対照的であった。保留地内で最初の寄宿学校や行政機関庁舎がおかれたフォート・ディファイアンス周辺の住民は、官吏や商人と接触する機会も多く、雇用機会や払い下げ物資などの恩恵に浴することもあり、チー・ドッジを典型とする現実的な穏健派が多数を占めていた。それに対して北部のシップロック周辺は、もともと官吏との接触によるメリットや情報が少ないこともあり、反政府感情の強い地域として知られていた。前述のラウンドロック事件のブラック・ホースやバイアリリ（Ba'álílii：一九〇七年に彼と監督官が対立し暴力沙汰となり、軍隊が派遣され数人の死者がでる惨事となった）の支持基盤もこの北部地域であったといわれている(33)。こうした地域差は、一九二一年の石油発見によって一層際立つことになる。採掘料収入の用途をめぐって、南部と北部の利害対立が顕在化することになったのである。

ドッジは、フォート・ディファイアンス周辺において、早くからマヌエリートの後継者と目されていたものの、前例のない新しいタイプのリーダーだった。地縁・血縁関係内に収束する傾向のあった従来のリーダーとは異なり、ドッジは「ナヴァホ・トライブ」全体の利益の最大化を唱えた初めての政治家だったからである。はやくも一九一八年の時点で、ドッジは、当時のインディアン局長に次のように書き送っている。

私は、居住地周辺だけではなく、すべてのナヴァホに対して真摯な関心を抱いています。すべてのナヴァホが平等に進歩することを望んでいますが、そのためには、活動的で強い意思をもった才気あふれる人物一人を、トライブ全体の指導者として擁する必要があります。[34]

この言葉どおりに、一九二〇年代初頭の石油発見以降、ドッジは「トライブ全体の指導者」としてのリーダーシップを発揮していくことになる。石油発見直後のサンファン管区内では、当該管区内の住民だけが相手ならば御しやすいと目論む石油採掘業者の差し金で、「石油のおかげで立派な馬や馬車、衣服が手に入る」との風評が広まっていた。このような風評にあおられ、石油の採掘料収入はナヴァホ全体ではなくサンファン管区の住民だけが独占すべきだと主張しはじめる者もあらわれた。それに対してドッジは、サンファン管区で行われた地域住民の集会において、住民が提案した採掘料収入の頭割り案は「将来性がない」と訴え、採掘料収入をトライバル・ファンドとして共同管理し、まずは保留地の東側の「チェッカーボード地区」の土地購入費に充てるべきだと人々を説得したという。さらに、一九二三年七月の第一回ナヴァホ評議会において議長に任命されたドッジは、石油採掘料リース契約の際には、新設されたばかりのナヴァホ評議会ではなく、内務省が直接関与するようにインディアン局に求めていた。そうすることで、組織として未熟な同評議会が外部勢力に利用される危険性を回避したのである。その場に評議員兼通訳として出席していたモーガンにとっては、「トライブ全体の利益」の名の下で、彼の地元であるサンファン管区の住民の分け前が減ったことになり、いささか不本意な決定であった。ただし、ナヴァホ評議会などの公式な場においては、ドッジの決断を批判する動きはみられなかった[35]。

ところが、「インディアン・ニューディール」を標榜する諸改革を契機として、ナヴァホ評議会内部において、穏健派のドッジにあきたらないモーガン率いる強硬派が台頭することになる。両者の対立については、前節で述べた家畜削減政策のみならず、ナヴァホ保留地の拡張のための法案や再組織法案といった当時の重要関連法案や施策と関連づけて理解する必要がある。以下では、これらの法案や施策をめぐる連邦議会・連邦政府（インディアン局）・ナヴァホ評議会の動向を略述したうえで、ドッジ派とモーガン派それぞれの論理と動向を論じる。

端的にいえば、ナヴァホ評議会が初期（一九三三〜三四年）の家畜削減政策を承認したことが、同評議会内部の対立を引き起こした最大の要因だった。たしかに、ナヴァホ評議会は、初期の家畜削減を実質的に承認する決議文を何度か採択していた。たとえば、一九三三年一一月のナヴァホ評議会においては、家畜削減政策への反対意見が相次いだものの、最終的には「浸食による土壌流出からわれわれの故郷を守るための一大事業において、われわれは連邦政府に対しナヴァホの人々の協力と援助を約束する」と明記した決議が採択された。また、一九三四年三月一二日のナヴァホ評議会においては、「ナヴァホだけが羊と山羊を手放さなければならないのは不公平」として削減政策に依然として反対する声が多数を占めていた。しかし最終的には、保留地の拡張を求める決議文が採択された。ここで重要なのは、その決議文のなかに、ナヴァホ側の自助努力の証しとして土壌保全と家畜削減を承認する文言が含まれていたことだった[36]。

なぜ、ナヴァホ評議会は初期の家畜削減政策を承認したのだろうか。その背景には、保留地の拡張の法案（通称ニューメキシコ境界線法案とアリゾナ境界線法案）が一部の連邦議員の反対を受け、長らく継続審議中となっていたという事情があった。一九三三年一一月のナヴァホ評議会においてコリアは、「連邦議会は、あなたがたが率先して放牧地を管理するとの確証が得られなければ、その法律［上記二つの境界線法案］を成立させることはないでしょう」と述べ、まずは自主的に土壌浸食を食い止める姿勢を示す必要があると訴えたのである。この説得に対して、ナヴァホ評議会は、保留地の拡張のためならば致し方ないと初回の削減政策を承認する決議を採択したのだった。

その後、保留地の南端の一区域のみを対象としたアリゾナ境界線法案は成立したものの、いわゆる「チェッカーボード」地区の良質な放牧地を含む保留地東部の拡張に関するニューメキシコ境界線法案は、一向に成立する気配はなかった。そして一九三〇年代後半には、同法案を支持していたブロンソン・カッティング（Bronson Cutting）上院議員が飛行機事故で急逝するという不幸な事件が起こり、さらに同法案に反対していた保守派のチャベス上院議員が上院インディアン業務委員会の議長となったため、結局、同法案は葬られてしまった(37)。たしかに、一行政官としてのコリアが法案成立のためにできることには限りがあった。しかし、ナヴァホ評議会に対し、家畜削減と引替えに保留地拡張の法案成立を公約するような発言をしたのは、まぎれもなく誤算であった。

保留地拡張のための法案成立の見通しが立たなくなるに従い、ナヴァホ評議会内外におけるモーガン派の優位は決定的となった。一九三二年から三六年に第三代評議会議長を務めていたのは、チー・ドッジの息子でドッジ派を率いていたトム・ドッジ（Tom Dodge）であった。すでにみたように、トム・ドッジ率いるナヴァホ評議会は、一九三三年から三四年にかけて、「自主的に」家畜削減を行うことで保留地拡張のための法案の成立を連邦議会に働きかけるという戦略をとった。それに対し、モーガンはただ一人、同決議への反対票を投じていた。この行動が、モーガン派躍進の契機となったのである。モーガンは、評議会内外で削減政策への反対を公言してはばからなかったため、不安と不満が鬱積している北部を中心に急速に支持者を増やしていった。それとは対照的に、人々の支持を失ったトム・ドッジは、一九三六年に議長を辞した(38)。

ナヴァホ評議会内部での対立と混乱は、インディアン局主導の諸改革の要であった再組織法案の審議過程にも影響を及ぼすことになった。自らの意思を表明する機会のない人々は、インディアン局はもちろん、削減政策を阻止しなかったナヴァホ評議会に対しても不信感を強めていた。そして、近々行われる予定の再組織法への住民投票に反対票を投じることで、同法とは直接関係はない家畜削減策への反対の意をあらわそうとしたのである。ナヴァホが再組織法を拒否する可能性が高まったため、一九三五年六月一一日には、再組織法案の説明会（「インディアン・コングレス」）がナヴァホ保留地内で再び開催された。拍手喝さいで迎えられたプエブロとは対照的に、今回のナヴァホ保留地での聴聞会では、コリアが罵声を浴びせられる一幕があるなど、険悪な空気が支配していた。会議中、ある評議員が「政府に雇われている人々は、再組織法に賛成しなければならないと理解している」と発言し、また別の評議員は「賛成票を投じれば、金や食べ物の賄賂を贈るといっている白人がいるようだ」と述べ、ファリス監督官がその誤解を正す一件もあった。そして会議の終盤には、ハワード・ゴーマン（Howard Gorman）評議員がコリアに野次を飛ばしたことから、コリアは、「宗教的な偏見にみちた眼鏡で物事をみている（ナヴァホの）ゴーマン氏」よりはナヴァホの価値観を正しく認識していると反論した。それに対してゴーマンが「コリア氏のように共産主義的眼鏡でみているよりましだ」と応酬して騒然となった。そして結局、本来の議題であった再組織法については、審議未了におわった。六日後の再組織法の採択を問う住民投票では、七九九二対七六〇八の僅差で否決されるに至った。[39]

加えて、「インディアン・ニューディール」の柱である「自治政府」構想や先住民の「信教の自由」などの市民的権利をめぐる問題（第5章参照）に関しても、モーガンとドッジの立場は異なっていた。モーガンは、再組織法のもとでの自治政府構想は、市民権《シティズンシップ》付与に逆行するとして批判する一方で、「インディアンの宗教」を含めた「信教の自由」は同化主義に反するとの立場を一貫して表明していた。[40] 次節で詳しく述べることになるが、インディアン局主導のナヴァホ語の正字法の確立やナヴァホの文化・歴史を学校で教える試みに対して最も批判的だったのは、他ならぬモーガンであった。それとは対照的に、ドッジ派の拠点・南部では、家畜削減政策以外の施策については現政権を支持する傾向が強かった。一例としては、再組織法が否決された後の一九三六年八月、ガナド（Ganado）と呼ばれる集落では、チー・ドッジやシルバースミス（Silversmith）評議員、家畜の大所有者であり名望家のブラック・ウォーター（Black Water）などの有力者を含む周辺住民が再組織法を支持する声明文を作成し、連邦上院へ送付した一件が挙げられる。フォート・ディファイアンス周辺の有力者のあいだでは、初期の削減政策実施直後にもかかわらず、再組織法自体は支持する動きがみられたのである。また学校教育に関しても、彼らは教育の機会の増大を引き続き要求しつつ、現政権の教育方針への支持を表明していた。[41]

なお、モーガンは、ナヴァホ評議会内には「寄宿学校卒業生（モーガン派）対伝統的指導層（ドッジ派）」という対立の構図があるような発言を繰り返していたが、これは事実に反する。実際のところ、一九三三年から三七年のあいだのナヴァホ評議会議員は、チー・ドッジを除いて数年の就学経験者で占められていた。また、たとえば一九三二年の上院聴聞会では、召喚されたナヴァホの有力者一二名のうちの一〇名は、通訳を介さず英語のみで証言を行っていた。このことは、政府関係のポストを得る上で、英語の運用能力は必須とはいわないまでも必要条件であったことを示唆している。つまり、ナヴァホ評議会議員や保留地内を所管する警察官、インディアン局の職員や教員といった公職に就いた人々は、モーガン派・ドッジ派にかかわらず、牧羊を生業としナヴァホ語のみを話す従来型の有力者よりもむしろ、就学経験者やドッジのような新しいタイプの起業家だったといえるだろう。言い換えれば、評議会や政府関連の要職を占めたのは、少数の従来型有力者と多数の「社会的上昇分子」（出自や財産はなくとも合衆国式の公的業務を執り行うだけの英語力や価値観を身につけていた者）であったと考えるのが妥当であろう。[42]

家畜削減政策がもたらした混乱は、ナヴァホ評議会内部の分裂を招き、さらに保留地の拡張という悲願の達成を阻む一因となった。モーガン派は、一九三七年七月、ナヴァホ進歩主義同盟（The Navajo Progressive League）を結成してインディアン局に対する対立姿勢を強める一方で、ポール・パルマー（Paul B. Palmer）弁護士やニューメキシコ州選出のチャベス上院議員との連携を深めていった。パルマーは、アングロサクソン系の牧場主の利益を代表していた保守派の弁護士であり、支持層を同じくするチャベス上院議員とともに、ニューメキシコ境界線法案に反対していることで知られていた。すでに第3章でみたように、先住民社会内部の不平分子を利用して土地や地下資源関連の利権を獲得する方法は、不法占拠者や投機家の常套手段であった。プエブロ所有の下賜地《グラント》における不法占拠者がプエブロ社会内部の少数派を支援したのと同様に、ナヴァホ保留地の拡張に反対する外部勢力にとって、モーガンらによるナヴァホ進歩主義同盟の結成は歓迎すべきことであった。

では、モーガンにとって、パルマーやチャベス上院議員と連帯する利点は何だったのだろうか。「同化主義者」を自認するモーガンにとって、再組織法の下での部族評議会《トライバルカウンシル》設立（ナヴァホの場合は実態としてはナヴァホ評議会の改組）が、住民投票によって同法が否決された後も行政措置として実施されつつある現状や、先住民の文化や言語に対して寛容な新政権の方針は唾棄すべきものであった。そのためモーガンは、ナヴァホを再組織法の適用除外とすることを連邦議会が明文化することとコリアの更迭をチャベス議員に依頼し、そのかわりにニューメキシコ境界線法案への支持を取り下げたのである。このことは、保留地東部の住民の悲願であった保留地拡張という重要案件について、当該地区を地盤とするモーガン自らがそれを切り捨てたこと意味していた。一九三七年春に連邦議会に提出された東部の住民による嘆願書は、まさにこの内部対立が外部勢力によって巧みに利用された典型例といっていい。そこには、チャベス上院議員が提出した適用除外法案を支持し、ニューメキシコ境界線法案の破棄を求めると記されていたのである。嘆願書に署名した人々の多くは、まさに境界線法案が対象としていた地域の住民であり、長年の居住地を保留地として確定する同法案の成立を心から望んでいたはずであった。にもかかわらず、識字率が低いため請願書の内容を自分で確かめることができず、適用除外法案の「適用除外」とは削減政策からの除外を意味していると誤解して嘆願書に署名した人々が多かったという。しかし、たとえ誤解があったにせよ、この手の文書は、ナヴァホ自身が保留地拡張を望んでいないことの「証拠」として利用される危険性があった。事実、チャベス上院議員が議長を務める上院インディアン業務委員会では、この嘆願書が引き合いに出され、ナヴァホ自身が保留地拡張を要求していないとの結論に達していた。[43] そして結局、ニューメキシコ境界線法案は葬り去られることになった。

ナヴァホ評議会内におけるモーガンの覇権を決定づけたのは、一九三八年に行われたインディアン局主導によるナヴァホ評議会の改組であった。当局側は、旧ナヴァホ評議会は人々の広範な支持を得られなかったため、改組後のナヴァホ評議会は各地の「伝統的指導者」（ヘッドマン）を中心として構成されるべきであると考えていた。そこで、まず、解散直前の旧評議会が指名した特別委員会が各地域の代表的指導者の名簿を作成し、その内の七〇名からなる部族憲法制定会議が一九三七年四月に開催されることになった。ところがモーガン一派は、一連の措置は違法であると訴え、制定会議への出席を拒否した。さらなる混乱を恐れたインディアン局は、憲法制定を諦め、定款や選挙細則の制定のみを同会議に要請することになった。[44] そして一九三八年一一月八日には、モーガンは欠席していたにもかかわらず新評議会の議長に選出され、旧評議会の一二名に代わって、新たに七二名の評議会議員が選出された。

一九三九年以降、ナヴァホ評議会議長としてインディアン局職員と交渉する機会が増えたモーガンは、かつての強硬派スタイルとは打って変わり、インディアン局と足並みをそろえることが多くなった。そうしたなかで、さらなる馬の削減や放牧許可証制度が導入されたため、人々の不満は一層募っていった。ところがモーガンは、同年一一月には削減政策を実質的に支持するラジオ放送を行い、ナヴァホ評議会内では「教育を受けていればこんなことにならなかった」と責任転嫁ともとれる発言をしたため、一挙に多くの支持者が離反することになった。[45]

モーガン派がこのように急速に支持者を失う一方で、ドッジ派は活発に活動を再開していた。結成後二年程度で自然消滅したナヴァホ進歩主義同盟にかわって、モーガンの地盤でもあるシップロック周辺住民を支持母体とするナヴァホ権利協会（The Navajo Rights Association：以下、NRAと略記）が創設され、チー・ドッジの協力を得たデシュナ・クラ・チシュチリ（Deshna Clah Chischilly）元評議会議長らが中心となって支持者を増やしていった。そしてNRAは、インディアン局を相手取って削減政策の違法性を法廷で争うべく、ひそかに活動を開始した。この動きを未然に察知したインディアン局側は、NRAの機先を制して、馬の削減を阻止しているなどの理由で、大所有者数名を相手取って合衆国連邦第一裁判所に訴訟を起こしたのである。一九三九年五月の判決は、ナヴァホ評議会にとって衝撃であった。裁判所は、インディアン局側の言い分を全面的に認め、もし三〇日以内に馬を削減しなければ、執行官による差し押さえを命じたのである。この一事をきっかけとして、ナヴァホ評議会内では、かつての穏健派も含めて、インディアン局への不信感が一挙に深まることになった。(46)

こうした混乱のなかで行われた一九四二年の評議会議長選挙では、チー・ドッジが一二年ぶりに議長に選出された。一九二八年の議長任期満了をもって一旦勇退したドッジが再び議長に選出されたことは、指導者には何よりも個人的な才覚と人格を求めるナヴァホ社会において、ドッジへの信望がいかに厚いものであったかを物語っている。ドッジとは対照的に、モーガンの名は、地元シップロックの評議会議員候補者リストにさえ載らなかった。ドッジ議長とサム・アケア（Sam Ahkeah）副議長が選出されたことで、一年前には二つの「ナヴァホ代表団」が首都ワシントンに派遣されるなど、完全に分裂していた評議会における混乱も収拾された。それどころか、ドッジ率いるナヴァホ評議会は、一転して、インディアン局によって設置された実験放牧区の廃止や各放牧区の家畜数の上限の引き上げなど、当局の方針とは真っ向から対立する決議を次々と採択していった。ただし、コリアがことごとく拒否権を発動したため、これらの決議は実施されていない。けれどもナヴァホ評議会側は、一九四七年七月、削減政策と放牧地の荒廃のせいで家畜によって生計を立てることはもはやできないと連邦議会に訴え、産業誘致政策を求めた。それと同時に、同評議会は、過去の家畜削減政策について法廷で合法性を争うべく弁護士を雇用するなど、インディアン局との対立を辞さない姿勢を貫いていった。結局、内務長官が過去の削減政策は違法であったことを認めて当面の削減の中止を発表したものの、時機を逸した感は否めなかった。その後、放牧区の管理規則については、インディアン局ではなくナヴァホ評議会が策定できることになった。ただし、利害が錯綜しているだけに協議は長引き、一九五六年になってようやく完了した。(47)

以上のように、一九二〇年代〜三〇年代のナヴァホ評議会の創設・改組の経緯を踏まえると、「インディアン・ニューディール」を標榜した諸改革の要であった「自治政府」構想の弱点は明らかであろう。それは、権限の一部が連邦政府から部族評議会《トライバルカウンシル》に委譲されることを要求する先住民側の権利要求は、連邦政府側の裁量権と矛盾しない範囲でのみ承認されていたに過ぎなかったという点である。ナヴァホの事例に即していえば、改組後のナヴァホ評議会は、家畜削減政策に関してはインディアン局との法廷闘争も辞さないなど、旧評議会と比べて、民意をより忠実に反映していた。けれども、同評議会の決議に対してインディアン局は拒否権を有するなどの点で、ナヴァホ側からみれば、改組後の評議会も「自治政府」とは程遠いものであった。ホウク（Houck）地区の住民がモーガンに宛てた書簡（一九三六年八月二日付）は、当局の掲げる「自治政府」構想と現実の矛盾を次のように指摘している。

コリア氏は私たちがウィーラー・ハワード法案［再組織法案］に賛成して自治を行うことを望んでいたが、私たちがこの法案を否決すると、彼は腹を立てたのです。…中略…自らを治めるべきであるといっておきながら、それをどうやって実現すべきかをコリア氏がいちいち指図するのはおかしいと私たちインディアンは考えています。なぜ彼は、一方で彼自身が望むとおりにあれこれ指示しておきながら、他方で私たちをはぐらかして、あたかも私たち自身が取り仕切っているかのように信じ込ませようとするのでしょうか。(48)

家畜削減政策という痛みを伴う政策について、コリアは、一九三四年という初期の段階からすでに、「ナヴァホ自身の選択を通して自発的に」成し遂げることができるかどうかの試金石となると考えていた。[49] ナヴァホ評議会の同意を得ることにこだわり、激務の合間をぬってナヴァホ保留地に何度も足を運んだのも、正しい情報を的確に伝えて「自発的」な決断を促すためであった。第II部でみたように、一九三〇年代以前の連邦議会や連邦政府においては、いかなる法案や施策であれ、先住民側の代表と事前に協議することはなく、その必要性もないと考えられていた。このことを鑑みれば、先住民側の主体性・自発性への配慮がみられた一九三三年以降の新方針は、極めて斬新であった。とはいうものの、実態としてナヴァホの人々からみれば、警官のみならず軍人まで登場する施策や訴訟による「交渉」には、「自発性」などありえなかった。そして人々は、改組後の新評議会に対しても、同工異曲の「ナヴァホ評議会」とみなして不信感を強めていったのである。

## 3　寄宿学校対通学学校論争

インディアン局にとって、物議をかもした家畜削減政策に加えて、もう一つの「ナヴァホ問題」があった。それは、他の先住民集団と比べて、ナヴァホの就学率が著しく低いことであった（表6-1参照）。この積年の課題と家畜削減の「補償」を兼ねて、インディアン局は通学学校増設策（「コミュニティースクール」構想）を強力に推し進めていった。そしてこの教育政策においても、インディアン局とナヴァホ指導層の見解の乖離がみられた。以下では、教育政策をめぐる論争の内容とその意義を解明する。その作業を通じて、学校教育のもつ統合機能やその限界が明らかになるだろう。

**表6-1** ナヴァホの就学者数・就学率（概算）

| 年 | 人　口 | 6-18歳の人口 | 内就学者数 | 就学率(%) |
|---|---|---|---|---|
| 1868 | 9,000 | 3,015 | 0 | 0 |
| 1878 | 11,850 | 3,970 | 0 | 0 |
| 1888 | 18,000 | 6,030 | 35 | 0.05 |
| 1898 | 20,500 | 6,867 | 185 | 3 |
| 1908 | 22,600 | 7,571 | 770 | 10 |
| 1918 | 30,000 | 10,050 | 1,881 | 19 |
| 1930 | 42,000 | 14,070 | 5,719 | 41 |
| 1940 | 48,722 | 16,321 | 6,164 | 38 |
| 1950 | 69,000 | 23,115 | 12,751 | 55 |
| 1955 | 80,000 | 27,752 | 23,679 | 85 |

出典）Robert W.Young, comp. and ed., *The Navajo Yearbook*, no. 8 (Window Rock, Ariz.: Navajo Agency, 1985), 356より作成。

『メリアム・レポート』の教育専門官であったカーソン・ライアンは、インディアン局教育部長に就任した一九二九年以降、寄宿学校にかわり通学学校の増設を進めていた（第5章参照）。ナヴァホ保留地においても、ライアンは、通学学校を増設することで就学率の向上と教育環境の改善を促す方針を打ち出していた。一九三三年一〇月のナヴァホ評議会に出席したライアンによると、作業所や診療室を併設した新しい通学学校は、子どもだけでなく成人のための「真のナヴァホ・コミュニティースクール」となることを期待されていた。そしてその学校では、土壌保全からナヴァホの歴史・工芸にいたるまで日常生活の向上に役立つ知識を学ぶことができるという[50]。次いで一九三五年二月の連邦聴聞会では、コリア自らがこの「コミュニティースクール」構想を披露し、とくに就学率の低いナヴァホ保留地で重点的に実施する考えを示していた。コリアによれば、通学学校の建設によって雇用が創出されるのみならず、土壌保全プログラムなどの実施拠点や飲料水・電気の唯一の供給源として生活改善の拠点として活用できるなど、いいこと尽くめだった[51]。早速、地元で調達された木材などの資材と労働力を活用して、一九三五年末までの一年間で四三校の通学学校がナヴァホ保留地内に新設された。これらの新設校舎のなかには、学校と地域社会の心理的距離を狭めるとの触れ込みで、ナヴァホの伝統的な住居であるホーガンに似せた校舎もあった[52]。

インディアン局は、就学率の向上もさることながら、学校において、ナヴァホの人々が自文化の価値を再認識し活用する機会を提供する必要があると考えていた。そのため一九三四年一〇月には、農業、土壌保全、ナヴァホ語、ナヴァホの歴史と工芸といった分野の講師を育成するために、五〇名のナヴァホを対象としたインディアン局主催の公共事業研修会が開かれた。またいくつかの学校では、一九世紀末頃から主要な現金収入源となっていた毛織物（絨毯やタペストリー）や銀細工の講座が開講され、品質の向上やデザインの改良を通じて収入増加を促す試みがなされた。(53)

これらの文化関連事業の一環として注目すべきは、インディアン局主導で行われたナヴァホ語の正字法の確立である。この施策に対しては、行政的観点からの要請があった。インディアン局の改革推進派にとって、自信作である再組織法が最大の人口を擁するナヴァホによって否決されたことは、大きな衝撃であった。もちろん、同法の採択に関する住民投票が家畜削減政策の実施と重なってしまったという不運はあった。とはいえ、約九〇パーセントのナヴァホの成人が英語を解さないという状況において、これから諸改革を進めていく上で、意思疎通の手段の確立が是非とも必要であると考えられたのである。(54)

ナヴァホ語の正字法が確立した一九三七年には、早速、「コミュニティースクール」構想を説明するためのポスターが作成された。図6-1は、その一例である。「通学学校は女性の役に立ちます」という標語がナヴァホ語と英語で併記されている。母親を味方につけることで就学率の向上を図りつつ、衛生面での指導を兼ねようとするインディア

**図6-1**　通学学校を奨励するポスター

注）ポスターの下側には，上のナヴァホ語の標語と対応して，"The Day School Helps the Woman with Many Things" と書かれていた。

出典）Willard W. Beatty, "Indian Education in the United States," *Indians at Work* 8, no. 8 (April 1940): 40.

ン局側の意向をうかがうことができる。また当時の通学学校は、児童を対象とした学科教育よりも成人教育や諸施策の実施拠点としての役割を期待されていたことがわかる。こうしたポスターの作成に続いて、英語とナヴァホ語併記の初等読本やナヴァホ語の新聞もインディアン局によって刊行された。(55) 諸改革の趣旨や具体的内容を正確に人々に伝えるためには、ナヴァホ語と英語併記のポスターや新聞は不可欠な媒体だった。

では、「コミュニティースクール」構想は、現地ではどのように受け止められていたのだろうか。首都ワシントンでは一石二鳥と称えられていたのとは対照的に、「コミュニティースクール」構想に対する地元での評判は芳しくなかった。たとえば、一九三五年二月の連邦聴聞会において、J・C・モーガンは、「村落に定住する農耕民のプエブロ」とは異なり、放牧という生産文化をもつナヴァホの場合、現時点では、通学学校は非現実的であるとの考えを示していた。ナヴァホ保留地では道路が整備されていないため、仮にスクールバス運行の予算がついたとしても、悪天候時にはバスの運行は不可能という物理的な問題が残されていたからである。それに対してコリア局長は、全米各地の「白人の農村」と同様に、ナヴァホ保留地内にも、まばらではあっても「一定の集住地区」は存在していると反論した。(56) けれども、すでに第2章でみたように、通学学校という形態は、当時のナヴァホの生産文化には適合的ではないというのが地元での常識であった。ナヴァホ評議会においても、一九三四年七月の段階ですでに、「コミュニティースクール」構想の実現可能性に対する懸念が表明されていたほどである。(57)

学校の形態に加えて教科内容についても、ナヴァホ側からは、モーガンを筆頭に批判の声が上がっていた。具体的な争点は、ナヴァホの言語や文化を学校で教えることの是非であった。一九三五年二月の下院聴聞会において、モーガンは、「東部の大学から派遣された研究者」が保留地に数カ月間だけ滞在した後、ナヴァホの言語・文化の専門家としてインディアン局に雇用されていることに異議を唱えた。そして、「これらの白人の先生がナヴァホ語を教える資格があるかどうかは、ナヴァホ自身が彼らに試験を課して採否を決定するというのが唯一公平な手段ではないか」との疑問を投げかけた。さらにモーガンは、地元の有力紙などにおいて、自称ナヴァホ語専門家を非難しつつ、学校では「われわれが知らないことを学ぶべきである」との主張を繰り返していた。こうした発言をしたモーガンの真の動機は、「主流文化への同化」を教育目標から外したコリアを批判することであったものの、ここでは、学校は何を学ぶところかというモーガンが提起した問題に注目したい。モーガンは、学校におけるナヴァホ語の使用によって、子どもたちの英語習得が阻害され、将来生計を立てる上で不利になるのではないかと問うたのである。(58)

さらに一九三七年六月の上院聴聞会では、モーガンらが「約二万七〇〇〇人のナヴァホを代表して」出席し、通学学校ではなく寄宿学校を求める決議書を提出した。この代表団の顧問弁護士であるポール・パルマーによれば、通学学校の問題点は、保留地の現状に合致していないことに加えて、基本的な読み書き・算術がおろそかにされていることであった。そして、「コミュニティースクール」構想を支えた「進歩主義教育の理論」を標榜したカリキュラム改革は、実際のところ、単にナヴァホの「伝統的な」踊りや遊戯が場当たり的に取り入れられたに過ぎないとの苦情が寄せられていると訴えたのである。(59)

モーガン派による通学学校批判は、家畜削減政策への不満と結びついて政治的な様相を帯びるようになった。一九三八年一月には、ある地区を代表したボブ・マーティンらが連邦議会に嘆願書を送り、通学学校生への制服支給を再開するように訴えた。実は、通学学校における制服支給の停止は、予算計上の際の単純なミスを穴埋めするための苦肉の策であった。しかし、理由を知らされていないナヴァホの人々にとっては、「唯一の生活手段である羊を削減させた直後に、制服支給の廃止とはあまりに不公平」な措置であった。(60)そして、子どもを通学学校に通わせないことで、抗議の意を表す者が続出したのである。また、通学学校そのものには反対していない人々のあいだでも、当時の困窮を極めた状況のなかでは、せめて最低限の衣食住が保障される寄宿学校のほうが望ましいとの意見が増えつつあった。反通学学校キャンペーンは、コリア批判のためのモーガン派の常套手段ではあったものの、削減政策により逼迫した家計の負担減という観点からも、寄宿学校を求める声が高まっていたのである。

他方、保留地に駐在しているインディアン局職員からみても、「コミュニティースクール」構想の実現は、何よりも物理的に困難であると考えられていた。その理由の一つは、水源の確保のための予算がほとんどなかったことである。とくに、土壌回復と緑化を目論んで恣意的に集住地から離して校舎を建設したところでは、井戸が枯渇し、数カ月後には施設が使用できなくなるといった事態が頻発した。第二に、ナヴァホ保留地内においては道路建設計画がほとんどなかったことも、「コミュニティースクール」構想の実現を阻む要因であった。ナヴァホの居住形態をみれば、通学学校の運営のためには道路の建設は必須であった。ところが、インディアン局は一九三七年と四〇年の二度にわたり、自然環境保護地域に関する行政命令を通じて、全国の保留地の一部の開発を抑制する方針を打ち出していた。その目的は、舗装道路建設による自然破壊を阻止することであった。首都ワシントンの方針に対し、ナヴァホ所管のインディアン局職員ジョージ・ボイス（George A. Boyce）は、「コミュニティースクール」構想を掲げて通学学校を増設しておきながら、その運営に不可欠な道路建設を抑制するという当局の方針は「妄想と逆説に満ちている」と、苛立ちを隠さずに回想している。[61] ボイスのような現地駐在員もまた、首都ワシントン発の総花的な改革案と現実のギャップを日々経験していたのである。

一九三〇年代にナヴァホ保留地内に設立された五〇数校の通学学校は、三五〇〇名に教育の機会を提供するはずであった。しかし実際には、定員は半分程度しか満たされなかった。その要因として、あるジャーナリストは、コミュニティーなる概念自体がナヴァホ社会には存在していないと指摘し、「インディアン局は、学校で裁縫や洗濯をする成人の数を数えて、これが真のコミュニティーサービスなどと息巻いている」と非難した。[62] その後、次第に戦時体制へと移行するにつれ、予算と人員の不足は深刻になっていった。外壁が剝がれ落ちた校舎や故障したスクールバスなどが放置されるようになり、「コミュニティースクール」構想は、事実上、数年で破綻した。大戦中、かろうじて閉鎖を免れた学校では、教職員と予算の不足が深刻化したため、高校卒業資格を有するナヴァホが補助教員として多数採用されるようになった。また、一部の通学学校においては、地元住民から引き続き学校を運営するよう要請があったため、簡易宿泊施設を設置して、その要求に応えようとの試みがなされた。ところが、首都ワシントンのインディアン局は、通学学校の敷地内には、たとえテントであろうといかなる宿泊施設も認めないという原則に固執し続けたという。当時のインディアン局では、寄宿学校は過去の教育政策の失敗の象徴とみなされていたからである。結局、地元の人々が自主的に運営することを条件に、一部の通学学校で敷地外に宿泊施設が設置されることになった(63)。

家畜削減政策によって、ナヴァホ社会に蔓延していた不満と絶望を「外の世界」へと向かわせる契機となったのが、皮肉なことに、一九三九年に勃発した第二次世界大戦であった。ナヴァホの人々のあいだにも、次第に、短波ラジオを通じて大戦の情報が広まり、人々はいつしかヒトラーを「口ひげのにおいをかぐ奴」、ムッソリーニを「瓢箪あご」といった渾名で呼ぶようになったという(64)。さらに一九四〇年には徴兵制が導入され、戦争はますます身近なものとなっていった。

有事の際の兵役義務は、「十全なる市民」が果たすべき義務の根幹とみなされる。第4章で述べたように、一九二四年には全ての「インディアン」に市民権《シティズンシップ》が付与されたものの、「インディアン」という法的地位も維持されてきた。ただし、「インディアン」(という法的身分を付与された集団の成員)の兵役義務に関する成文法は存在していなかった。したがって、「インディアン」に兵役の義務はないとの主張も故無しとはいえなかった。事実、ニューヨーク州の先住民イロクォイは、「インディアン」への徴兵制の適用は違憲であると主張して訴訟を起こした。

また南西部でも、「インディアン」には徴兵の義務はないと報道する新聞もあった(65)。

法的な根拠は不明瞭であったにもかかわらず、多くの先住民が志願あるいは召集に応じたことは、広く知られている。その理由として、戦士を尊重する尚武の気風などの文化的要因を挙げる研究者もいる(66)。しかし、①寄宿学校において、兵役への志願を斡旋したり徴兵の手続き代行を行っていたことや、②経済的困窮を従軍の動機として挙げる人々が多かったことなどから、諸制度や諸施策が「インディアン兵士」を創り出した面を看過してはならないだろう。また、占有地をもつ「インディアン」ならではの郷土を守るという感覚もあった。軍務は「自分たちの土地と人々を守るため」であったとナヴァホのコーズィー・スタンレー・ブラウン（Cozy Stanley Brown）が述懐しているように、誇りを持って任務を全うした兵士も多かった(67)。

ただし、「インディアン」に対する徴兵制の適用には、実務面での問題もあった。たとえば、地元の徴兵委員会に集まったナヴァホの多くが、英語力不足や結核等のため、語学試験や健康診断で不合格になった。選抜徴兵局によれば、一八歳から三五歳までのナヴァホの男性の八八パーセントが「無学」（英語での読み書き能力不足）であった(68)。また一九四〇年までは、学歴不足を理由として入隊が拒否されるケースもあった。ダン・ベナリー（Dan S. Benally）によれば、一九四〇年に「行きたくないところに配属されるのを避けたかったから」海軍と海兵隊に志願したが、当時は「二年以上の大学教育」が入隊条件であったために拒否された。その後、この条件が緩和されたため、一九四二年、ベナリーは海軍に召集されることになった。二年前の出来事で自尊心を傷つけられたため「最初は頭にきた」ものの、徴集に応じたという(69)。

徴兵の基準設定は、当然ながら極めて政治的なものである。一九四〇年一二月、アリゾナ州・ギャラップ（Gallup）の徴兵委員会は、英語力のないナヴァホは選抜徴兵制の対象としないと発表した。それに対し、ナヴァホ側と州知事は、それぞれ異なる見地から反対の意を表明した。一方のナヴァホ評議会議長モーガンは、英語力によって徴兵制の適用外となるのは差別的であるとして抗議し、英語力不足を補うために、ナヴァホのみの部隊でしばらくのあいだ訓練するという代替案を提示した。他方、ニューメキシコ州のジョン・マイルズ（John Miles）知事は、モーガンとは異なる理由で徴兵委員会の決定に異議を唱えた。仮に同委員会の決定に従った場合、実際に徴兵資格を満たすのはナヴァホの甲種合格者のうちの五パーセントのみとなる。マイルズによれば、「これでは白人の登録者への負担が大きすぎる」との不満が多くの有権者から寄せられているのだった。これらの抗議を受けて、ギャラップの徴兵委員会は、英語の補習を行うことを条件に前述の決定を撤回することになった。(70)

このように、「インディアン」に対する徴兵制は、その法的根拠は曖昧なまま、政治的判断によって実施されたところに特徴があった。なお、「インディアン」/「市民」という法的地位と徴兵制については、終章で改めて検討する。

家畜削減政策と第二次世界大戦を契機として、ナヴァホの人々の学校観は大きく変わることになった。その背景には、大戦中のナヴァホの人口約五万人のうち、三〇〇〇人弱が従軍し、銃後では一万人弱が軍需産業に職を得たため、前例のない規模で保留地外へ人口が流出したという事情があった。以下では、主に連邦聴聞会におけるナヴァホ指導層の発言に基づき、一九四〇年代以降の学校教育観の変化についてみてみよう。

一九四六年五月には、ナヴァホの代表団を迎えて、連邦上院で聴聞会が開かれた。議題はナヴァホの学校教育問題である。一九四六年現在、ナヴァホの平均就学年数は、先住民全体の平均就学年数五・七年と全米平均八・四年に対して一年未満と極端に低かった。しかも、就学の機会が全く与えられていない先住民の約六四パーセントがナヴァホであった。この現状に対して何らかの対策を講じる必要があるとの考えは、ナヴァホの代表団、連邦上院議員、インディアン局の官吏如何を問わず、すべての出席者が共有するところだった。(71)この聴聞会では、最初にチー・ドッジが参考人として招致された。ドッジによれば、一八六八年の条約にもかかわらず、未だに一万四〇〇〇人が学校教育を受ける機会を与えられていないため、若者も「われわれ年配者と同じく無学で保留地の外の世界で競合する力がないままでいる」という。そしてドッジは、若い世代にとって英語運用能力は「生きていくために必須」であるから、過去一二年間何ら成果を挙げ得なかった通学学校を寄宿学校に変えるよう要請した。続いて、スコット・プレストン（Scott Preston）は、第二次世界大戦中、英語力がなかったために不利だと感じた人が多かったことや、現在では「この先、もはや家畜のみでは生計を立てることはできず、別の方法を探さなければならない」との危機感が保留地内に広がっていると訴えた。また、提出書類の一つであるナヴァホ退役軍人会の決議書は、退役軍人の多くは初等教育を修了していないために復員兵援護法の恩恵を受けることができないという「この嘆かわしい現状」を即刻改善するよう強く求めていた[72]。

ナヴァホの代表団による演説は、連邦議員や政府関係者の関心を大いに引き付けたようである。一九四四年一一月の下院聴聞会においても、ナヴァホの代表が学校教育に関して発言する機会を与えられた。まずスコット・プレストンは、家庭とのつながりを重視する通学学校の理念には賛成するが、現時点では、道路の不備など物理的な問題ゆえに非現実的だと主張した。注目すべきは、通学学校の教材としてナヴァホの慣習や言語を実験的に取り入れたことに対し、批判的な発言が相次いだことである。プレストンは、今後は「すでにナヴァホが知っているもの以外」に関する教育が必要であり、「われわれは白人のやり方を学ばない限り、先に進むことはできない」と訴えたのである。続いて、副議長のサム・アケアは、羊の放牧で生計を立ててきた年輩のナヴァホとは異なり、若い世代が羊なしでやっていくためには、学校教育は必須であると主張した。保留地の一地区の代表者ロジャー・デイヴィス（Roger Davis）は、経済的に逼迫した現況では、ナヴァホの若者は今後、共通語である英語を習得しなければ「ワシントンで陳情すらできない」と訴えた。さらに、「進歩主義教育と称して導入された新しい教科内容」は予算の浪費でしかないと主張する嘆願書も提出された[73]。

ここで留意すべきは、ナヴァホ側の代表者の大半が、家畜削減政策と英語習得・初等教育の普及を必ず結びつけて論じていたという点である。したがって、ナヴァホのあいだで英語と「白人のやり方」への関心が急速に高まったことをもって、勝戦に伴い同化志向が強化されたと短絡的に断じることはできない。なぜなら、ナヴァホ指導層を驚愕させたのは、一九四五年時点での平均年収一二〇〇ドルが四七年に四〇〇ドルに激減したことよりもむしろ、困窮者への生活保護資金を連邦政府に対して要請しなければならなくなったという事実であったからである。(74)もちろん、いつの世にも困窮者は存在していた。しかし、従来ならば、ナヴァホの「リコ」が働き口や食糧を供給する相互扶助システムが機能していたため、連邦政府には一切頼らずに、保留地内で糊口を凌ぐことができた。それがいまや、連邦政府による生活保護という、ナヴァホの人々にとっては前代未聞のものに依存せざるをえなくなった。こうした状況のなかで、保留地内外での職を得るためには、英語は必須とみなされるようになったのである。

数回の聴聞会を経て、一九四四年九月、内務長官ジュリウス・クルッグ (Julius A. Krug) が現職の長官としては初めて、ナヴァホ保留地を視察に訪れることになった。その後、一九四六年の特別ナヴァホ教育プログラムに続いて、五四年にはナヴァホ緊急教育プログラムが相次いで導入された。なお、一九五〇年代には、連邦政府と「インディアン」との信託関係を解消するいわゆる終結政策がいくつかのトライブを対象に実施された。しかし、そうしたなかでも、ナヴァホに対する予算は大幅に増額され、就学率向上のための教育施策が次々に講じられることになった。そして、保留地外での雇用を想定して、ナヴァホの人々も積極的にこれらの教育政策を支持していった。

本章で検討したことは、以下のようにまとめることができる。まず、一九三〇年代の「自治政府」構想では、保留地における行政官の肥大化した権限を制御すべく、一定の権限を有する部族評議会《トライバルカウンシル》の存在を想定していた。理論的には、部族評議会《トライバルカウンシル》は、「集団を外部の決定から保護」するために、主流社会に対して何らかの権利要求を行う役割も担うはずであった。ところが実態としては、各地の部族評議会《トライバルカウンシル》にはそうした権利要求を行う権限も手段も与えられていなかった。その典型が当時のナヴァホ評議会であった。ナヴァホ評議会には、家畜削減政策という「主流社会の経済的・政治的決定」に対して、異議を唱えたり代替案を提示する権限は与えられていなかったのである。したがって、ナヴァホ評議会の評議員の多くが、「自治政府」の名のもとに、事態を収拾する責務だけが押し付けられたと反発したのは無理からぬことだった。たとえば、一九三四年三月のナヴァホ評議会において、フレッド・ネルソン（Fred Nelson）評議員は「最終的な権限は連邦政府にあるのだから、なぜ、当局の責任で羊の削減を断行しないのか」と主張し、ナヴァホの「自主性」や「自治」と称してナヴァホ評議会に責任を転嫁するインディアン局を批判した。こうした不満こそ、立場の違いにかかわらず、大半の評議会議員や住民が共有していたのだった。(75)

家畜削減政策が引き起こした混乱のなかで、ナヴァホ社会における学校の役割も大きく変化することになった。とりわけ注目すべきは、ナヴァホ社会内部において、英語を含めた「学校が伝える文化」への関心が急速に高まったという事実である。これは、一九二〇年代後半までは、学校という機関に拠らず次世代を育成する「一対一の実地訓練方式」が機能していたことを鑑みれば、極めて対照的な現象であった。こうした変化のなかで、「学校が伝える文化」と（学校に拠らず次世代に伝えられてきたという意味での）「民俗伝承に基づく文化」のあいだの緊張関係に対する現状認識という点について、インディアン局の改革推進派と先住民の指導層のあいだには、つねに懸隔があった。一九三〇年代以降のナヴァホ社会では、それが顕在化したのである。当時のインディアン局が（地縁・血縁関係を断とうとする）従来の寄宿学校制度の「不自然さ」を批判したのとは逆に、前代未聞の危機的状況に直面したナヴァホ指導層は、寄宿学校が「異質な機関」であるがゆえに、それを危機を脱する頼みの綱とみなしたのである。

# 第III部　小　括

第III部では、「インディアン・ニューディール」を標榜した先住民政策改革について、主に保留地における部族《トライバル》評議会《カウンシル》と学校という二つの機関に焦点を当て、改革の内容と意義を検証した。

部族評議会《トライバルカウンシル》については、以下の二点に要約できるだろう。第5章でみたプエブロ評議会の事例からは、当時のインディアン局は、「ある集団が自らの成員に対して行う権利要求」である「対内的制約」の問題（第5章第2節参照）に対して理解を示し、自らの掲げる「自治政府」構想の中で、その権利をどのように擁護するかに配慮していたことが確認された。それとは対照的に、インディアン局は「ある集団が主流社会に対して行う権利要求」である「対外的防御」の問題については、立ち入った議論や具体的な対策は講じなかった。部族評議会《トライバルカウンシル》がたとえ反対したとしても、インディアン局が必要と考える諸改革は、結局のところすべて実施されたのである。その典型がナヴァホ保留地における家畜削減政策であった。つまり、「対内的制約」・「対外的防御」は共に（マイノリティ集団が有する）「集団的権利」であるものの、一九三〇年代の「自治政府」構想においては、後者の問題はほとんど考慮の外に置かれていたのである。

次に、学校に関しては、学校のもつ統合機能に対し、先住諸社会では両義的な対応がとられてきたことが示された。繰り返しになるが、先住諸社会において、「学校が伝える文化」と「民俗伝承に基づく文化」は二律背反の関係にあるわけではない。ただし、自文化の芸術的表現や精神生活にかかわる要素を学校のカリキュラムに取り入れることに対しては、現在でも、多くの先住民のあいだで留保や警戒する動きがみられることを強調しておきたい。

あるいはまた、「主流社会の経済的・政治的決定から大きな衝撃」を受けるなどの困難な局面では、両者の緊張関係が顕在化し、先住社会内においては「学校が伝える文化」の実利的側面が強く認識されてきたことは、留意すべきであろう。両者の緊張関係に対する現状認識という点において、一九三〇年代の諸改革を主導したインディアン局の改革派と先住民側の指導層のあいだには、少なからぬ懸隔がみられたのである。

# 終章

本論でみたように、一九世紀末から二〇世紀前半にかけての南西部においては、「インディアン」と「市民」という二つの法的身分が並存していた。このことが、当該地域の先住諸社会のあり方を規定する基本的要因であった。以下では、本論における論証を踏まえて、「インディアン」や「市民」といった法的身分に付与された権利・義務関係を相互に関連づけながら、特定の権利・義務の生成過程とその歴史的意義について考察を加え、結びとしたい。

## 1 「インディアン・ネイション」の位置づけ

「インディアン」という法的概念は、一八世紀末の連邦法の文脈において創出された。その時点では、先住民が占有・利用してきた土地の取引を合衆国連邦政府が独占的に行うという、連邦政府側の願望を反映したものであった。続いて、特定の先住社会に対して「インディアン」という法的地位を付与し、その「インディアン」の占有地を「保留地」として法的に認定する保留地制度が導入された。それによって、保留地以外の土地を「余剰地」として一旦国有化し、その後民間に払い下げるという法的・行政的措置が確立することとなった。こうした手続きの確立は、「開拓国家を自任してきた」[1]合衆国においては、異国を自国化する作業を円滑に進める上でも必要なことであった。

ところが実態としては、この作業は国家側の思惑通りに進行したわけではなかった。その一因は、「インディアン・トライブ」という法的身分やその占有地の法的な位置づけが曖昧であることだった。実際のところ、「インディアン・トライブ」や「インディアン・カントリー」の法的位置づけをめぐって、建国以来様々な解釈がなされ、しばしば法廷でその正当性が争われてきた。以下では、その代表的なものの一つである一八三一年の最高裁判決(チェロキー・ネイション対ジョージア事件判決)に即して、「インディアン・トライブ」や「インディアン・カントリー」の法的地位に関する争点を整理する。この作業は、法的概念としての「インディアン」を正確に理解するうえで不可欠であろう。

まず、この訴訟の経緯をみてみよう。この裁判は、ジョージア州がチェロキーの部族政府《トライバルガバメント》や裁判所を違法とみなし、チェロキーの占有地を同州の郡《カウンティ》として統合しようとしたのに対し、チェロキー側がジョージア州を相手取って連邦最高裁判所に訴えたことに端を発している。合衆国憲法第三条には、諸外国と合衆国内の州のあいだの訴訟については、連邦裁判所が裁判管轄権を有すると規定されている。チェロキー側は、自らを「外国」(a foreign state)と規定することで、ジョージア州を相手取って連邦裁判所で争うという巧妙な方法をとった。それに対して連邦最高裁は、チェロキー・ネイションは合衆国憲法でいうところの「外国」ではないため、同裁判所はこの事件を受理し審理する権限はないとして、チェロキー側の訴えを退けたのである。

この判決についてのジョン・マーシャル(John Marshall)首席裁判官の意見は、後の判決のみならず、政策論争や法案審議などの場でも頻繁に引用されてきた。そのため、一八三一年の判決において、「インディアン・トライブ」が法的にどのように位置づけられているのかを具体的に把握しておく必要がある。

マーシャルによれば、「インディアン・トライブとその居住地は、われわれのみならず諸外国からも、アメリカ合衆国の主権下かつ領土内にあると認識されていることは疑いの余地がない」。しかしそれと同時に、「インディアンは、インディアンが占有している土地に対して、疑問の余地のない確かな権利を有して」おり、「その権利は、合衆国政府への自発的な譲渡という手段に拠らない限り失効しない」という点も、これまで通り疑いの余地はないという。では、合衆国の領域内にある「インディアン」の占有地とその住民は、法的にどのように位置づけられるのだろうか。マーシャルはこう述べている。

> インディアンと合衆国の関係は、他に比類するもののない独特で非常に重要な特異性によって特徴づけられる。…中略…ただし、合衆国の領土内に居住するこれらのトライブという主体を、厳密な意味において外国（foreign nations）と称すべきであるかどうかは疑わしい。より正確にいえば、それらは国内の従属国家（domestic dependent nations）と称するべきであろう。…中略…合衆国に対するこれらトライブの関係は、後見人に対する被後見人（a ward of his guardian）の関係に類似している。[2]

マーシャルのこの見解は、「インディアン」の法的身分が問題になるときには必ず引用されるほど、後世の研究者のあいだでも広く知られている。[3] ただし、マーシャルは国家と「インディアン・トライブ」の関係を後見—被後見関係に「類似している」（resemble）と述べてはいるものの、「国内の従属国家」や「後見関係」といった概念の意味内容については、この判決文のなかでは明確ではない。[4] そのため、後に多様で相反する解釈が生まれることになる。この点については、自治権と関連づけて後述する。

マーシャルは、「チェロキーは合衆国憲法でいうところの外国であるのだろうか」との疑問を投げかけて、自らこう答えている。「チェロキー・ネイションは、合衆国連邦の一州ではなく、各構成員は外国人（alien）であり、

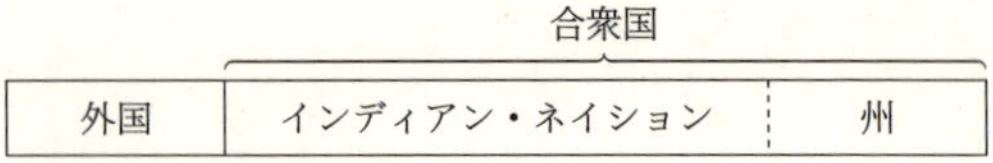


**図終-1**　1831年の最高裁判決にみる「インディアン・ネイション」の位置

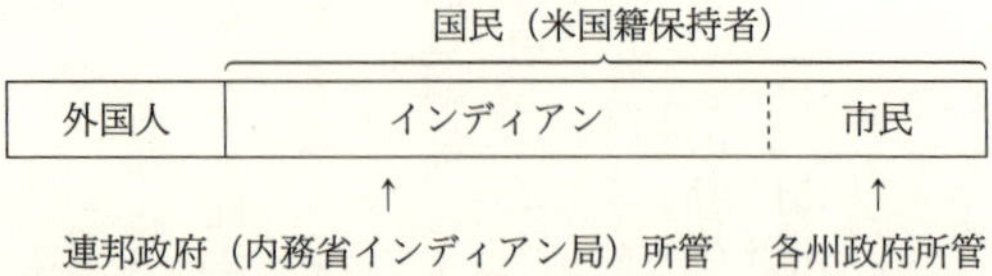


**図終-2**　19世紀の連邦法における「インディアン」の位置

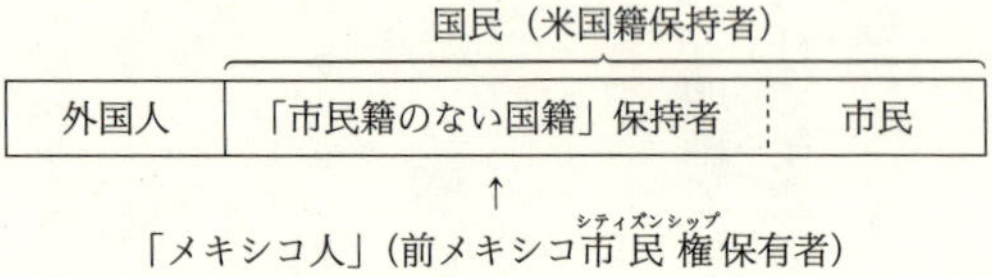


**図終-3**　併合直後の南西部における「メキシコ人」の位置

合衆国に対する忠誠の義務はない。外国人の集合体からなる国家は、外国である」というチェロキー側の主張は、一見すると一理あるようだ。しかし合衆国憲法に照らし合わせれば誤りである、とマーシャルはいう。その根拠は、合衆国憲法第一条の連邦議会の権限を定めた条項のなかの「諸外国との通商、および各州間ならびにインディアン・トライブとのあいだの通商を規律すること」という一文である。マーシャルによれば、「通商を規律するという［連邦議会が有する］権限の対象として、諸外国（foreign nations）、各州（several states）、インディアン・トライブ（Indian tribes）という三つのカテゴリー」が挙げられているが、「もし、インディアン・ネイションが外国ならば、この一項は以下のように書かれたはずである。連邦議会は、インディアン・トライブを含む諸外国と、各州のあいだの通商を規律する権限を有する(5)」。以上の理由から、連邦最高裁は、「インディアン・ネイション」（あるいは「インディアン・トライブ」の占有地）は外国ではないため、この事件を受理し審理する権限はないと結論づけたのである。

一八三一年のこの判決に象徴されるように、「インディアン・ネイション」は、異国／自国という単純な二分法においては、どちらにも当てはまらない「変則」であった。ただし、合衆国の対外目標としては、「インディアン・ネイション」は合衆国でなければならなかった。したがって、「インディアン・ネイション」は「外国」ではないという点では、少なくとも一八世紀前半以降の為政者側としては、ほぼ例外なく、一致した見解に達していたといっていい。図終-1は、この「インディアン・ネイション」の位置づけを図式化したものである。

ここで問題なのは、「インディアン・ネイション」の住民の法的地位である。「インディアン・ネイション」が「外国」ではないとすると、論理的帰結として、その住民である「インディアン」は「外国人」ではない、ということになる。それならば、「インディアン」は「市民」なのだろうか。図終-2は、「外国人」と「市民」のあいだにはさまれた形で創出された「インディアン」という地位身分を示したものである。「インディアン」とは、連邦政府の信託管理下にある土地の住民であり、その占有地を基盤とした政治的共同体の構成員である。それゆえ、少なくとも理論上は、州という政治的共同体の構成員（州民、各州の市民）ではない。もちろん、先住民政策の実態はこうした単純な二分法には収まりきれない。とはいうものの、この図式によって、「インディアン」＝「ある政体の成員」という法的地位は、外国ではないが州とは区別されるという前提と密接に結びついていることは確認できるだろう。

## 2　「移民国家」／「開拓国家」としての合衆国

「インディアン」という法的概念の特質は、先住民以外のエスニック集団の事例との比較によって、より明確になるだろう。

アメリカ合衆国は移民国家である。このことは、合衆国史の概説書では自明の前提とされてきた。そして「移

移民

非正規滞在者 → 正規滞在者 → 永住者 → 市民

正規化　永住権取得　帰化

外国人

**図終-4** 「外国人」と広義の「移民」の差異

注）近藤敦編『外国人の法的地位と人権擁護』（29頁）を一部参照した。

民」は、合衆国における自国史像の形成において不可欠な要因であったのは疑いの余地はない。ここでいう「移民」とは、広義には、「外国に出自のある入国者」を意味する。この広義の「移民」は、居住する国の国籍の有無を絶対視しないという点で、「外国人」（外国に生まれ、外国籍をもつ者）よりも広い射程をもつ（図終-4を参照）[6]。

「移民」概念の利点のひとつは、市民たる権利・義務が伴う地位＝市民権《シティズンシップ》を段階的に捉えることができることである。事実、合衆国を対象とした社会史的・社会学的研究では、国籍の有無を基準とした「外国人」／「国民」という二分法ではとらえられないグレーゾーンの分析が、主要な研究課題として定着している。とりわけ近年の研究では、図終-4に示すように、非正規滞在者、正規滞在者、永住権を取得した永住者、そして市民など、保障される権利内容・課される義務内容が異なる「段階的な市民権《シティズンシップ》」[7]を措定しながら、「市民」からの排除の暴力性が明らかにされてきた。この図式は、一九世紀末以降に「帰化不能」とされ、「市民」となる権利を剥奪されたアジア系移民の事例など[8]、「市民」の境界をめぐる政治力学を検証する際には有効であろう。

ただし、この「移民」概念はある前提に依拠している。それは、「移民」の出身国と合衆国は国境によって隔てられているという点である。この「移民」パラダイムで分析可能なのは、異国から合衆国に入国する「人の移動」である。では、かつての異国が合衆国となった場合、かつての異国の住民の法的身分はどうなるのだろうか。言い換えれば、「人」ではなく「国境」が移動した場合、住民の法的地位はどのような条件や要因によって規定されるのだろうか。この「国境の移動」に焦点を当てると、「移民」パラダイムではしばしば最終目標とされてきた「市民」概念を、別の視角から再検討することが可能となる。さらに、領土拡張という「開拓国家」合衆国を規定する重要な歴史的要因が射程に入ってくるという利点もある。結論を一部先取りしていえば、「移民国家」観に基づく歴史叙述では、「市民」からの排除の暴力性が考察の主な対象となるのに対し、「開拓国家」観に拠れば、「市民」からの排除の暴力性と同時に、「市民」への包摂の暴力性も同時に検討する必要に迫られることになる。

このことを、本書が対象としてきた合衆国南西部の事例に即して整理してみよう。一八四八年のグアダルーペ・イダルゴ条約では、メキシコから合衆国に割譲された土地の住民の法的地位については、「メキシコ人」と「野蛮なトライブ」という二つのカテゴリーが挙げられていた（第1章参照）。この二分法の基準は、原則として、当該地域がメキシコ領であったときにメキシコ市民権《シティズンシップ》を有していたか否かであった。

まず、ある住民が「メキシコ人」であった（と合衆国に認定された）場合を想定してみよう。同条約によれば、「メキシコ人」（併合時にメキシコ市民権《シティズンシップ》を保持していた者）は、「（連邦議会の判断に基づき）適切な時期に、合衆国市民としてのすべての権利を享受する」と規定されている。[9] この「メキシコ人」の法的地位を図式化したのが図終-3である。併合地の「メキシコ人」は、少なくとも併合直後は、「外国人」でもなく「市民」でもない法的地位を付与された。この「メキシコ人」は、対外的には、「外国人」（メキシコ国籍保持者）であってはならず、「国民」（米国籍保持者）でなければならない。しかし、生来の市民と全く同等の権利を即時に付与することもできない。したがって、まずは一旦、「市民籍のない国籍」（noncitizen nationality）を有するという法的地位を付与されたのである。[10]「開拓国家」である合衆国では、先住者の法的地位を、たとえそれが仮のものであっても素早く規定する必要があった。事実、一八九八年の米西戦争の結果、フィリピン諸島、グアム島、プエルト・リコがスペインから合衆国へと割譲された際にも、当該地域の住民は、一旦「市民籍のない国籍」を付与されている。

では、同条約締結時に、「野蛮なトライブ」（併合時にメキシコ市民権《シティズンシップ》を有していない住民）とされた住民に対しては、どのような法的地位が付与されたのだろうか。この点についてはすでに本論で詳述したように、合衆国の法理でいうところの「インディアン」という法的地位が付与されたのである（図終-2参照）。

こうして当該地域の先住者は、「インディアン」と「市民」（厳密にいえば「市民籍のない国籍保有者」）という二つのカテゴリーのもとで再編されることになった。両者はともに、対外的には「国民」（米国籍保持者）でなければならなかった。しかし、併合と同時に「十全なる市民」として処遇することはできなかった。上述の二つのカテゴリーの創出は、合衆国側のこうしたディレンマの所産であった。もちろん、現実の法的地位確定のプロセスは、これほど単純ではない。本論における論証で明らかなように、支配者側といっても一枚岩ではなく、その時々の利害関係によって、特定集団の法的地位についての解釈を変更していた事例は枚挙にいとまがない。ただしここでは、「インディアン」と「市民籍のない国籍保有者」とは、「外国人」ではなく「市民」でもないという点では一見すると類似しているものの、その法的身分の生成過程という点で大きく異なっていることを確認しておきたい。そして、領土拡張の過程で国家側が抱いた願望とディレンマの所産が、国民国家モデルに基づく「市民」／「外国人」の二分法に当てはまらない、「インディアン」という第三のカテゴリーであった。この自ら創り出した法的カテゴリーが「変則的」であるとして、解消しようとする動きが本格化するのは、南北戦争後に国民統合の機運が高まった一八八〇年代以降である。

## *3*　カリフォルニア先住民——否認の暴力

では、「インディアン」や「市民」といった法的地位に対しては、利害関係や局面によってどのような意味や解釈が与えられてきたのだろうか。本節では、本論でみたプエブロ・ナヴァホの事例との比較のため、カリフォルニアの先住民の法的地位の変遷を略述しておこう。カリフォルニアの先住民の大半は、プエブロ・ナヴァホ社会と同時期に合衆国に併合されたにもかかわらず、「インディアン」でも「市民」でもない曖昧な法的身分のまま放置されることになった。したがって、「インディアン」/「市民」といった法的地位にまつわる「権利と義務のモザイク」を次節で検証する前に、カリフォルニア先住民の事例にも言及しておく必要がある。

合衆国による併合直後のカリフォルニアは、同時期に合衆国領となった地域のなかでも、最も多様な先住社会が存在していたことで知られている。ミラード・フィルモア大統領によって派遣された特使は百余のバンドやトライブと接触し、一八五〇年には二〇あまりの条約交渉を終えていた。この条約交渉の主な目的は、他の「インディアン条約」と同様、保留地の画定と「余剰地」の合衆国への割譲に関する合意書を作成することであった。

ところが、これらの条約は上院で批准されることなく、審議過程で文字通り葬り去られることになった。条約交渉後のおよそ五〇年間にわたり、連邦上院の極秘ファイルに入れられて存在自体が封印されたのである。このことは、当該先住民の法的地位が曖昧なまま放置されたことを意味していた。要するに、カリフォルニア州の先住民集団の多くは、国家が認定する「インディアン」ではないとされた。ところが、彼らには市民権《シティズンシップ》は付与されず、「市民」でもない無権利状態に留め置かれることになった。その結果、条約交渉の時点で先住民の占有地として保留された区域においても、法的に保留地が確立されなかったため、非先住民による占拠や「合法的な土地の購入」が頻発することになる（それに対し、行政命令などによって、ごくわずかの保留地が画定されたケースもある）。そして、同条約の極秘扱いが解除された二〇世紀初頭には、カリフォルニア先住民に対する処遇は合衆国先住民政策史の汚点として、連邦議会でもしばしば言及されるようになった。

この状況に対して、州レベルではどのような対応をしていたのだろうか。一八九四年のカリフォルニア州最高裁判所の判決（ピープル対ブレイ事件判決）では、次のような見解が示された。「カリフォルニアインディアンの大半は、ある程度まで文明化されており、明確に部族政府《トライバルガバメント》といえる統治組織を擁している集団はほぼ皆無である」[12]。興味深いことに、同判決では、「部族政府《トライバルガバメント》」の欠如が「未開」ではなく「文明化」・「同化」の度合が大きいことの証とされた（「文明化」概念の恣意性については後述する）。そしてカリフォルニア州では、同州内には「インディアン」（という法的地位を付与された集団）は存在しないとの見解が主流になってゆく。

一九一七年のカリフォルニア州最高裁判所の判決（アンダーソン対マヒューズ事件判決）は、同州内の先住民の法的地位の曖昧さを象徴するものであった。同州のレイク・カウンティーの先住民集団（バンド）について、同判決では、「合衆国との条約は締結していない」ことなどから、当該集団は「ひとつの政体として合衆国によって認定されたトライブ」ではなく、カリフォルニア州ひいては合衆国の「市民」である、とされた。実は、この先住民集団の成員は、連邦政府の信託管理下におかれた割当地（各人に割り当てられた一区画）に住み、居住地への州税は免除されている一方で、連邦政府による「インディアン」を対象とした教育その他の援助を受けていた。しかし同判決によれば、「これらのインディアンに対して連邦政府は学校を設立し、土地を購入して個々人に割り当てているが、このことをもってしても、彼らは独立した自治政府を有する一つのトライブ（a distinct tribe）とはいえない」との判断が示されたのである。この判決では、当該先住民は「市民」であるため、参政権を有するとされた（当時は、実際にその権利を行使する先住民はほとんどいなかった）[13]。

こうしてカリフォルニア州裁判所では、一九世紀末以降の数十年にわたり、同州内の先住民は「市民」であるとの判決が繰り返されることになる。さらにその後、これらの判例は、連邦政府がカリフォルニアの先住民に対する諸業務の提供を停止する際、それを正当化する根拠の一つとされるようになった。たとえば、一九二五年にカリフォルニア先住民の窮状を訴えてインディアン局の援助を求めたロビー団体に対して、内務省インディアン局はこう答えている。

当局が管理している生活保護資金は非常に限られており、それは緊急時に、連邦政府以外から援助を受けることができない保留地インディアン（reservation Indians）のために確保しておかなければなりません。カリフォルニア州の散在するバンド（the scattering bands）は、ここ数十年のあいだ市民（citizens）とみなされており、生活保護を必要とする際には、当局ではなく、地方公共団体や州がその管轄権や責任を負っています。この点では、同じように生活保護を必要としている白人の場合と全く同様です。(14)

要するに、カリフォルニアの先住民は民族学的な意味で「インディアン」と呼ばれてはいたものの、二〇世紀初頭には、法的な意味では「インディアン」ではなく「市民」であるとの見解が主流となっていた。そして現実には、連邦政府側は当該集団に対しては管轄権がなくなったと主張し、州政府は「市民」であるはずの当該集団に対して各種行政サービスを提供しないという状態が続くことになった。こうして、カリフォルニア先住民の大半は、「インディアン」でも「市民」でもない完全な無権利状態に留め置かれることになった。

以上のように、同時期に合衆国に併合されたにもかかわらず、プエブロ・ナヴァホとカリフォルニア先住民のあいだに、とくに土地保有に関して著しい相違が生じることになった。なお曖昧な法的地位という点では、カリフォルニア先住民は一九世紀末のプエブロと類似している。このことは、併合後のニューメキシコ準州とカリフォルニア州の両州において、「プエブロ＝市民」説と「カリフォルニア先住民＝市民」説（ゆえに居住地の不動産所有と売却が可能）が唱えられていたことからも明らかであろう。つまり両者は共に、支配が最も発揮しやすい「市民でもなくインディアンでもない」曖昧な法的地位におかれていたのである。にもかかわらず、カリフォルニア先住民に対しては、保留地の画定という連邦先住民政策の基本方針はあっさりと放棄された。さらに連邦議会は、交渉を終えた条約を批准せずに葬り去った。なぜだろうか。

その最大の理由としては、地元の対先住民感情が大きく異なっていたことが挙げられる。ゴールドラッシュによって人口が急増したカリフォルニアは、先住民に対する差別意識が極めて強いことで知られていた。たとえば、一八八六年の連邦最高裁判決（合衆国対カガマ事件判決）には、次の一文がある。「地元住民の敵意ゆえに、同州の市民は彼ら（カリフォルニアの先住民）にとって不倶戴天の敵となっている」[15]。一攫千金を狙う一旗組の比率が高いカリフォルニアでは、様々な資産価値を生み出す金の卵である土地を「インディアン・トライブ」の占有地として保留することに対して、激しい抵抗があった。そしてカリフォルニアでは、急激な人口流入によって短期間のうちに州昇格条件が満たされる一方で、相対的に人口が少ない先住民に対しては連邦上院での条約締結も頓挫し、事実上の放置政策が採られることになった。もちろん、同時代のニューメキシコ準州（現在のニューメキシコ・アリゾナ両州）においても、プエブロ居住地周辺を中心に、土地の争奪戦は激しさを増していた。しかし、天然資源に乏しく肥沃な土地も限られていたニューメキシコでは、土地そのものの市場価値は低かった。加えて、人口の流入が少ないニューメキシコでは、先住民やスペイン・メキシコ系住民の比率が相対的に高く、先住者の去就は無視できなかった。そのため、一九世紀後半の連邦議会では、同州のメキシコへの返還論も囁かれていたほどであった[16]。

## 4　「インディアン」と「市民」のはざまで

以上の点を踏まえて、「インディアン」／「市民」という法的地位に伴う「権利と義務のモザイク」を類型化したのが、表終-1である。類型化のための指標として、居住州の参政権、居住地の不動産所有権、居住する土地への州による課税、兵役の義務、インディアン局による教育・衛生・福祉等の行政サービスの受給資格《エンタイトルメント》の五つを挙げ

**表終-1**　「権利と義務のモザイク」の諸類型　1880年代〜1940年代

| 類型 | 州の参政権 | 居住地の不動産所有権 | 居住地への課税（州税の納税義務） | 兵役の義務 | インディアン局による諸業務の受給資格 | 典　型 |
|---|---|---|---|---|---|---|
| 1 | − | − | − | − | ＋ | 「保留地インディアン」(reservation Indian) |
| 2 | − | ＋ | ＋ | − | ＋ | 土地に関してのみ「市民」として処遇 |
| 3 | − | ＋ | ＋ | − | − | 完全な無権利状態 |
| 4 | ＋ | − | − | ＋/− | ＋ | 割当地の「インディアン」 |
| 5 | ＋/− | ＋/− | ＋ | ＋ | − | 「二流市民」 |
| 6 | ＋ | ＋ | ＋ | ＋ | − | 「十全なる市民」(citizen) |

注）＋は肯定・実在を，−は否定・欠如を意味する。＋/−は，両方の場合がありうることを示す。番号のついた各行は，過去の典型や可能性として起こりうる状態を示す。

ている。参政権と居住地の不動産所有権は、居住州の「十全なる市民」の権利の典型である。それと同時に、「十全なる市民」には義務も伴う。その代表例は、所有する不動産に課される州税の納税義務と有事の際の兵役の義務である。他方、連邦法のもとで「インディアン」という法的地位を付与された政体の構成員は、連邦インディアン局の行政サービスの受給資格を有している。なお、ここでいう居住地とは生活の本拠たる定住地を意味する。現実には、保留地に居住する「インディアン」であっても、保留地外へ一時的に移住するケースも多い（ただし、非先住民が「インディアン保留地」へ居住・移転する自由は、一般的には認められていない）。しかし、本節の上記の目的から、生涯不変で不二の居住地を想定するものとする。

類型1は、連邦法でいうところの「保留地インディアン」(reservation Indian) の典型である。図終-2でみたように、ここでいう「保留地インディアン」とは、合衆国の国籍は有するが、州という政治共同体の構成員ではない「インディアン」（という法的地位を付与された政体の構成員）のことである。州の構成員ではないから、その地位身分に付随する州の参政権は付与されない。それと同時に、保留地内の居住地は州の管轄外であるため、州税である土地税の納税義務は免除される（合衆国憲法でいう「課税されないインディアン」）。ただし、居住地は連邦政府の信託管理下にあるため、「市民」には認められている不動産所有権は個々人には認められておらず、その財産を一存では譲渡・売却することはできない。つまり、「十全なる市民」の市民的権利である「財産を譲渡する権利」に一定の制約が課されている状態である。その一方で、州政府ではなく連邦政府（内務省インディアン局）による教育・衛生・福祉等の行政サービスを受給する資格を有する。この特権は、長年の占有地の一部を合衆国に譲渡し、居住地が信託管理下に置かれることの代償として付与された経緯があった。

これとは対照的に、類型6は、「十全なる市民」(citizen) としての権利と義務を有する地位身分を示している。州の「十全なる市民」であるため参政権を有するが、有事の際には兵役の義務が課される場合がある。不動産を所有する権利などの財産権には制約はない。したがって、自己の財産を譲渡する自由（「財産を譲渡する権利」）も認められている。それと同時に、州内に所有する不動産に課される州税の納税義務も生じる。

合衆国建国時に「インディアン」という法的身分が創出された時点では、「インディアン・ネイション」の構成員（「インディアン」）と州の構成員（州の「市民」）のあいだに一線を画する法理と実態が齟齬をきたすことはほとんどなかった。両構成員は生活空間を共有せず、物理的に接することが少なかったからである。しかし、「インディアン」あるいは「市民」概念の内実は、建国期から領土膨張期を経て、大きな変化を遂げることになる。「インディアン」に市民権《シティズンシップ》を付与するようになった一九世紀末以降の「インディアン」／「市民」概念は、建国期に両概念が想定していた（具体的な権利・義務の）内容と適用範囲をはるかに超えて拡張し、現在に至っている。したがって、「インディアン」かつ「市民」という両義的な法的地位の発展動向と実践過程を探究することは、古典的な「市民」概念の再考を促すことにもなる。本書が「インディアン」／「市民」という地位と実践について注目してきたのは、このためである。

では、一九世紀末以降、「インディアン」という法的地位に付与された権利と義務の具体的内容はどのようなものだったのだろうか。アメリカ史の概説書では、「白人との接触に始まり、白人による土地奪取、ついで強制移住・保留地への囲い込みで終わるといったマスターナラティヴ」を前提とした歴史叙述が散見される(17)。けれども本論で詳述したように、実態としては、ある集団の特定の権利・義務に対して利害関心を抱く支配者側の一勢力が、特定の文脈において、当該集団を「インディアン」あるいは「市民」であると同定し処遇してきた。支配者側は一枚岩ではなく、ときに真っ向から対立する利害関心をもっていた。そのため、当該集団の法的地位は、同時代でも局面や文脈によって「インディアン」／「市民」のあいだを変動することになった。その典型が、本書が対象とした併合地の先住社会であった。これらの先住社会の構成員は、自らが有する権利・義務という観点からみれば、「保留地インディアン」（類型1）と「十全なる市民」（類型6）のはざまにおかれることになったのである。

類型2は、居住地の法的地位が不明確なケースである。州の構成員としては認められておらず、参政権は付与されない。しかし、居住地は「保留地」ではなく、居住者個人が所有権を有している一般私有地と解釈され、州の課税の対象となる。すなわち、土地所有が問題になるときは「市民」とみなされ、参政権が問題になるときは「インディアン」として処遇されたケースである。条約を締結しておらず、法的地位が曖昧な先住社会がこのカテゴリーに相当する。一九世紀末のプエブロはまさにこの状態であった。州（準州）裁判所では、これらの先住社会の成員は「市民」であるとされた。しかし実際は、「市民」としての参政権は付与されないにもかかわらず、財産を譲渡する権利は認められた。さらに、土地税などの納税の義務は課されることが多かった（第1章参照）。

類型3は、類型2の諸条件に加え、連邦政府による「インディアン」対象の行政サービスの受給資格を失ったケースである。これは、「インディアン」との認定はされず、しかも「市民」としても処遇されないという完全な無権利状態である。連邦政府・州政府はともに、当該集団に対しては管轄権はないと主張し、社会保障等の給付は行わない。二〇世紀初頭のカリフォルニア先住民の約半数は、こうした状況に留め置かれていた[18]。

それに対し、居住地は連邦政府の信託管理下にあり、教育・衛生・福祉サービスの提供は連邦政府が行っているが、「市民」の政治的権利の要である参政権は付与されるケースがある。類型4がそれに相当する。一八八七年一般土地割当法（通称ドーズ法）などが実施された後、連邦政府の管理下にある割当地（the allotted land：保留地を当該トライブの成員個人に割り当てた土地）に居住していた先住民の一部は、一時期このような状況にあった（しかし、参政権は実際に行使しなかった場合が多い）。なお、一八八七年一般土地割当法には、土地の割当てを受けた「インディアン」は「合衆国市民」であると宣言する一項がある[19]。ここには、類型4から類型6の状態へ将来的に移行させることで、「インディアン」という法的身分を解消しようとする同法の理念を垣間見ることができる（ただし実態としては、類型3の無権利状態に置かれることが多く、そのことが一因となって一九三〇年代に同法は破棄された）。

二〇世紀前半の二つの大戦期には、兵役の重要性が浮上することになった。第一次世界大戦以前には、州法で「インディアン」の兵役が免除されている場合や、法的には「インディアン」の兵役義務はないとする見解が主流であった。たとえば、当時のカリフォルニア州法では、「モンゴリアンとインディアン」は徴兵の対象から除外されていたという。けれども第二次世界大戦時には、一九四〇年の徴兵制の施行によって、実態としては州レベルでの政治的判断によって、先住民に対しても徴兵制が適用されるケースが急増した[20]。さまざまな権利・義務状況（類型1～5）にあった先住民集団に対して、法的な根拠を欠いたまま、兵役の義務のみは一律に課されることになったのである。このことは、有事の際には、「十全なる市民」ではない人々の有する権利・義務に関しては、法的整合性よりもローカルレベルでの利害関係が強く作用し、政治的判断が優先されることを示唆している。

なお、「二流市民」の状態を示したのが類型5である。第二次世界大戦期のアフリカ系アメリカ人がその典型でである。参政権は付与されていないか、付与されていても実質的に行使できない状態にある。その一方で、「市民」として納税と兵役の義務は課される（あるいは自ら志願することで、その任務を全うする）。ただし、この類型のバリエーションとして、「財産を所有し正当な契約を結ぶ権利」を行使できない状況もあり得る。

以上のような類型化はあまりに整然としすぎており、先住諸社会の多様性を反映していないばかりか、法理と実態の乖離を軽視しているとの誹りは免れないであろう。とはいえ、「インディアン」という法的身分と市民権《シティズンシップ》概念のあいだの緊張関係について、視点の整理には役立つ。

こうした状況のなかで、一九世紀末以降の各州では、市民権《シティズンシップ》を有する「インディアン」がどのような権利と義務を有するのかという点について、従来どおり、場当たり的に決定していくことになる。先住民の法的身分に付随する権利と義務について、様々なパターンが存在していること自体、支配者側の願望や利害関心がいかに多様であったかを如実に物語っている。ただし、各州の為政者側の現状認識には、ひとつの共通点があった。それは、「インディアン」の土地（保留地）が非課税であるという事実であった（なお、土地への州税が免除されるという点では、免税期間や条件については多様ではあるものの、個別土地保有化政策が実施されていた地域の「割当地」においても同様である）。一九二五年の年次報告書のなかで、ヒューバート・ワーク内務長官は次のように指摘している。「インディアンは［保留地の土地に課される］州税を支払っておらず、しかも、州内ではあるが明確な境界線によって隔てられていて州の管轄権が及ばない保留地に居住しているため、州政府は彼らの処遇に関しては無関心である」[21]。

とはいうものの、「インディアン」への市民権《シティズンシップ》付与に伴い、州レベルでは、先住民の土地に対する課税の可能性への関心は高まっていた。とりわけ州内の「インディアン」に参政権を付与した（あるいはすでに付与していた）中西部や南東部の諸州では、各地で「投票には税金がつきもの」（Taxes follows the ballot.）という考えのもとで、州内の郡《カウンティー》官吏が土地への課税のための査定を始めたと報告されている[22]。州政府側の主張としては、表終-1に即していえば、参政権という権利を付与するならば、納税の義務も果たしてもらわなければ納得できず、最終的には類型6の「正則」にもっていくべきだというものであった。当時の各州では、州内の公立校への「インディアン」の受け入れや保留地外で罪を犯した「インディアン」の収監を拒否するケースが頻発していた。それは、「インディアン」に対する差別意識のみならず、各学区や郡《カウンティ》の負担増を避けたいとのコスト論的観点からの意向が強く働いていたからである。(23)

また南西部の諸州では、保留地に加えて軍事基地や国有林などの連邦所管の土地が多いため、州の財源である土地税収入が少ないことへの不満がつねにあった。道路や橋の建設などのインフラ整備や公教育に充てるべき財源が増えず、慢性的な財政負担を強いられていたからである（第4章参照）。こうした状況のなかで、ニューメキシコ・アリゾナの両州は、保留地の土地が非課税ならば、その住民（「インディアン」）に対して選挙権を付与する必要はないとの方針を貫いていた。ところが、戦時体制となるや否や、「白人市民」への過重な兵役負担を軽減すべく「インディアン」の徴兵を積極的に支持したのは、当の州政府であった。要するに、両州政府は州内の「インディアン」に対して、「市民」としての権利である参政権は否認しつつ、「市民」としての義務である兵役の義務については、法的根拠は曖昧なまま政治的判断によって率先して課したのである。このように、州レベルでの先住民政策の特徴を一言でいえば、その時々の利害関係によって決まるご都合主義としかいいようのないものであった。

ここで改めて留意すべきは、主に一九世紀後半の併合地の（準）州裁判所の判決では、先住民を「市民」と認定する根拠として、「文明化」という言葉が繰り返し用いられていたことである。第1章でみたニューメキシコ準州裁判所による判決や前節で言及したカリフォルニア州最高裁判決などがその一例である。ある先住民集団を「インディアン」ではなく「市民」と認定することで、占有地を「保留」する必要がなくなる。さらに個々人には財産権を有する「市民」として、「財産を譲渡する権利」(24)などの諸権利が付与される。そうすれば、不動産を含めた財産を譲渡するか否かは個人の自由であり、そこに連邦政府や連邦議会が関与する余地はなくなる。そのために意図的に用いられたのが「文明化」という言葉であり、ある集団は「文明化」されているから「インディアン」ではないという論法であった。

従来の研究では、「先住社会＝未開社会」観が先住民の占有地を含む「荒野」の開拓を正当化する「明白なる天命」の根底にあったと指摘されてきた。(25) たしかに、土地の略奪や不法占拠といった行為は、先住民への蔑視や差別意識があってはじめて正当化されるものである。けれどもここで注目すべきは、法廷では、「文明化」しているからもはや「インディアン」ではないという論法で、一方的な保留地制度の解体が正当化されてきたという点である。つまり、ある集団が「十分文明化されている」と認定することによって、「インディアン」という法的地位に付随する権利（土地の占有権やインディアン局の行政サービス等の受給資格）を剝奪する根拠とされたケースもあったのである。ただし、すでにみたように、「文明化」の度合を測る指標は、立ち居振舞いや服装、英語運用能力、キリスト教への改宗、居住形態に至るまで、論者や立場によってさまざまであった。それらの優先順位まで考え合わせると、「文明化」の内実については一定の共通了解すらなかったと言っていい。以上のように、先住民政策の文脈における「文明化」とは、州・連邦の為政者側の広範な裁量を可能にする巧妙な表現であった。「文明化」という言葉によって、法的地位の認定の際の根拠・基準を示す必要がなくなり、ときには、為政者側による裁量権・定義権の濫用が隠蔽されてきた事実を看過してはならないだろう。

## 5　市民権《シティズンシップ》概念の再検討

このように、「インディアン」という法的地位に付随する権利・義務関係の具体的内容を決定する普遍的原理は存在しない。そして、「インディアン」への市民権《シティズンシップ》の付与とは、具体的に何を意味するのかは必ずしも自明ではないのである。本節では、本論で取り上げた事例に即して市民権《シティズンシップ》概念を再検討する。

一九世紀末以降、「インディアン」への市民権《シティズンシップ》付与がさまざまな観点から論議されるようになっていた。その背景には、割当地の「インディアン」は「市民」であると宣言した一八八七年一般土地割当法が一部の先住社会に対して施行されるなど、「インディアン」/「市民」の二分法は実態にそぐわなくなってきたという事情があった。けれども一九二四年の市民権《シティズンシップ》法の成立は、それ自体では、先住民の法的地位にまつわる複雑で曖昧な権利・義務関係を解消するものではなかった。同法では、市民権《シティズンシップ》の付与によって、連邦政府の信託管理下におかれてきた「トライバルな財産」に付随する権利は侵害されないと明記されていたからである。

それでは、「インディアン」に対する市民権《シティズンシップ》の付与には、どのような意義があったといえるのだろうか。以下では、市民権《シティズンシップ》付与後も保留地を典型とする「トライバルな財産」を保持してきた「インディアン」に焦点を絞り、①「インディアン」側が市民権《シティズンシップ》の享受に消極的であったこと、しかしその反面、②主に連邦議会において市民権《シティズンシップ》付与後に、「インディアン」の「市民的権利」(civil rights)を侵害する慣行が問題視されるようになったことに注目し、当時の事実関係のなかで市民権《シティズンシップ》概念を多角的に捉えなおしてみよう。

まず、保留地制度が保持されていた地域の「インディアン」の市民権《シティズンシップ》観については、一九二〇年代においても市民権《シティズンシップ》を要求する自発的な動きはみられなかったという特徴があった(第II部参照)。彼らの最大の関心事は、保留地という「トライバルな」財産の保持や土地への非課税待遇などの特権に代表されるように、「インディアン」のみに与えられた権利の擁護であったからである。この代表例が、第3章でみたバーサム法案反対運動におけるプエブロ指導層の動向である。表終-1に即していえば、プエブロ指導層の主張は長年の居住地への占有権等を認めている類型1を「正則」とみなし、類型2の状態にあった時期に生じた土地喪失の補償を求めていたのである。それは、「市民」としての権利・義務の付随する地位身分（類型6）を「正則」とみなす立場からの権利要求とは異なっていた。また参政権に関しても、保留地制度が維持されていた地域の「インディアン」のあいだでは、州の参政権を拒否する動きさえみられた。第1章でみたプエブロ指導層の動向がその典型である。その最大の理由は、「市民」としての参政権獲得の代償として、これまで認められてきた「インディアン」固有の権利が剥奪され、さらに（連邦信託地ゆえに免除されてきた）保留地への土地税が今後は課されるのではないかという懸念があったからである[26]。この一事からは、参政権という「市民」の政治的権利の根幹をなす権利と、「インディアン」のみに認められた土地占有権や自治権などの集団別権利のあいだの緊張関係について、プエブロ指導層は細心の注意をはらっていたことがうかがえる。言い換えれば、当時のプエブロ社会では、「市民」としての諸権利が保証されるようになれば、「インディアン」固有の諸権利は剥奪されるおそれがあるとの共通了解があったといえよう。以上のように、一定の土地の占有権や自治権といった集団別権利を主張する立場からみれば、その権利要求は、「市民」という法的地位に付随する権利の要求とは究極的に両立しない一面があることがわかる。

　もちろん当時でも、「インディアン」という法的身分を放棄した（あるいは過去に放棄させられた）人々や、個別土地保有が常態となっている地域（「インディアン保留地」が解体されて久しい地域）などでは、自発的な市民権《シティズンシップ》要求運動の若干の事例がある。その代表例は、一九一一年から二四年にかけて、先住民への市民権《シティズンシップ》付与を要求していたロビー団体アメリカ・インディアン協会（The Society of American Indians）の活動である。ただしこの協会は、法的な意味での「インディアン」という立場から市民権《シティズンシップ》を要求していたのではないという点に留意すべきである。単純化をおそれずにいえば、同協会のメンバーは、表終-1の類型5の状況から類型6のような「十全なる市民」としての権利を要求していたのである。彼らは、いわば差別解消のために「十全なる市民」への同化を志向したといえるだろう。

市民権《シティズンシップ》付与に対する「インディアン」側の警戒心とは対照的に、一九二〇年代の連邦議会においては、「インディアン」の市民的権利に関する論議が高まっていた。保留地においては、長年、信教の自由や集会の自由などの基本的人権はインディアン局の内規によって制限されてきた。こうした慣行は、保留地の住民があたかも法的な意味での「被後見人」(後見人による後見を受ける未成年者等の行為無能力者[27])であるかのようにみなし、保留地という変則的な領域での措置として黙認されてきたのである。ところが一九二〇年代には、「インディアン」を所管する内務省インディアン局による人権侵害や違法行為が次々に問題化されるようになった。二四年市民権法の成立自体は、第II部でみたように、便宜的・象徴的意義に限定されていたものの、連邦議会においては同法に言及しつつ「インディアン」の市民的権利を考慮するとの論調がみられるようになった。一九三〇年代の「インディアン・ニューディール」の背景には、一九二〇年代の連邦議会におけるこうした認識の変化があった。ただしそれと同時に、「インディアン」固有の権利と「市民」としての権利の緊張関係に対する現状認識という点では、先住民側と連邦議会のあいだには少なからぬ懸隔があったことは、留意すべきであろう。

「インディアン」固有の権利と「市民」としての権利のあいだの緊張関係は、本書が対象とした二〇世紀前半のみならず、現在に至るまで本質的には変わっていない。この点に関しては、一九五〇年代後半の公民権運動の文脈に即して、他のマイノリティグループと比較するとより明確になるだろう。公民権運動は、他のエスニック・マイノリティや先住民、そして女性などによるさまざまな権利要求運動にも多大な影響を与えたことは周知の事実である。ただし先住民の場合、他のエスニック・マイノリティにはない独自の権利要求が含まれていたことに注意したい。一方のアフリカ系アメリカ人やアジア系マイノリティのあいだでは、少なくとも一九六〇年代半ばまでは、いわば「二流市民」の現状から「十全なる市民」としての権利を要求する動きが主流であった。それは、「人種」「民族」を理由として参政権などの市民的・政治的権利を剝奪されたり、「国籍」(の種類) を理由として「市民」から排除されてきた歴史的経験に根ざした権利回復のための運動であった。

他方、先住民の権利要求には、過去の「インディアン条約」によって認められた自治権や水利権、一定の土地の占有権などの権利が侵害されているとの認識から、「インディアン」という政体の構成員としての権利要求がなされたのである。(28) もちろん、アフリカ系アメリカ人による「人種」差別撤廃運動に連動する形で、都市に在住する先住民を中心として、警察官による暴力や差別などの「二級市民」的な扱いに対する異議申し立てもなされた。彼らも、「人種」・「民族」による差別を日々経験していたからである。にもかかわらず、「インディアン条約」や「インディアン保留地」を基盤とした権利要求は、人種差別撤廃や「十全なる市民」としての諸権利を求める運動とは、究極の目標という点で異なっていた。

これまでの日本における合衆国史研究においては、移民やアフリカ系アメリカ人を分析対象とする研究が多いこともあり、市民権《シティズンシップ》(市民たる権利・義務関係が付着した法的地位) の制約を論じる研究は少ないように思われる。けれども、参政権の付与がある種の支配 (自治権の制限) を伴うのではないかと警戒したプエブロ指導層のように、市民権《シティズンシップ》にも一定の限界があることを認識する必要がある。ある社会学者は、「近年の国民国家論などでは、国民からの排除にたいする批判が行われる度合いにくらべ、国民への包摂がやはり支配の一形態であることが軽視されてはいないだろうか」と指摘している。(29) たしかに、市民権《シティズンシップ》を所与のものとしてきた国民国家パラダイムに縛られていては、先住民の権利要求の本質を理解することはできない。

以上のように、市民権《シティズンシップ》の内実を規定する普遍的原理は存在せず、それがもつ意義や利害は歴史的な文脈や局面によって大きく異なっていた。このことは、国民国家パラダイムにおける「市民権《シティズンシップ》は一つ」という前提自体の再考を促す。「市民権《シティズンシップ》は統一された一つの概念としてみるよりは、アイデンティティや義務と権利のモザイクとして理解」されなければならないのである(30)。

## 6　諸刃の剣としての「インディアン」

以上の論証によって、「インディアン」でもなく「市民」でもない状態にとどめ置かれたときに、支配が最も発揮されてきたことが明らかとなった。また、先住者《ネイティヴ》としての土地の占有権や水利権など、「市民」には認められていない権利を主張する際には、「インディアン」という法的身分にも一定の利点があった。けれども、「インディアン」という法的身分には、その地位身分そのものに内在する問題があったことも事実である。ここでは最後に、「インディアン」という法的地位に内在する問題について、先住民側の自治権と国家側の裁量権がせめぎあう領域である部族評議会《トライバルカウンシル》と学校教育の事例に即して考察する。

### 試金石としての部族評議会《トライバルカウンシル》

一九三〇年代以前の保留地では、内務省インディアン局は、行政権のみならず事実上の立法権や司法権を行使する絶大な存在であった。実態として、インディアン局は、保留地という連邦信託地の管理という本来の業務のみならず、「事実上の法律」を自ら制定して踊りや集会の回数に至るまで人々の日常生活を監視・規制することができ、さらに「法の適切手続」を経ずに人身を拘束する権限すらもっていた。また、先住社会既存の統治組織の正統性を否認し、インディアン局自らが召集・解散する官製の「部族評議会《トライバルカウンシル》」を創設・運営する権限も有していた（第3章参照）。こうした状況が放置された一因は、保留地を所管する内務長官が広範な裁量権を有していたことにあった。裁量権の行使が著しく合法性・妥当性を欠く場合であっても、「インディアン」という「変則的」な地位や保留地という「変則的な」領域での一件として、黙認あるいは正当化されてきたのである。

連邦政府による裁量権の濫用を防ぐためには、それを制御する独立対等の機関が必要となる。一九三〇年代の改革派の構想では、少なくとも理論的には、先住民側の部族評議会《トライバルカウンシル》がその役割を果たすことも期待されていた（第5章参照）。それは、一八世紀以降、侵害される一方であった「インディアン・トライブ」の内政自治権を回復する試みでもあった。ただし、先住民政策における「自治権」という用語は、いまだ確立した権利概念としての共通了解があるわけではなく、その内容は文脈や論者によって大きく異なる。そのため、ここでは一九三〇年代の「自治政府」構想に焦点を絞って考察する。

一九三〇年代の「自治政府」構想については、施行の経緯や実態が先住諸社会ごとに大きく異なるため、その特徴を一言で表現することは難しい。けれども、再組織法のもとでの「自治政府」創設の目的は、連邦政府の傀儡政権を創設することであったという説や、近代個人主義のアンチテーゼとして静態的な伝統的共同体を創出することであったという一部の研究者による解釈については、経験的事実による論証に堪えない[31]。当時のインディアン局の改革派は、積年の植民地支配の所産ともいうべき「プエブロ既存の統治機構」の内部統治能力や外部との交渉力を評価していた。そして、このプエブロ・モデルに基づく「自治政府」を新たな法律のもとで創設し、連邦制のなかに「合法的に」組み込むことにより、現代社会において「インディアン・トライブ」の「自治」の法制度的基盤が確保できると考えていた。そうすることで、その「自治政府」が「内部の異論（たとえば伝統的慣習や習慣に従わないという個々の成員の決断）のもたらす不安定化から集団を保護する」[32]ために何らかの措置をとった場合でも、それは合法的な自治権の行使とみなされる余地を残そうとしたのである。つまり、当時の改革推進派は、「対内的制約」の問題に対して一定の配慮をしていたといえよう。

しかし、連邦制への包摂によって自治を確保するというこの構想の両義性ゆえに、先住諸社会において実施される段階になると、相反する反応と評価が生じることになった[33]。プエブロ出身の人類学者アルフォンソ・オーティスは、一九八三年に開催された「インディアンの自治——再組織法のもとでの五〇年」と題したシンポジウムにおいて、コリアに対する相反する評価が混在している状況について次のように指摘している。

出席者の皆さんが、コリアは不可解な人物であるとの印象をお持ちのようです。それももっともなことです。なぜなら、彼の思想と具体的な施策のあいだには根本的な矛盾があるからです。コリアは、私たちの感情表出や文化的生活、つまり芸術や宗教については、支持・賞賛し敬意を表することにやぶさかではありませんでした。しかしそれと同時に、主権や部族《トライブ》の自治政府といった、より根源的な私たちの自由を連邦政府の手に委ねることも甘んじて行ったのです。彼の人生においては、これら二つのことは同時に機能しえたのであり、その意味でコリアに対する相反する評価はどちらも正しいということになります[34]。

このように、一九三〇年代の「自治政府」構想とその実相については、百家争鳴の観がある。前述のシンポジウムの場でも、それぞれの先住民集団や地域によって、部族評議会《トライバルカウンシル》の実態や評価という点で大きな違いがあることが明らかになった[35]。単純化を恐れずにいえば、当時の「自治政府」構想は、「インディアン」という法的地位と保留地制度が解消されて久しい先住諸社会ではうまく機能しないが、「インディアン」という法的地位が温存されていた先住諸社会においては比較的適合的であったといえるだろう。

たしかに、個別土地保有が常態となっている先住社会では、一九三〇年代当時から「自治政府」構想には批判的であった。再組織法案のもとでの「自治政府」構想では、個人による土地売買の制限や部族評議会《トライバルカウンシル》による一定の土地管理を想定していた。ところが、個別土地保有が常態となっていたオクラホマ州や大平原地帯の一部の先住民のあいだでは、このような私権の制限に対する反発がみられた。再組織法案の公聴会（「インディアン・コングレス」）などの場では、同法案にみられる部族評議会《トライバルカウンシル》の権限強化案に対して、「復古主義的」「共産主義的隔離政策」と批判する声が多かったのは、すでにみたとおりである。[36] 個別土地保有化した土地を、いまさら共同管理下におくのは時代錯誤とみなされたのである。

「対内的制約」の問題と同様に、（ある集団が主流社会に対して行う権利要求である）「対外的防御」に関しても、当時の「自治政府」構想では理念と実態の乖離がみられた。この構想には、「インディアン・トライブ」を政体として連邦法のなかに位置づけることによって、連邦政府（具体的には内務長官）の裁量行為に一定の制御と均衡をもたらし得るとの希望的観測も含まれていた（第5章参照）。たしかに、保留地の住民代表からなる自律的な合議体の存在は、自治権を行使するうえで不可欠な条件である。けれども、内務長官やインディアン局長が拒否権を有している状況では、内務省インディアン局の決定に異議を唱えることは実質的に不可能であった。外部の決定による衝撃を受けた場合でも、当該集団の部族評議会《トライバルカウンシル》がなしうることは非常に限られていたのである。

こうした状況が露呈したのが、一九三〇年代のナヴァホ社会であった。ナヴァホ社会においては、ナヴァホ評議会のあり方を模索する自由と時間が与えられなかった。家畜削減政策による衝撃と混乱があまりに大きかったからである。このことは、その後のナヴァホ評議会のあり方に大きな影響を及ぼすことになった。一九五〇年代半ばにショント（Shonto）と呼ばれる集落でフィールドワークを行ったウィリアム・アダムズ（William Y. Adams）は、ショントの人々の「政府」観について次のような興味深い指摘をしている。アダムズによれば、ショントの人々は、

「首都ワシントン」(“washindoon”)とナヴァホ保留地内の各種行政機関庁舎の所在地「ウィンドーロック」(“tsegh-ahodzani”)という二つの地名を、ともに「政府」という意味で区別なく用いることがあるという。一般的な用法としては、前者は首都ワシントンにあるインディアン局、後者はウィンドーロックにある「ナヴァホ族の政府」をそれぞれ指している。しかし、ショントの人々は、「両者は一見すれば別のものではあるが、本質的には同一の権威・権力から派生している」同類のものであると認識しているという。そのため、ショント選出のナヴァホ評議会議員は、地元の人々からみれば、「政府においてショントを代表しているのではなく、ショントにおいて政府を代表している」人物ということになる。(37) この場合の政府とは、ウィンドーロックのナヴァホ評議会のことであるが、同時に、その背後にある(と考えられている)首都ワシントンのインディアン局をも含意しているのである。

ただし、部族評議会《トライバルカウンシル》が実質的にインディアン局主導で創設された場合でも、人々による自発的な対応もみられた。ナヴァホ社会では、それは「チャプター」(chapter)と呼ばれる地元密着型の合議体の普及という形で表れた。チャプター制度は、あるインディアン局官吏が一九二七年に考え出したといわれるが、地縁・血縁関係に基づく小規模な集落ごとのゆるやかな組織であったため、従来のローカルな合議体(人望と才覚によって人々の支持を得た「ヘッドマン」のもとでの多数決原理に拠らない合議形式)と適合的であった。そのためチャプター制度は人々の支持を受けて一挙に広まり、一九三三年までの約五年のあいだに、保留地全域で合計一〇〇以上のチャプターが設立されたという。ところが一九三〇年代には、チャプターは家畜削減政策への反対運動の拠点となったため、インディアン局からの財政援助や承認は一切行われなくなった。それにもかかわらず、チャプターは各集落で自発的に運営され続けたという。それに対してナヴァホ評議会は、一九五五年以降になってはじめてチャプターを公式に認定し、財政支援を通じて提携を強めていった。(38) このように、一九二〇〜三〇年代の部族評議会《トライバルカウンシル》の創設・改組の過程で当局側に却下されたチャプター制度は、各集落のなかで存続し続け、現在では、「自治政府」のあり方を模索する上で有益かつ必須の組織とみなされている。

以上のように、各先住社会における部族評議会《トライバルカウンシル》の機能は、評議会創設の経緯や当該集団の法的地位などに大きく左右されてきた。しかし、保留地という連邦の信託地において住民を代表し、連邦政府側の裁量権を制御する役割を担う機関の存在は、当該住民による自治権行使の際には不可欠であるという点では、久しく選ぶところはないといえよう。

## 学校教育の両義性

最後に、学校教育の領域に即して、「インディアン」という法的地位の両義性を解き明かすこととしたい。合衆国の先住民教育政策に通底する特徴は、一貫して、無償教育であったという点である。そして大半の「インディアン条約」には、土地割譲の補償として、連邦政府が初等教育の機会を提供するとの一項があった。ただし実態としては、諸条約の履行としてというよりも、変則的な法的地位や保留地制度を解消するための「論理的帰結」(トーマス・モーガン局長)として、無償教育が実施されたのである。

ところが、財政難や人材難、地元社会の抵抗などの諸要因ゆえに、連邦政府側の思惑通りに学校教育が普及したわけではなかった。むしろ、莫大な予算を費やしている割には就学率も上がらず、目に見える「成果」は挙がっていなかった。こうした状況のなかで、教育の効果をアピールするうえでは、断髪や服装の「改善」といった外見の改造が最も手っ取り早い方法だった。フェルナン・ブローデル(Fernand Braudel)は、「フランス語と英語の『文明化』という概念は、人間の態度、『振る舞い』に関係し、人間が何を成し遂げたかどうかはどうでもよいのである」と指摘している。(39) たしかに、先住民教育政策論の文脈では、「文明化」の成否とは、第三者が観察できる指標によってはかられてきた。

インディアン局所管の学校においては、外見の改造に加えて、定員を満たすための誘拐同然の生徒募集、先住民の言語禁止の規則を破った場合の体罰、キリスト教の礼拝の義務化などが慣例となっていた。これらはすべて「文明化」のためと正当化され、その判断基準を示す必要がない内務長官・インディアン局長の裁量行為としての性格が強調されてきた。これと同じ論法で、政教分離を原則とする合衆国において、連邦政府がキリスト教諸教派の団体と助成契約を結び、学校運営を委託する慣行（コントラクト・スクール制度）も、長年黙認されてきた。要するに、「文明化」という言葉は、連邦政府側に裁量権の濫用があった場合でも、それを隠蔽することのできる隠れ蓑だった。(40)

それでは、一九二〇年代から三〇年代にかけて従来の同化教育政策を批判していた改革推進派は、支配的文化への「同化」教育に代わる教育目標を打ち立てることができたのだろうか。一九三〇年代初頭から一〇年あまりのあいだ、先住民行政の要職にあったコリアは、一九六三年公刊の回想録において自らの同化観を次のように述べている。

われわれの文化にではなく現代生活への同化と、伝統の保護と強化とは二者択一の排他的な選択ではなく、相互に依存した関係にある。…中略…数千年来存在してきた社会有機体こそが新しい科学技術を受け入れる母体とならなければならない。古来の部族的、村落的、共同体的組織こそが現代社会を攻略しなければならないのである。(41)

しかし、近代化とは「標準化された言語を含めて、経済、政治、教育に関する共通の制度に具現化された共通文化が社会全体に普及していく過程」(42)と定義すると、近代化された「(現代) 生活への同化」というコリアの掲げた理念の曖昧さは明らかであろう。とりわけ学校教育の領域においては、この理念の曖昧さが露呈することになった。

近代国民国家において、学校は国民統合のための必須の機関である以上、「学校が伝える文化」とは英語を含めた「支配的文化」（「共通文化」）とほぼ同義であり、無色透明な「現代文化」を措定することはできないのである。

このことは、学校教育制度の導入期の先住諸社会では、学校をめぐり様々な論争や対立がみられたことからもうかがえる。一族内や同じ村の住民のあいだでは、就学問題をめぐって大論争が巻き起こることもめずらしくなかった。さらに、「文化資本」としての英語運用能力や支配的文化への近接性がもたらす政府雇用などの実利的関心が加わるようになると、学校制度の功罪を見定めることはますます困難になった。学校は、強制と自発、利点と弊害、憧憬と拒絶を反映した両義的存在となっていった。こうした状況のなかで、インディアン局が無償で教育の機会を提供し続けたことは、学校教育のもつ両義性を助長する一因となった。

もちろん、「学校が伝える文化」と（学校という制度に拠らずに次世代に継承されてきたという意味での）「民俗伝承に基づく文化」は、二律背反の関係にあるとは限らない。けれども、先住民教育の分野では、両者の相克が最も先鋭化する傾向があったことは、これまでみてきたとおりである。それは、学校教育の果たす統合機能が、先住社会において従来の教育的・経済的再生産の方法を一部あるいは全面的に否定し、「次世代の育成方法」（広義の教育）や「経済的成功」などに関する価値観の変革を促したからだった。たとえば、プエブロ指導層が祭祀に関する教育のために男児数名に学校を欠席させた事例（第5章）や、家畜削減政策直後のナヴァホ評議会において就学率の向上が文字通りの死活問題とみなされた一事（第6章）がその典型であった。先住社会においては、「学校が伝える文化」と上述の意味での「民俗伝承に基づく文化」との緊張関係は、常に認識されていたのである。

一九六〇年代には、先住民政策の文脈で「自決」（self-determination）が唱えられるようになった。とりわけ教育の分野において、「自決」の名の下にさまざまな改革が先住民主導で試みられたことは、単なる偶然ではない。各地の先住社会においては、「学校が伝える文化」と「民俗伝承に基づく文化」の緊張関係の克服は、まさに古くて新しい問題であったからである。ナヴァホ保留地では、支配的文化かナヴァホ文化かの「二者択一」ではなく、「一挙両得」アプローチを標榜したラフロック実験校が全国的な注目を集めた。一九六六年開校の同校は、ナヴァホ語やナヴァホの歴史を組み込んだカリキュラム改革に加え、理事会の運営や教職員人事の際に地元関係者の意向も反映させるための行政的・組織的改革を実施したことなどから、教育の分野における「自決」のモデルケースとなった。ナヴァホの人々のあいだでは、「白人の学校」（公立校）や「ワシントンの学校」（インディアン局所管の学校）と形容されてきた既存の各種学校とは異なり、ラフロック実験校だけは「ナヴァホの学校」と呼ばれるようになったという。このエピソードからは、同校における実験とは、学校教育のあるべき姿についての自己決定権や自己定義権を取り戻す試みであったことがうかがえる。(43)

他方のプエブロにおいても、全プエブロ評議会が連邦政府との契約に基づき、アルバカーキやサンタフェの寄宿学校を自主運営する動きが盛んになった。ただし、プエブロにとっての教育の「自決」とは、ナヴァホとは対照的に、学校においてプエブロの文化や言語を教えるという選択肢は含まれていなかったことに留意したい。第5章でみたように、学校で母語や信仰生活に関わることを教えることへの先住民側の抵抗や留保は、程度や集団による差こそあれ、二〇世紀初頭から現在に至るまで変わっていない。これは、自己の財源（保留地内での事業収益など）で実施する教育内容と、連邦資金に依存して実施する教育内容を区別する戦略であるともいえるだろう。ここでは、先住民の言語・歴史を「学校では教えない」あるいは「カリキュラムから排除する」という選択は、支配的文化への同化主義的主張とは必ずしも限らないという点を改めて強調しておきたい。それは、自文化に対する自己定義権や次世代の育成方法に関する自己決定権を守るための戦略でもありうることは、本論でみたとおりである。

教育の「自決」の実践には、財政面での課題が常につきまとう。一九六〇年代には、自己の財源をもたない「自決」の問題点も表面化することになった。運営方法や教育内容などについて最終的に内務長官の承認が得られなければ、予算が削減されるおそれがあったからである。これは先住民の運営する学校のみならず、自己財源のない地方自治体が抱える根本的な課題であるといえよう。

ただし先住民教育の文脈では、「自決」のための連邦助成金の受給は、「条約上の権利」(treaty rights) に属するとの主張がなされていることに留意したい。たとえば、ラフロック校の運営費と関連して、ナヴァホの指導層は、保留地における学校運営費を連邦政府から受給することは一八六八年条約に基づく「条約上の権利」であると主張していた[44]。また第6章でみたように、一九四〇年代半ばのナヴァホ代表団は、一八六八年条約に基づく「条約上の権利」として、連邦政府による教育資金援助を要請していた。このように、先住民側は「恩恵」としてではなく、条約や各種法規で規定された「条約上の権利」としての「受給権」として、国庫からの教育資金の給付を求める場合が少なくない[45]。この教育の領域での「条約上の権利」の主張には、合衆国との土地取引 (先有地の割譲) の代償として得た教育資金の受給権という意味が込められており、「市民」としての教育を受ける権利要求とは一線を画す意図があることを看過してはならない。

しかし現実には、条約などが締結されていない先住民集団も多いことから、「条約上の権利」を主張できないケースも多い。そのため近年では、国際法上の権利と関連させた「アボリジナル・ライツ」(aboriginal rights) や「インディジナス・ライツ」(indigenous rights：先住民・原住民としての権利) の一環としての「文化権」概念が提唱されている。近年の動向については本書の射程を超えているため、ここでは以下の特徴を指摘するにとどめたい。それは、「アボリジナル・ライツ」や「インディジナス・ライツ」とは、合衆国の先住民に即していえば、「インディアン」という国家の承認を前提とする法的身分に付随する権利としてではなく、国民国家を超える権利概念として提唱されている点である。現実には、隣国のカナダにおいて、「シティズン・プラス」という語を用いて、「市民」であり「先住民」でもあるという法的身分に基づいた権利概念を確立する試みがなされている[46]。

このように、「自決」とは自らの「あるべき姿」を自分自身で決めるということであるならば、その実現のための方法や手段が一様ではないのは、むしろ当然である。言い換えれば、「当事者性」の回復は、その性格上、試行錯誤なくして達成することは不可能なのである。[47]

「私たちは、支配的文化について知らなければ生きてゆくことはできない。けれども、あなた方は、私たちの文化について知らなくても生きてゆくことはできる。それにもかかわらず、私たちの文化について関心をもって下さり感謝しています」。二〇〇〇年の夏、筆者が参加する機会に恵まれたニューメキシコ大学主催の「プエブロ文化についての研修旅行」の最終日、コーチティ・プエブロ出身の教育学者ジョゼフ・スイーナ（Joseph Suina）は、こう締めくくった。スイーナの言葉からは、「支配的文化」と「私たちの文化」のあいだにある非対称性は、プエブロの人々にとって自明であることがうかがえる。支配的文化について知らなければ連邦議会で請願することすらできない、という恐怖感や切迫感は、一九四〇年代半ばのナヴァホの代表団のように、危機的状況におかれた先住社会の指導層に共通していた集合的心性というべきものであった。南西部の歴史を振り返ってみても、「イスパーノ」（スペイン系支配層）や「アングロ」（アングロサクソン系）が先住民について知っていたことよりも、被支配側の先住民の方が「イスパーノ」や「アングロ」の支配者についてより多くを知ろうとしていた。連邦議会の上院と下院、連邦・州それぞれの立法・行政・司法の三権といった支配側の多様性を踏まえたうえで、プエブロやナヴァホの指導者たちが「正しい」交渉相手を見極めることに腐心していたのは、すでに本論でみたとおりである。

このような歴史的経験に裏付けられた先住社会からのメッセージに耳を傾けることは、国民国家を近代の唯一の主体とみなす世界史観を相対化し、その国民国家の構成員とされた「市民」概念を再検討する契機となる。さらに、信教の自由などの市民的権利の擁護といった普遍的な原理にのっとった実践であっても、ある特定の文化のみに根ざしたやり方が押し付けられたり、他の実践方法が考慮されることなく抑圧されたりする恐れはないだろうかといった、極めて重要な問題提起があることを見逃してはならないだろう。

# あとがき

本書の原点には、大学の学部二年の夏に、合衆国北西部の保留地を訪問する研修旅行に参加した経験がある。当時の私は、先住民の歴史について何の知識も持ち合わせていなかった。数日間の滞米中、最も印象的だったのは、スケールの大きな自然環境と人々の心の温かさだった。しかしそれと同時に、保留地の住民のあいだに、学校に対する両義的な態度や学者・専門家に対する不信感があることにも気づいた。ただ、当時の私には、その違和感を明確に問題化・言語化する力は全くなかった。

二年後、大学の海外留学制度を利用して合衆国の大学で一年間学ぶ機会に恵まれた。かつての研修旅行で感じた「何か」を明らかにしたくて、先住民に関連する研究書を読み始めることにした。すると困ったことに、何かが明らかになるどころか、濃い霧の中に迷い込んでしまったような状態に陥った。帰国して修士課程に進学すれば霧が晴れるかと思いきや、事態は悪化し、まるで吹雪の中をあてどもなくさ迷うかのごとくになってしまった。今から思えば、その主な原因は、法的・民族学的な意味での「インディアン」という概念を（両者を峻別する必要がある場合でも）混同したまま、すべての一次史料を読んでいたことにあった。このことに気づくのに、二〇代前半の貴重な数年間を費やしてしまった。生来のんびり屋でマイペース型の私も、わが身の愚鈍さにいささか呆れている。

二〇世紀前半の合衆国南西部における先住社会の再編過程という本書の主題は、大方の読者にはあまりなじみのないものかもしれない。プエブロ・ナヴァホといった先住社会に関して、何らかの知識や関心を持っている読者もそれほど多くはないだろう。けれども、本書で取り上げた個人的権利と集団別権利のせめぎあいや行政官の裁量権と特定集団の自治権の相克、近代教育を受けつつ言語的・文化的多様性をどのように保持するのかといった問題は、当時の先住社会に限定された特殊なものでは決してない。また、合衆国南西部という周縁化された地域だからこそ、「インディアン」という両義的な地位身分が温存されてきた。その生成・変容過程に着目することで、従来の研究とは異なる視角から「市民」概念を再考できたのではないかと思う。

本書は、二〇〇五年度に提出した博士論文を大幅に加筆したものである。全体のおよそ四割は、以下の既発表論文を加筆修正したものである。

・「先住民・フロンティア・ボーダーランド」紀平英作・油井大三郎編『グローバリゼーションと帝国』ミネルヴァ書房、二〇〇六年。（序章第三節）
・「ヌエボ・メヒコからニューメキシコへ——合衆国による併合とネイティヴ—国家関係の再編過程」油井大三郎・遠藤泰生編『浸透するアメリカ　拒まれるアメリカ』東京大学出版会、二〇〇三年。（第一章第二節）
・「『滅びゆくインディアン』から『レッド・アトランティス』へ——一九二〇年代のニューメキシコ州プエブロと先住民政策改革運動」『アメリカ研究』第三四号（二〇〇〇年）：一九三—二〇九頁。（第三章第一節）
・「一九二〇年代の『トライバル・ダンス』論争——その展開と歴史的意義」『一橋論叢』第一二九巻第二号（二〇〇二年）：一三四—五二頁。（第三章第二節）
・「『変則的存在』から『インディアン市民』へ——一九二〇年代の連邦議会におけるナヴァホ政策論争」『言語文化論集』（名古屋大学大学院国際言語文化研究科）第二六巻第一号（二〇〇四年）：一三五—五三頁。（第四章第二節・第三節）

文字通りの小書とはいえ、こうして書物の形になるまでには、実に多くの方々のお力添えをいただいた。まず、冒頭で述べた研修旅行を主催してくださった坂本ひとみ先生と平福貞文氏からは、人と人との信頼関係を少しずつ築き上げる誠実な姿勢に多くを学んだ。個人的な経験に基づくおぼろげな関心を学術的なテーマ設定へと導いてくださったのは、油井大三郎先生と故辻内鏡人先生である。研究者としての心構えや学術論文の基本ルール、博士論文の構想に至るまで、親身のご指導をしてくださった。博士論文の審査員だった中野聡先生、関啓子先生、貴堂嘉之先生からは、建設的な批評と励ましのお言葉をいただいた。日本における先住民史研究の第一人者である富田虎男先生と白井洋子先生は、学会や研究会の場でご教示を惜しまれなかった。記して御礼申し上げたい。

また、ここですべてのお名前を挙げることはできないが、私の拙い個人報告を何度も辛抱強く聞いてくださったゼミ・研究会の参加者お一人お一人に心から感謝の意を述べたい。あの日々がなければ、本書を完成させることはおろか、今まで研究を続けることすらできなかったであろう。院生時代からの友人である土屋和代さんと豊田真穂さん、梅崎透さんは、草稿全てに目を通してくださり、的確で洞察に富むコメントをくださった。最初の真摯な読者としての批評と助言がどれほど励みになったかわからない。ただし言うまでもないが、本書中の誤りを含めた文責はすべて筆者にある。内田綾子さんと野口久美子さんからは、研究テーマが近いこともあり、特定の史料の解釈や先住民史研究の分野での最新動向に関してご示教いただいた。瀧藤千恵美さんと堀江里香さんには、史料の整理や文献リスト作成の際にお世話になった。

留学先のニューメキシコ大学でも、多くの師に恵まれた。Margaret Connell Szasz 教授には、現在に至るまで「メンター」として温かい励ましと有益なご助言をいただいている。プエブロ出身の知識人として活躍されていた故 Alfonso Ortiz 教授をはじめ、Joseph Suina, Gregory Cajete, Mary Belgarde, Anita Pfeiffer といった錚々たる教授陣のもとで先住民教育史や南西部史について学ぶことができたことは、本書の構想を練る段階にあった当時、この上なく貴重な機会となった。ニューメキシコ大学図書館付属南西部研究所の Alice Tsosie 氏（当時）をはじめとする司書の方々は、筆者の質問や無理なお願いにも笑顔で即座に応えてくださった。

研究テーマの性格上、海外での研究や調査は不可欠である。日本育英会奨学金、一橋大学海外留学奨学金、財団法人平和中島財団海外留学奨学金、日本学術振興会特別研究員奨励費、文部科学省科学研究費の助成によって国内外での研究・調査が可能となった。そして本書の刊行は、アメリカ研究振興会のアメリカ研究図書出版助成により実現した。記して深謝の意を表したい。名古屋大学出版会の橘宗吾氏は、出版の手続きに無知な筆者の初歩的な質問にも、一つ一つ丁寧に答えてくださった。氏の正鵠を射た端的なコメントには、ただ感服するばかりであった。気鋭の編集者のご尽力を賜り初めての単著を上梓できたことは、一研究者にとって望むべくもない幸せである。さらに同出版会の長畑節子氏には、校正の時に迅速かつ適切なご配慮をいただいた。また私事で恐縮だが、家族のお蔭で、苦楽一如の研究生活が一層豊かになった。とくに、学問的に理想を高く持ちつつ常にポジティブ思考の夫・誠にめぐり合えたことは、これまでの人生最大の僥倖であったと思う。

最後に、不器用で遅筆な私を、「それでいいんだよ」といつも温かく見守ってくださった——そして先生と呼ばれることがお嫌いだった——辻内さんに、小書を捧げることをお許しいただきたい。

二〇〇七年四月

水野由美子

《著者略歴》

水野由美子《みずのゆみこ》


2000 年　一橋大学大学院社会学研究科博士課程修了
2005 年　同研究科より論文博士号取得（社会学博士）
　　　　ニューメキシコ大学客員研究員，日本学術振興会特別研究員を経て，
現　在　名古屋大学大学院国際言語文化研究科准教授
著　書　『グローバリゼーションと帝国』（共著，ミネルヴァ書房，2006 年）；『講座　世界の先住民族　北米』（共著，明石書店，2005 年）；『浸透するアメリカ　拒まれるアメリカ』（共著，東京大学出版会，2003 年）



〈インディアン〉と〈市民〉のはざまで

2007 年 6 月 30 日　初版第 1 刷発行

定価はカバーに
表示しています

著　者　水　野　由　美　子

発行者　金　井　雄　一

発行所　財団法人　名古屋大学出版会
〒 464-0814　名古屋市千種区不老町名古屋大学構内
電話（052）781-5027/FAX（052）781-0697





印刷・製本 ㈱太洋社　　ISBN978-4-8158-0564-7
乱丁・落丁はお取替えいたします。

# 人名・組織名索引

## ア 行



## カ 行



## サ 行



## タ 行

## ナ　行



## ハ　行



## マ　行



## ヤ・ラ・ワ行

# 史料文献一覧

## マニュスクリプト

*John Collier Papers*. Yale University Library.

*Sophie Aberle Papers*. Center for Southwest Institute. University of New Mexico Library.

*William Zimmerman Papers*. Center for Southwest Institute. University of New Mexico Library.

## 新聞・雑誌

*Albuquerque Journal*

*Farmington Times Hustler*

*Gallup Independent*

*New York Times*

*Saturday Evening Post*

## 機関紙・パンフレット

*American Indian* (American Indian Defense Association).

*Bulletin* (National Association on Indian Affairs and American Indian Defense Association).

*Indians at Work* (U. S. Indian Office, Department of the Interior).

*Indian Truth* (Indian Rights Association).

U. S. Department of the Interior. Bureau of Indian Affairs. *You Asked About the Navajos*, Information About American Indians : Pamphlet V. Washington, D. C. : Government Printing Office, n. d.

## 同時代文献

Aberle, S. D. "The Pueblo Indians of New Mexico : Their Land, Economy and Civil Organization." *American Anthropologist* 50, no. 4 (1948) : 1-93.

Bancroft, Hubert Howe. *History of Arizona and New Mexico*. n. p. : History Co., 1890.

Benavides, Fray Alonso de. *The Memorial of Fray Alonso de Benavides, 1630*. Translated by Mrs. Edward E. Ayer. Chicago : privately printed, 1916. Reprint, Albuquerque : University of New Mexico Press, 1965.

Brayer, Herbert O. *Pueblo Indian Land Grants of the 'Rio Abajo,' New Mexico*. Albuquerque : University of New Mexico, 1939.

Bunzel, Ruth L. *The Pueblo Potter : A Study of Creative Imagination in Primitive Art*. New

York : Columbia University Press, 1929. Reprint, New York : Dover, 1972.

Chalee, Pop. "My People's Arts." *School Arts Magazine* 36, no. 3 (November 1936) : 146–47.

Chapman, Kenneth M. "Indian Art for Indian Schools." *School Arts Magazine* 27, no. 3 (November 1927) : 131–38.

Collier, John. "The Red Atlantis." *Survey* 49 (October 1922) : 15–20.

——. "Plundering the Pueblo Indians." *Sunset* 50 (January 1923) : 19–23.

——. "The Fate of the Navajos." *Sunset, the Pacific Monthly* (January 1924) : 11–13, 60–61.

——. "Navajo." *Survey* 51 (January 1924) : 332–39.

——. "Persecuting the Pueblos." *Sunset Magazine* (July 1924) : 50, 92–93.

——. "Religious Persecution of Indians Charged by Defense League Official." *Sacramento Bee* (23 August 1924).

——. "Do Indians Have Rights of Conscience?" *Christian Century*, 12 March 1925, 346–49.

——. "Are We Making Red Slaves?" *Survey* 23 (January 1927) : 453–55, 474–77.

——. "Indians at Work." *Survey Graphic* 23, no. 6 (June 1934) : 261–302.

——. "A Reply to Mrs. Eastman." *Christian Century,* 8 August 1934, 1018–20.

Crane, Leo. *Desert Drums*. Boston : Little Brown, 1928.

Dale, Edward Everett. *The Indians of the Southwest : A Century of Development Under the United States*. Norman : University of Oklahoma Press, 1949.

Dunn, Dorothy. "Going to School with the Little Domingos." *School Arts Magazine* 30, no. 7 (March 1931) : 469–74.

——. "Indian Children Carry Forward Old Traditions." *School Arts Magazine* 34, no. 7 (March 1935) : 426–35.

Dutcher, Rodney. "Pueblo Indians : Ancient 'Communists' Fight Encroachment on Tribal Lands." *The NEA Service News*, 24 January 1933, 1.

Eastman, Elaine Goodale. "Does Uncle Sam Foster Paganism?" *Christian Century*, 8 August 1934, 1016.

Haile, Bernard. "Day Schools among the Navajo." *The Indian Sentinel* 1, no. 8 (April 1918) : 27–31.

Henderson, Alice Corbin. "A Plea for the Study of Indian Culture." *El Palacio* 15, no. 6 (September 1923) : 91–92.

Hoover, J. W. "Navajo Land Problems." *Economic Geography* 13, no. 3 (1937) : 281–300.

Lindquist, G. E. E. *The Red Man in the United States*. New York : George H. Doran, 1923.

Manby, A. R. "¿Are We Indians or Citizens of the United States?" *Taos Valley News*, 7 November 1922, 1.

Meriam, Lewis and others, eds. *The Problem of Indian Administration*. Baltimore : Johns Hopkins Press, 1928. Reprint, New York : Johnson Reprint, 1971.

Parsons, Elsie Clews. *Pueblo Indian Religion*, 2 vols. With an introduction by Pauline

Turner Strong. Chicago : University of Chicago Press, 1939. Reprint, Lincoln : University of Nebraska Press, 1966.

Ryan, W. Carson, Jr. "Social and Educational Implications of the Navajo Program." *Proceedings of the National Conference of Social Work at the Sixty-first Annual Sessions Held in Kansas City, Missouri, 20–26 May 1934*. Chicago : University of Chicago Press, 1934.

Schmeckebier, Laurence F. *The Office of Indian Affairs : Its History, Activities and Organization*. Baltimore : Johns Hopkins Press, 1927.

Sniffen, M. K. "Navajo Chaos." *Indian Truth* 12, no. 7 (October 1935) : 1–8.

Wilson, Charles Morrow. "Navajo New Deal." *Current History* 48 (June 1938).

Work, Hubert. *Indian Policies : Comments on the Resolutions of the Advisory Council on Indian Affairs*. Washington, D. C. : Government Printing Office, 1924.

### オーラルヒストリー/回想録

Bennett, Kay. *Kaibah : Recollection of a Navajo Girlhood*. Los Angeles : Westernlone Press, 1964.

Boyce, George A. *When Navajos Had Too Many Sheep : the 1940's*. San Francisco : Indian Historian Press, 1974.

Collier, John. *From Every Zenith : A Memoir*. Denver : Sage Books, 1963.

Emerson, Blackhorse Mitchell. *Miracle Hill : The Story of a Navaho Boy*. Norman : University of Oklahoma Press, 1967.

Frisbie, Charlotte J. and David P. McAllester, eds. *Navajo Blessingway Singer : The Autobiography of Frank Mitchell, 1881–1961*. Tucson : University of Arizona Press, 1978.

Hoffman, Virginia. *Navajo Biographies*, vol. I. Phoenix : Navajo Curriculum Center Press, 1974.

Hyer, Sally. *One House, One Voice, One Heart : Native American Education at the Santa Fe Indian School*. Santa Fe : Museum of New Mexico Press, 1990.

Johnson, Broderick H. ed. *Navajos and World War II*. Tsaile, Ariz. : Navajo Community College Press, 1977.

——, ed. *Stories of Traditional Navajo Life and Culture by Twenty-two Navajo Men and Women*. Tsaile, Ariz.: Navajo Community College Press, 1977.

Left-Handed. *Left Handed, Son of Old Man Hat : A Navajo Autobiography*, recorded by Walter Dyk. Lincoln : University of Nebraska Press, 1938.

Mitchell, Emerson Blackhorse. *Miracle Hill : The Story of a Navaho Boy*. Norman : University of Oklahoma Press, 1967.

Qoyawayma, Polingaysi, as told to Vada F. Carlson. *No Turning Back : A Hopi Indian Woman's Struggle to Live in Two Worlds*. Albuquerque : University of New Mexico Press, 1964.

Roberts, John M. "Zuni Daily Life." Monograph II, no. 3 (1956). Laboratory of Anthropology, University of Nebraska, Lincoln.

Roessel, Ruth and Broderick H. Johnson, comp. *Navajo Livestock Reduction : A National Disgrace*. Chinle : Navajo Community College Press, 1974.

Sekaquaptewa, Helen, as told to Louise Udall. *Me and Mine : The Life Story of Helen Sekaquaptewa*. Tucson : University of Arizona Press, 1969.

Simmons, Leo W., ed. *Sun Chief : The Autobiography of a Hopi Indian*. New Haven : Yale University Press, 1942.

Stewart, Irene. *A Voice in Her Tribe : A Navajo Woman's Own Story*. n.p. : Ballena Press, 1980.

Yava, Albert. *Big Falling Snow : A Tewa-Hopi Indian's Life and Times and the History and Traditions of His People*. Edited and annotated by Harold Courlander. Albuquerque : University of New Mexico, 1978.

**法令・議会関係資料/内務省関係資料**（以下に示した文献のほかに，各章の注の文献も参照）

U. S. Congress. House of Representatives. Interior Department Appropriations. 67th Cong., 4th sess. *Congressional Record* 64, pt. 1 (27 December 1922).

——. Speech of Hon. James A. Frear. 69th Cong., 1st sess. *Congressional Record* 67, pt. 5 (4 March 1926).

——. Speech of Hon. James A. Frear. 69th Cong., 1st sess. *Congressional Record* 67, pt. 6 (23 March 1926).

——. Reply of Hon. Charles H. Burke, Commissioner of Indian Affairs, to Congressman James A. Frear. 69th Cong., 1st sess. *Congressional Record* 67, pt. 7 (23 April 1926).

U. S. Congress. House of Representatives. Committee on Indian Affairs. *Indians of the United States : Hearings before the Committee on Indian Affairs*. 67th Cong., 1st sess., 16-18 May 1920.

——. *Reservation Courts of Indian Offenses : Hearings before the Committee on Indian Affairs.* 69th Cong., 1st sess., 13 February to 20 May 1926.

——. *Indian Conditions and Affairs : Hearings before the Committee on Indian Affairs*. 74th Cong., 1st sess., 26 February and 1 March 1935.

——. *Investigate Indian Affairs : Hearings before the Committee on Indian Affairs*, pt. 3. 78th Cong., 2nd sess., 9-22 November 1944.

U. S. Congress. Senate. Pueblo Indian Lands in New Mexico. 67th Cong., 4th sess., *Congressional Record* 62, pt. 12 (11 September 1922).

——. Conditions Affecting Navajo Indians. 75th Cong., 3rd sess. *Congressional Record* 83, pt. 1 (21 January 1938).

U. S. Congress. Senate. Committee on Indian Affairs. *Survey of Conditions of the Indians in the United States : Hearings before the Committee on Indian Affairs*. 69th Cong., 2nd sess., 23 February 1927.

——. *Survey of Conditions of the Indians in the United States : Hearings before the Committee on Indian Affairs*. 1928–1943, 43 vols.

——. *Navajo Indian Education : Hearing before the Committee on Indian Affairs*. 79th Cong., 2nd sess., 14 May 1946.

U. S. Department of the Interior. *Annual Reports of the Department of the Interior for the Fiscal Year Ended June 30, 1901*. Washington, D. C. : Government Printing Office, 1902.

——. Census Office. *Report on Indians Taxed and Indians Not Taxed in the United States*. Washington, D. C. : Government Printing Office, 1894.

——. Office of Indian Affairs. *Indians in the War*. Lawrence : Haskell Printing Department, 1945.

U. S. Statutes at Large.

**研究書**

Aberle, David F. *The Peyote Religion Among the Navaho*. Chicago : Aldine, 1966.

Adams, David Wallace. *Education for Extinction : American Indians and the Boarding School Experience, 1875–1928*. Lawrence : University Press of Kansas, 1995.

Adams, William Y. *Shonto : A Study of the Role of the Trader in a Modern Navajo Community*. Bulletin 188, Smithsonian Institution. Washington, D. C. : Government Printing Office, 1963.

Archuleta, Margaret L., Brenda J. Child, and K. Tsianina Lomawaima, eds. *Away From Home : American Indian Boarding School Experiences*. Phoenix : Heard Museum, 2000.

Aronilth, Wilson Jr. *Foundation of Navajo Culture*. n. p., 1991.

Axtell, James. *The European and the Indian : Essays in the Ethnohistory of Colonial North America*. Oxford : Oxford University Press, 1981.

Bayer, Laura, Floyd Montoya, and the Pueblo of Santa Ana. *Santa Ana : The People, the Pueblo, and the History of Tamaya*. Albuquerque : University of New Mexico Press, 1994.

Berkhofer, Robert F., Jr. *The White Man's Indian : Images of the American Indian from Columbus to the Present*. New York : Random House, 1978.

Bernstein, Alison R. *American Indians and World War II : Toward a New Era in Indian Affairs*. Norman : University of Oklahoma Press, 1991.

Bernstein, Bruce and W. Jackson Rushing. *Modern by Tradition : American Indian Painting in the Studio Style*. Santa Fe : Museum of New Mexico Press, 1995.

Bia, Fred, T. L. McCarty, and Regina Lynch. *Of Mother Earth and Father Sky : A Photographic Study of Navajo Culture*. Rough Rock, Ariz.: Rough Rock Press, 1983.

Biolsi, Thomas and Larry J. Zimmerman. *Indians and Anthropologists : Vine Derolia, Jr., and the Critique of Anthropology*. Tucson : University of Arizona Press, 1997.

Bordy, J. J. *Indian Painters and White Patrons*. Albuquerque : University of New Mexico Press, 1971.

Britten, Thomas A. *American Indians in World War I : At War and at Home*. Albuquerque : University of New Mexico Press, 1997.

Calloway, Colin G., ed. *New Directions in American Indian History*. Norman : University of Oklahoma Press, 1988.

Châvez, John R. *The Lost Land : The Cnicano Image of the Southwest*. Albuquerque : University of New Mexico Press, 1984.

Child, Brenda J. *Boarding School Seasons : American Indian Families, 1900–1940*. Lincoln : University of Nebraska Press, 1998.

Cohen, Felix. *Handbook of Federal Indian Law*, 1982 ed. Charlottesville, Va.: Michie, 1982.

Coleman, Michael C. *American Indian Children at School, 1850–1930*. Jackson : University Press of Mississippi, 1993.

Cronon, William. *Changes in the Land : Indians, Colonists, and the Ecology of New England*. New York : Hill and Wang, 1983. ウィリアム・クロノン『変貌する大地――インディアンと植民者の環境史』（佐野敏行・藤田真理子訳）勁草書房，1995 年。

Deloria, Vine, Jr. *Custer Died For Your Sins : An Indian Manifesto*. Norman : University of Oklahoma Press, 1969.

——, ed. *The Indian Reorganization Act : Congresses and Bills*. Norman : University of Oklahoma Press, 2002.

Deloria, Vine, Jr. and Clifford M. Lytle. *The Nations Within : The Past and Future of American Indian Sovereignty*. New York : Pantheon Books, 1984. Reprint, Austin : University of Texas Press, 1984.

Deutsch, Sarah. *No Separate Refuge*. Oxford : Oxford University Press, 1987.

Dozier, Edward P. *The Pueblo Indians of North America*. Prospect Heights, Ill. : Waveland Press, 1970.

Dunn, Dorothy. *American Indian Painting of the Southwest and Plains Area*. Albuquerque : University of New Mexico Press, 1968.

Eck, Norman K. *Contemporary Navajo Affairs*. Rough Rock, Ariz. : Navajo Curriculum Center, Rough Rock Demonstration School, 1982.

Faragher, John Mack, ed. *Rereading Frederick Jackson Turner*. New Haven : Yale University Press, 1994.

Gellner, Ernest. *Nations and Nationalism*. Ithaca : Cornell University Press, 1983. アーネスト・ゲルナー『民族とナショナリズム』（加藤節監訳）岩波書店，2000 年。

Greenberg, Henry and Georgia Greenberg. *Power of a Navajo : Carl Gorman, The Man and His Life*. Santa Fe : Clear Light, 1996.

Hale, Duane Kendall. *Researching and Writing Tribal Histories*. Grand Rapids, Mich. : Michigan Indian Press, 1991.

Heater, Derek. *What is Citizenship?* Oxford : Polity Press, 1999. デレク・ヒーター『市民権とは何か』(田中俊郎・関根政美訳) 岩波書店, 2002 年。

Highwater, Jamake. *Song From the Earth : American Indian Painting*. Boston : New York Graphic Society, 1976.

Howard, Kathleen L. and Diana F. Pardue. *Inventing the Southwest*. Flagstaff, Ariz. : Northland, 1996.

Hoxie, Frederick E. *A Final Promise : The Campaign to Assimilate the Indians, 1880-1920*. Lincoln : University of Nebraska Press, 1984. Reprint, Cambridge : Cambridge University Press, 1995.

——, ed. *Talking Back to Civilization : Indian Voices from the Progressive Era.* New York : St. Martin's, 2001.

Hoxie, Frederick E. and Peter Iverson. *Indians in American History : An Introduction*, 2nd ed. Wheeling, Ill. : Harlan Davidson, 1998.

Johnston, Denis Foster. *An Analysis of Sources of Information on the Population of the Navaho*. Bulletin 197, Smithsonian Institution, Bureau of American Ethnology. Washington, D. C. : Government Printing Office, 1966.

Kehoe, Alice Beck. *The Ghost Dance : Ethnohistory and Revitalization*. Fort Worth : Holt, Rinehart and Winston, 1989.

Kelly, Lawrence C. *The Navajo Indians and Federal Indian Policy, 1900-1935*. Tucson : University of Arizona Press, 1968.

——. *The Assault on Assimilation : John Collier and the Origins of Indian Policy Reform*. Albuquerque : University of New Mexico, 1983.

Kroeber, A. L., ed. *Anthropology Today*. Chicago : University of Chicago Press, 1953.

Kvasnicka, Robert M. and Herman J. Viola. *The Commissioners of Indian Affairs, 1824-1977*. Lincoln : University of Nebraska Press, 1979.

Kymlicka, Will. *Multicultural Citizenship : A Liberal Theory of Minority Rights*. Oxford : Oxford University Press, 1995. ウィル・キムリッカ『多文化時代の市民権——マイノリティの権利と自由主義』(角田猛之・石山文彦・山﨑康仕監訳) 晃洋書房, 1998 年。

LaFarge, Oliver, and Arthur N. Morgan. *Santa Fe : The Autobiography of a Southwestern Town*. Norman : University of Oklahoma Press, 1959.

Larson, Robert W. *New Mexico's Quest for Statehood, 1846-1912*. Albuquerque : University of New Mexico Press, 1968.

Limerick, Patricia Nelson. *The Legacy of Conquest : The Unbroken Past of the American West*. New York : Norton, 1987.

Limerick, Patricia Nelson, Clyde A. Milner, and Charles E. Rankin, eds. *Trails : Toward a New Western History*. Lawrence : University Press of Kansas, 1991.

Link, Martin A., ed. *Treaty between the United States of America and the Navajo Tribe of Indians*. Las Vegas : KC Publications, 1986.

Lomawaima, K. Tsianina. *They Called It Prairie Light : The Story of Chilocco Indian*

*School*. Lincoln : University of Nebraska Press, 1994.

Marshall, T. H. and Tom Bottomore. *Citizenship and Social Class*. London : Pluto Press, 1992. T. H. マーシャル『シティズンシップと社会階級——近現代を総括するマニフェスト』(岩崎信彦・中村健吾訳) 法律文化社, 1993 年。

Martin, Calvin, ed. *The American Indian and the Problem of History*. Oxford : Oxford University Press, 1987.

McGuire, Edna. *Navajo Life Today*. n. p. : Curriculum Development Center, Navajo Community College, 1975.

McNickle, D'Arcy. *Indian Man : A Life of Oliver La Farge*. Bloomington : Indiana University Press, 1971.

——. *Native American Tribalism : Indian Survivals and Renewals*. New York : Oxford University Press, 1973.

McWilliams, Carey. *North From Mexico : The Spanish-Speaking People of the United States*. n. p. : 1948. Reprint, New York : Praeger, 1990.

Ngai, Mae M. *Impossible Subjects : Illegal Aliens and the Making of Modern America*. Princeton : Princeton University Press, 2004.

Nobakov, Peter. *Tijerina and the Courthouse Raid*. Albuquerque : University of New Mexico Press, 1969.

Omi, Michael and Howard Winant. *Racial Formation in the United States : From the 1960s and to the 1990s*, 2nd ed. New York : Routledge, 1994.

Ortiz, Alfonso. *The Pueblo*. New York : Chelsea House, 1994.

——, ed. *New Perspectives on the Pueblos*. Albuquerque : University of New Mexico Press, 1972.

——, ed. *Southwest*. Vol. 9 of *Handbook of North American Indians*. Washington, D. C. : Smithsonian Institution, 1979.

——, ed. *Southwest*. Vol. 10 of *Handbook of North American Indians*. Washington, D. C. : Smithsonian Institution, 1983.

Parman, Donald L. *The Navajos and the New Deal*. New Haven : Yale University Press, 1976.

Philp, Kenneth R. *John Collier's Crusade for Indian Reform : 1920-1954*. Tucson : University of Arizona Press, 1977.

——, ed. *Indian Self-Rule : First-Hand Accounts of Indian-White Relations from Roosevelt to Reagan*. Logan : Utah State University Press, 1995.

Prucha, Francis Paul. *American Indian Policy in Crisis : Christian Reformers and the Indian, 1865-1900*. Norman : University of Oklahoma Press, 1976.

——. *The Great Father : The United States Government and the American Indians*, vols. I and II. Lincoln : University of Nebraska Press, 1984.

——, ed. *Documents of United States Indian Policy*, 3rd ed. Lincoln : University of Nebraska Press, 2000.

Roessel, Robert A., Jr. *Pictorial History of the Navajo : From 1860 to 1910*. Rough Rock, Ariz. : Navajo Curriculum Center, Rough Rock Demonstration School, 1980.

Sânchez, George I. *Forgotten People : A Study of New Mexicans*. Albuquerque : University of New Mexico Press, 1940.

Sando, Joe S. *Pueblo Nations : Eight Centuries of Pueblo Indian History*. Santa Fe : Clear Light, 1992.

——. *Pueblo Profiles : Cultural Identity through Centuries of Change*. Santa Fe : Clear Light, 1998.

Saxton, Alexander. *The Indispensable Enemy : Labor and the Anti-Chinese Movement in California*. Berkeley : University of California Press, 1971.

Spicer, Edward. *Cycles of Conquest : The Impact of Spain, Mexico, and the United States on the Indians of the Southwest, 1533–1960*. Tucson : University of Arizona Press, 1962.

——, ed. *Human Problems in Technological Change : A Casebook*. New York : Russell Sage Foundation, 1952.

——, ed. *Perspectives in American Indian Culture Change*. Chicago : University of Chicago Press, 1961.

Szasz, Margaret Connell. *Education and the American Indian : The Road to Self-determination since 1928*, 3rd ed., rev. and enl. Albuquerque : University of New Mexico Press, 1999.

——, ed. *Between Indian and White Worlds : The Cultural Broker*. Norman : University of Oklahoma Press, 1994.

Taylor, Graham D. *The New Deal and American Indian Tribalism : The Administration of the Indian Reorganization Act, 1934–45*. Lincoln : University of Nebraska Press, 1980.

Underhill, Ruth. *Here Comes the Navaho!* Washington, D. C. : United States Indian Service, 1953.

——. *The Navajos*. Norman : University of Oklahoma Press, 1956.

Utley, Robert, ed. *Battlefield and Classroom : Four Decades with the American Indian, the Memoirs of Richard H. Pratt*. New Haven :Yale University Press, 1964. Reprint, Norman : University of Oklahoma Press, 2003.

Washburn, Wilcomb E., ed. *History of Indian-White Relations*. Vol. 4 of *Handbook of North American Indians*. Washington, D. C. : Smithsonian Institute, 1983.

Weber, David J. *The Mexican Frontier, 1821–1846 : The American Southwest under Mexico*. Albuquerque : University of New Mexico Press, 1982.

——, ed. *Foreigners in Their Native Land : Historical Roots of the Mexican Americans*. Albuquerque : University of New Mexico Press, 1973.

Weigle, Marta and Peter White. *The Lore of New Mexico*. Albuquerque : University of New Mexico Press, 1988.

White, Richard. *The Roots of Dependency : Subsistence, Environment, and Social Change*

*among the Choctaws, Pawnees, and Navajos*. Lincoln : University of Nebraska Press, 1983.

——. *"It's Your Misfortune and None of My Own" : A New History of the American West*. Norman : University of Oklahoma Press, 1991.

——. *The Middle Ground : Indians, Empires, and Republics in the Great Lakes Region, 1650–1815*. Cambridge : Cambridge University Press, 1991.

Witherspoon, Gary. *Navajo Kinship and Marriage*. Chicago : University of Chicago Press, 1975.

Young, Robert W., Left-Handed Mexican Clansman, and others. *The Trouble at Round Rock*. Washington, D. C. : United States Indian Service, 1952.

Young, Robert W., comp. and ed. *The Navajo Yearbook*. Window Rock : Navajo Agency, 1958.

——. *A Political History of the Navajo Tribe*. Tsaile, Ariz. : Navajo Community College Press, 1978.

**論文**（以下に示した文献のほかに，序章の注の文献も参照）

Adair, John. "The Navajo and Pueblo Veteran : A Force for Culture Change." *The American Indian* IV, no. 1 (1947) : 5–11.

Adelman, Jeremy and Stephen Aron. "From Borderlands to Borders : Empires, Nation-States, and the Peoples in Between in North American History." *American Historical Review* 104, no. 3 (1999) : 814–41.

Cohen, Felix S. "The Spanish Origin of Indian Rights in the Law of the United States." *Georgetown Law Journal* 31, no. 1 (1942) : 1–21.

——. "The Erosion of Indian Rights, 1950–1953 : A Case Study in Bureaucracy." *Yale Law Journal* 62, no. 3 (1953) : 348–90.

Goodrich, Chauncey Shafter. "The Legal Status of the California Indian." *California Law Review* 14, no. 3 (1926) : 157–87.

Houghton, Neal Doyle. "The Legal Status of Indian Suffrage in the United States." *California Law Review* 19, no. 5 (1930) : 507–20.

Kallen, Horace M. "On 'Americanizing' the American Indian." *Social Research : An International Quarterly of Political and Social Science* 25, no. 4 (1958) : 469–73.

Kuntiz, Stephen. "The Social Philosophy of John Collier." Ethnohistory 18, no. 3 (1971) : 213–29.

Mizuno, Yumiko. "*Dinê bi Olta* or School of the Navajos : Educational Experiments at Rough Rock Demonstration School, 1966–1970." *The Japanese Journal of American Studies* 9 (1998) : 143–69.

Parman, Donald L. "J.C. Morgan : Navajo Apostle of Assimilation." *Prologue* 4, no. 2 (1972) : 83–98.

Schwartz, E. A. "Red Atlantis Revisited : Community and Culture in the Writings of John

Collier." *American Indian Quarterly* 18, no. 4 (1994) : 507–31.

Spicer, Edward H. "Spanish-Indian Acculturation in the Southwest." *American Anthropologist* 56, no. 4 (1954) : 663–78.

Suina, J. H. "Pueblo Secrecy : Result of Intrusions." *New Mexico Magazine*, January 1922, 60–63.

Trennert, Robert A. "From Carlisle to Phoenix." *Pacific Historical Review* 52 (August 1983) : 267–91.

Voegelin, Erminie W. "A Note from the Chairman." *Ethnohistory : The Bulletin of the Ohio Valley Historic Indian Conference*, no. 1 (1954) : 1–3.

**未刊行論文**

Bonnell, Sonciray. "Chemawa Indian Boarding School : The First One Hundred Years, 1880 to 1980." M.A.Thesis, Dartmouth College, 1997.

Woerner, Davida. "Education among the Navajo : An Historical Study." Ph.D. diss., Columbia University, 1941.

Zeleny, Carolyn. "Relations Between the Spanish-Americans and Anglo-Americans in New Mexico : A Study of Conflict and Accommodation in a Dual-Ethnic Situation." Ph.D. diss., Yale University, 1944.

**邦語文献**（以下に示した文献のほかに，序章の注の文献も参照）

アメリカ学会編『原典アメリカ史　社会史史料集』岩波書店，2006 年。

阿部珠理『アメリカ先住民――民族再生にむけて』角川書店，2005 年。

綾部恒雄編『文化人類学群像』1〈外国編〉，アカデミア出版会，1985 年。

石山徳子『米国先住民族と核廃棄物――環境正義をめぐる闘争』明石書店，2004 年。

上田伝明『インディアンと合衆国憲法』法律文化社，1983 年。

内田綾子「アメリカ先住民の信教の自由――ローカルな聖性をめぐって」『国際開発研究フォーラム』（名古屋大学）29 号（2005 年）：139–52 頁。

内堀基光「文化相対主義の論理と開発の言説」岩波講座『開発と文化 3　反開発の思想』岩波書店，1997 年。

梅棹忠夫『狩猟と遊牧の世界――自然社会の進化』講談社学術文庫，1976 年。

――『回想のモンゴル』中公文庫，1991 年。

江渕一公『文化人類学――伝統と現代』放送大学教育振興会，2000 年。

大塚久雄『共同体の基礎理論』岩波書店，2000 年。

小熊英二『〈日本人〉の境界――沖縄・アイヌ・台湾・朝鮮　植民地支配から復帰運動まで』新曜社，1998 年。

加藤普章「近代国民国家と先住民――異邦人と市民のあいだ」初瀬龍平編『エスニシティと多文化主義』同文舘，1997 年。

栗本英世・井野瀬久美恵編『植民地経験――人類学と歴史学からのアプローチ』人文書院，1999 年。

近藤敦『外国人の人権と市民権』明石書店，2001 年。

——編『外国人の法的地位と人権擁護』明石書店，2002 年。

佐藤円「インディアンと『人種』イデオロギー——チェロキー族の黒人奴隷制を事例に」川島正樹編『アメリカニズムと「人種」』名古屋大学出版会，2005 年。

新川健三郎「歴史における皮肉——アメリカ史のパラドクス」義江彰夫・山内昌之・本村凌二編『歴史の文法』東京大学出版会，1997 年。

田中英夫他編『英米法辞典』東京大学出版会，2000 年。

辻内鏡人『アメリカの奴隷制と自由主義』東京大学出版会，1997 年。

中西正司・上野千鶴子『当事者主権』岩波新書，2003 年。

野口久美子「インディアン再組織法案審議過程に見るインディアン・アイデンティティの多様性——インディアン議会議事録の検討をてがかりに」『史苑』第 65 巻第 2 号 (2005 年)：119–43 頁。

ブローデル，フェルナン（松本雅弘訳）『文明の文法 II——世界史講義』みすず書房，1996 年。

本田創造『新版　アメリカ黒人の歴史』岩波新書，1991 年。

水野由美子「異文化としての学校——ニューディール期の教育改革とナヴァホ族」『アメリカ史研究』第 20 号(1997 年)：58–74 頁。

——「『滅びゆくインディアン』から『レッド・アトランティス』へ」『アメリカ研究』第 34 号（2000 年)：193–209 頁。

——「1920 年代の『トライバル・ダンス』論争——その展開と歴史的意義」『一橋論叢』第 129 巻第 2 号(2002 年)：134–52 頁。

——「ヌエボ・メヒコからニューメキシコへ——合衆国による併合とネイティヴ–国家関係の再編過程」油井大三郎・遠藤泰生編『浸透するアメリカ　拒まれるアメリカ』（東京大学出版会，2003 年)：138–56 頁。

——「『変則的存在』から『インディアン市民』へ——1920 年代の連邦議会におけるナヴァホ政策論争」『言語文化論集』第 26 巻第 1 号（2004 年)：135–53 頁。

——「プエブロ——文化継承のための戦略と課題」富田虎男編『世界の先住民族　第 7 巻北米』明石書店，2005 年。

モーガン，L. H.（上田篤監訳)『アメリカ先住民のすまい』岩波文庫，1990 年。

モーリス＝鈴木，テッサ『辺境から眺める』みすず書房，2000 年。

森田ゆり『聖なる魂——現代アメリカインディアン指導者デニス・バンクスは語る』朝日新聞社，1989 年。

油井大三郎・遠藤泰生編『浸透するアメリカ　拒まれるアメリカ』東京大学出版会，2003 年。

# 注

## 序 章

(1) 43 Stat., 253.

(2) デレク・ヒーター(田中俊郎・関根政美訳)『市民権とは何か』(岩波書店, 2002年), 149-50 頁。用語の統一を図るため,「米国アフリカ系住民(黒人)」を「アフリカ系アメリカ人」に,「ネイティヴ・アメリカン」を「先住民」に代えるなど, 一部改変して引用した。

(3) ヒーター同上書, 151 頁。

(4) ヒーター同上書, 193 頁。

(5) Felix Cohen, "The Erosion of Indian Rights, 1950-1953 : A Case Study in Bureaucracy," *Yale Law Journal* 62, no. 3 (1953) : 373.

(6) このことは, 政策論と実際の政策の混同, 特定の法の成立とその実施過程の混同を避けるうえでも必要である。Felix Cohen, *Handbook of Federal Indian Law*, 1982 ed. (Charlottesville, Va. : Michie, 1982), 19.「インディアン」との土地取引は連邦政府の承認が必要であるとした 1790 年連邦法や合衆国憲法の「インディアン通商条項」(第1条第8節3項) 以降, 合衆国は特定集団を「インディアン」として法的に認知し処遇してきた。

(7)「インディアン」という法的地位に付随する権利に焦点を当てるあまり, 虐殺や強制移住の歴史を軽視することになるのではないかとの懸念を抱く読者もいるだろう。ただし, ここで留意すべきは, 先住民に対する合衆国軍による虐殺や強制移住策は, 保留地の管理などの信託責任を負う合衆国がその権力を濫用した結果であるという点である。「インディアン」という法的地位には「市民」にはない権利と制約(義務)が付随しているのでなければ, なぜ「同化主義者」たちが「インディアン」という法的地位を解消しようとしたのか, その理由を説明できない。

(8) Alexander Saxton, *The Indispensable Enemy : Labor and the Anti-Chinese Movement in California* (Berkeley : University of California Press, 1971), 1 ; Michael Omi and Howard Winant, *Racial Formation in the United States : From the 1960s and to the 1990s*, 2nd ed. (New York : Routledge, 1994), 82, 95. 1980 年代以降, いわゆる「政治的に適切な」(PC=politically correct) 表現として,「ネイティヴ・アメリカン」という呼称が定着しつつある。民族学的な意味で用いる場合には,「ネイティヴ・アメリカン」や「先住民」といった呼称が最も適切であると筆者も考えている。ただしここでも, 民族学的な意味での「ネイティヴ・アメリカン」や「先住民」が法的に「インディアン」であるとは限らないという点に留意したい。

(9) 柏崎千佳子「国籍のあり方——文化的多様性の承認に向けて」近藤敦編『外国人の法的地位と人権擁護』(明石書店, 2002 年), 215 頁。柏崎は, 市民権《シティズンシップ》を「個人と政

治共同体とのあいだの権利・義務関係の束」が付着した法的地位と定義している。法学や社会学の領域では，nexus（結びつき，関係）や bundles（ヒーター『市民権とは何か』，32 頁）の訳語として「束」が用いられるが，歴史学の分野ではそれほどなじみがある用語ではないため，本書の目的にあわせて一部改変した。

(10) 松本悠子は，移民史の立場から，「人種」パラダイムのみでは「先住アメリカ人は視野に入ってこない」と正鵠を射た指摘をしている。それに対し，先住民史研究者が十分に応えてこなかったというのが現状であろう。松本悠子「人種・エスニシティ・階級」五十嵐武士・油井大三郎編『アメリカ研究入門』（東京大学出版会，2003 年），118 頁。

(11) "Indian Commissioner Morgan on Indian Policy," in Francis Paul Prucha, ed., *Documents of United States Indian Policy*, 3rd ed., ed. Francis Paul Prucha (Lincoln : University of Nebraska Press, 2000), 175–76. ちなみに，「同化」は原文では absorption である。

(12) Ibid., 166.

(13) Frederick E. Hoxie, *A Final Promise : The Campaign to Assimilate the Indians, 1880–1920* (Lincoln : University of Nebraska Press, 1984 ; reprint, Cambridge : Cambridge University Press, 1995), 236–38 ; Mae M. Ngai, *Impossible Subjects : Illegal Aliens and the Making of Modern America* (Princeton : Princeton University Press, 2004), 278 ; 阿部珠理『アメリカ先住民——民族再生にむけて』（角川書店，2005 年），96 頁。

(14) 同判決における「インディアン」の位置づけについては，終章で詳述する。

(15) Neal Doyle Houghton, "The Legal Status of Indian Suffrage in the United States," *California Law Review* 19, no. 5 (1930) : 519.

(16) T. H. マーシャル（岩崎信彦・中村健吾訳）『シティズンシップと社会階級——近現代を総括するマニフェスト』（法律文化社，1993 年），36 頁。

(17) Hoxie, *Final Promise*, 236–38 ; 阿部『アメリカ先住民』，96 頁。

(18) 近年では，「ナヴァホ」に代わって，「人々」を意味するディネ（Dinĕ）という自他称が用いられる傾向があるものの，本書では「ナヴァホ」という呼称を用いる。

(19) ヒーター『市民権とは何か』，41 頁。原文は D. Held, *Political Theory and the Modern State* (Cambridge : Polity Press, 1989), 200.

(20) Ernest Gellner, *Nations and Nationalism* (Ithaca : Cornell University Press, 1983), 30（アーネスト・ゲルナー，加藤節監訳『民族とナショナリズム』岩波書店，2000 年）. アーネスト・ゲルナーは，「分節社会」（a segmentary society）という人類学的概念について以下のように述べている。「一般的に言って，農耕社会の分節社会や村落共同体は独力で自己再生産が可能である。分節社会という人類学的概念は，この観念を正確に含んでいる。『分節』とは，それが一部をなすところのより大きな社会の小さな変形にすぎず，より大きな単位で行われることをすべてより小さな規模で行いうるのである」（51 頁）。

(21) テッサ・モーリス＝鈴木は，アイヌの事例に言及しながら，「国家形態をもたない小社会（ノン・ステイト）」を含めて「どのようにして人類はより大規模で集権化され

た社会における生活に適応するのかとの問いが世界の社会史にとって中心的な主題になる」と指摘している。筆者はこの見解に同意するが，本書が対象とする南西部の先住社会を指す概念としては，「小社会」よりも「分節社会」の方が「独力で自己再生産が可能」という点を強調している点でより適切であると考えている。テッサ・モーリス＝鈴木『辺境から眺める』（みすず書房，2000年），8，13，191頁。

(22) 田中英夫他編『英米法辞典』（東京大学出版会，2000年），145頁。

(23) 近藤敦『外国人の人権と市民権』（明石書店，2001年），53頁。

(24) 柏崎「国籍のあり方」，215頁；田中他編『英米法辞典』，146頁。

(25) マーシャル『シティズンシップと社会階級』（「訳者あとがき」），223頁；堀江孝司「シティズンシップと福祉国家」宮本太郎編『福祉国家再編の政治』（ミネルヴァ書房，2002年），278，298頁。堀江によれば，1990年代以降，「新自由主義の攻撃から福祉国家を防御する手段として」「シティズンシップ概念が政治的・学問的言説の焦点」となるに従い，「従来の議論は権利に比重があって義務が忘れられがちだ」との指摘がなされるようになった。

(26) 綾部恒雄編『文化人類学群像』1〈外国編〉（アカデミア出版会，1985年），第5章。

(27) 内堀基光「文化相対主義の論理と開発の言説」岩波講座『開発と文化3　反開発の思想』（岩波書店，1997年），45頁。

(28) 60 Stat., 1049.

(29) Vine Deloria, Jr., *Custer Died for Your Sins: An Indian Manifesto* (Norman: University of Oklahoma Press, 1969), 94. デロリアによれば，1950年代に，一部の先住社会に対していわゆる終結《ターミネーション》政策（連邦政府と当該先住社会の信託関係を「終結」する政策）が実施された際，「人類学者，社会学者，歴史学者，経済学者などのうち，誰一人として，有害な政策に反対するトライブの求めに応じて名乗りを上げた者はいなかった」という。同書の第4章のタイトルは，“Anthropologists and Other Friends”となっているものの，デロリアの矛先は，人類学者のみならず「単なる知識のための知識」を量産している「学者」全体に向けられている。藤永茂『アメリカ・インディアン悲史』（朝日選書，1974年），259頁も参照のこと。

(30) 栗本英世・井野瀬久美恵編『植民地経験――人類学と歴史学からのアプローチ』（人文書院，1999年），19頁。

(31) Margaret Connell Szasz, ed., *Between Indian and White Worlds: The Cultural Broker* (Norman: University of Oklahoma Press, 1994), 13.

(32) Thomas Biolsi and Larry J. Zimmerman, *Indians and Anthropologists: Vine Deloria, Jr., and the Critique of Anthropology* (Tucson: University of Arizona Press, 1997). 経済格差を背景とした「知的搾取」をどのように防ぐかという問題は，先住民研究者のみに突きつけられた課題ではない。

(33) この忠告にもかかわらず，バークホッファーは，「1770年代から1860年代のプロテスタント宣教師とインディアンの関係史」と題した博士論文を完成させた。ただし，『博士論文抄録』には，本人の希望した「アメリカ宗教史」ではなく「人類学」の研究として収録されたという。Robert F. Berkhofer, Jr., “Cultural Pluralism Versus

Ethnocentrism in the New Indian History," in *The American Indian and the Problem of History*, ed. Calvin Martin (Oxford : Oxford University Press, 1987), 35.

(34) 本書と直接関連する政策史研究の一例としては，以下の文献が挙げられる。Lawrence C. Kelly, *The Navajo Indians and Federal Indian Policy : 1900–1935* (Tucson : University of Arizona Press, 1968) ; Donald L. Parman, *The Navajos and the New Deal* (New Haven : Yale University Press, 1976) ; Kenneth R. Philp, *John Collier's Crusade for Indian Reform : 1920–1954* (Tucson : University of Arizona Press, 1977); Graham D. Taylor, *The New Deal and American Indian Tribalism : The Administration of the Indian Reorganization Act, 1934–45* (Lincoln : University of Nebraska Press, 1980) ; Margaret Connell Szasz, *Education and the American Indian : The Road to Self-determination since 1928*, 3rd ed., rev. and enl. (Albuquerque : University of New Mexico Press, 1999).

(35) このことは，先住民政策史の碩学フランシス・プルーカ（Francis Prucha）が，「政策史は 1 冊の本にまとめることは可能」だが「インディアン側のストーリーを 1 つにまとめることは不可能」として捨象していることからもわかる。Francis Paul Prucha, *The Great Father : The United States Government and the American Indians*, vols. I and II (Lincoln : University of Nebraska Press, 1984), xxix.

(36) Patricia Nelson Limerick, Clyde A. Milner, and Charles E. Rankin, eds., *Trails : Toward a New Western History* (Lawrence : University Press of Kansas, 1991), 85–86.

(37) Patricia Nelson Limerick, *The Legacy of Conquest : The Unbroken Past of the American West* (New York : Norton, 1987) ; Richard White, *"It's Your Misfortune and None of My Own" : A New History of the American West* (Norman : University of Oklahoma Press, 1991). とりわけ，植民地時代の入植者―先住民関係史の分野では，入植者や宣教師による文書史料の再解釈と民族誌的研究の活用（エスノヒストリー的研究）が一層進んだ。以下の代表的文献を参照。Richard White, *The Middle Ground : Indians, Empires, and Republics in the Great Lakes Region, 1650–1815* (Cambridge : Cambridge University Press, 1991).

(38) Jeremy Adelman and Stephen Aron, "From Borderlands to Borders : Empires, Nation-States, and the Peoples in Between in North American History," *American Historical Review* 104, no. 3 (1999) : 815.

(39) John Mack Faragher, ed., *Rereading Frederick Jackson Turner* (New Haven : Yale University Press, 1994), 1.

(40) 欧米と日本における社会史研究の興隆と課題については，以下の文献に詳しい。松本悠子・樋口映美・小塩和人「社会史とは――アメリカ社会史の叙述と史料」アメリカ学会編『原典アメリカ史　社会史史料集』（岩波書店，2006 年），1-29 頁。

(41) ただし，「ボーダーランド」の定義は論者によって異なる。一般には，米墨国境を意識した「国境地帯」・「境界地」や，文化的・社会的な意味での「混交地」の意で用いられる傾向がある。

(42) 栗本・井野瀬『植民地経験』，27-28 頁。主に植民地時代を対象としたエスノヒスト

リーの研究動向については，以下の文献を参照。James Axtell, *The European and the Indian : Essays in the Ethnohistory of Colonial North America* (Oxford : Oxford University Press, 1981).

(43) Berkhofer, "Cultural Pluralism," 36.

(44) 新川健三郎「歴史における皮肉——アメリカ史のパラドクス」義江彰夫・山内昌之・本村凌二編『歴史の文法』(東京大学出版会，1997 年)，252 頁。同書によれば，1887 年一般土地割当法は「インディアンの生存を前提とする政策」であり，これにより「植民地時代以来延々と続いてきた殺戮の歴史に終止符が打たれることになった」という。しかし，同法は，保留地という連邦の信託管理下におかれている土地を私有地化する法的手続きを定めたものであったことが定説になっている。

(45) Limerick, *Legacy*, 18.

(46) マルクスは『古代社会ノート』，エンゲルスは『家族，私有財産，および国家の起源』を著した。L. H. モーガン，上田篤監訳『アメリカ先住民のすまい』(岩波文庫，1990 年) 所収の上田篤「解説」を参照。

(47) 日本のマルクス主義歴史学の黄金時代（戦後～1970 年代初頭）における南北戦争・再建史研究については，辻内鏡人『アメリカの奴隷制と自由主義』(東京大学出版会，1997 年) の「序論」に詳しい。

(48) 大塚久雄『共同体の基礎理論』(岩波書店，2000 年)，35 頁；本田創造『新版　アメリカ黒人の歴史』(岩波新書，1991 年)，32 頁。

(49) たとえば，人類学者のエドワード・スパイサーは，ヨーロッパ系入植者の動機や目的（入植目的か商業的植民地経営か，あるいは宗教的目的か）のみならず，接触前の先住諸社会の社会・経済・文化的状況によって，これらの先住諸社会の生業経済のあり方が一層多様化したことを実証的に論じている。Edward H. Spicer, *Cycles of Conquest : The Impact of Spain, Mexico, and the United States on the Indians of the Southwest, 1533–1960* (Tucson : University of Arizona Press, 1962). テッサ・モーリス＝鈴木は，日本のアイヌが「農業活動から狩猟・漁撈に特化するよう促され」ていった事例に言及し，「狩猟から農耕への移行」という図式はここでも当てはまらないと指摘している。モーリス＝鈴木『辺境から眺める』，65–67 頁。

(50) ヨーロッパ的「財産権」の概念については，William Cronon, *Changes in the Land : Indians, Colonists, and the Ecology of New England* (New York : Hill and Wang, 1983), chap. 4（ウィリアム・クロノン，佐野敏行・藤田真理子訳『変貌する大地——インディアンと植民者の環境史』勁草書房，1995 年).

(51) Deloria, *Custer*, 83.

(52) Limerick, *Legacy*, 19.

(53) 佐藤円「インディアンと『人種』イデオロギー——チェロキー族の黒人奴隷制を事例に」川島正樹編『アメリカニズムと「人種」』(名古屋大学出版会，2005 年)，88–112 頁；内田綾子「先住アメリカ人における歴史的和解——ブラックヒルズとウンデッド・ニーをめぐって」『アメリカ史研究』第 23 号 (2000 年)，77–92 頁；野口久美子「インディアン再組織法案審議過程に見るインディアン・アイデンティティの多様

性——インディアン議会議事録の検討をてがかりに」『史苑』第65巻第2号（2005年），119-43頁；同「ホピ族とインディアン再組織法（1934年）——部族憲法と部族会議の設立をめぐって」『立教アメリカン・スタディーズ』第25号（2003年），91-110頁。他に，岩崎佳孝「強制移住後のインディアン・テリトリーにおけるアメリカ先住民部族——チカソー族の部族内抗争と部族自治への道程」『アメリカ史研究』第24号（2001年），1-16頁。本書のテーマに直接関連する修士論文として，以下の2点を挙げておきたい。酒井啓子「人類学者とインディアン・ニューディール」（修士論文，同志社大学大学院アメリカ研究科，1994年）は，1930年代の先住民政策改革における人類学者の役割に注目した論考である。また，米墨国境地帯の先住社会に焦点を当てた人類学的研究として，水谷裕佳「米墨国境地帯における先住民の伝統と現代——パスクア・ヤキを事例として」（上智大学イベロアメリカ研究所，2006年）がある。歴史研究ではないが，核廃棄物をめぐる環境正義と先住民自治権の関係性を論じた石山徳子『米国先住民族と核廃棄物——環境正義をめぐる闘争』（明石書店，2004年）も注目すべき力作である。

近年，先住民史に関連する学会報告も増えている。本書と直接関連するテーマの一例として，野口久美子「ニューディール期におけるインディアン・アイデンティティの多様性」（日本西洋史学会第54回大会，2004年）を挙げておく。また，第40回アメリカ学会（於南山大学，2006年6月）では，第1回の先住民分科会が開かれた。富田虎男，佐藤円，大野あずさ，伊藤敦規の諸氏によって，日本におけるアメリカ先住民研究の動向や特徴，課題などが報告された。先住民を「研究」する際の倫理的問題については，今後議論を重ねていく必要性が指摘された。これは，次回以降に持ち越された重要な課題であろう。

(54) 法学者は，当然ながら歴史的実証研究を対象とはしていない。ただし，現在の「インディアン」の法的地位の実態に関しても，法律学の見地からの研究は少ない。法学者のチャールズ・ウィルキンソン（Charles Wilkinson）によれば，合衆国の法科大学院の教育自体が「現在主義的」関心に偏っているため，学界や教育の場において「インディアン」関連の論点は捨象される傾向にあるという。Charles F. Wilkinson, “Indian Tribes and the American Constitution,” in Frederick E. Hoxie and Peter Iverson, *Indians in American History : An Introduction*, 2nd ed., ed. Frederick E. Hoxie and Peter Iverson (Wheeling, Ill. : Harlan Davidson, 1998), 105.

(55) George I. Sãnchez, *Forgotten People : A Study of New Mexicans* (Albuquerque : University of New Mexico Press, 1940) ; John R. Chãvez, *The Lost Land : The Cnicano Image of the Southwest* (Albuquerque : University of New Mexico Press, 1984).

(56) 1990年代後半以降，先住社会出身の若手研究者を中心として，特定の寄宿学校をめぐるオーラルヒストリーや家族史の観点からの優れた研究成果が相次いで出版されている。本書における寄宿学校に関する叙述は，以下の代表的研究に多くを拠った。K. Tsianina Lomawaima, *They Called It Prairie Light : The Story of Chilocco Indian School* (Lincoln : University of Nebraska Press, 1994) ; Brenda J. Child,

*Boarding School Seasons : American Indian Families, 1900-1940* (Lincoln : University of Nebraska Press, 1998).

(57) Spicer, *Cycles*, 1-17.

(58) プエブロの場合，言語学的には4つのグループに大別され，相互の意志疎通は不可能であるという。Edward P. Dozier, *The Pueblo Indians of North America* (Prospect Heights, Ill. : Waveland Press, 1970).

(59) 遊動民という概念については，梅棹忠夫『狩猟と遊牧の世界——自然社会の進化』（講談社学術文庫，1976年），50-52頁。

(60) スペイン系入植者との接触によって牧羊をとりいれたナヴァホの場合，生産文化の変容という点ではプエブロ以上に多大な影響を受けたものの，それは支配—被支配の関係ではなかった。Joe S. Sando, "The Pueblo Revolt," in *Southwest*, vol. 9 of *Handbook of North American Indians*, ed. Alfonso Ortiz (Washington, D. C. : Smithsonian Institute, 1979), 194（以下，vol. 9 of *Handbook* と略記）.

(61) 1598年7月，エルナン・コルテス（Hernān Cortēs：アステカ帝国の征服者でありスペイン植民地ヌエバ・エスパーニャ初代総督）の遠縁にあたるドン・ファン・デ・オニャーテ一行がプエブロをスペイン国王の「臣下」とする儀式を行い，ヌエボ・メヒコ植民地が設立されることになった。ヌエボ・メヒコにおいてプエブロの世帯ごとに課された租税は，通常，綿布ととうもろこしであったという。また先住民労働力確保のためにレパルティミエントとよばれる賃金労働制が導入され，1日半レアルの報酬が支払われることになっていた。Dozier, *Pueblo Indians*, 65 ; Sando, "The Pueblo Revolt," in vol. 9 of *Handbook*, 194-97 ; Laura Bayer, Floyd Montoya, and the Pueblo of Santa Ana, *Santa Ana : The People, the Pueblo, and the History of Tamaya* (Albuquerque : University of New Mexico Press, 1994), 101.

(62)「イスパーノ／ナ」(Hispano/na) とは，スペイン語でスペイン人の意。「イスパーノ」という呼称は，その転訛である「ヒスパーノ」(Hispano の英語読み) とともに，合衆国併合以前から当該地域に居住しているスペイン・メキシコ系の自他称として，現在でも南西部で用いられている。

(63) 教会などを起点として一定の土地を下賜するグラント制度は，当時のヨーロッパではごく一般にみられ，後にニューイングランドのタウンシップでも採用された。Bayer, Montoya, and Santa Ana, *Santa Ana*, chap. 5.

(64) Peter Nobakov, *Tijerina and the Courthouse Raid* (Albuquerque : University of New Mexico Press, 1969), 27 ; Sarah Deutsch, *No Separate Refuge* (Oxford : Oxford University Press, 1987), 14.

(65) Spicer, *Cycles*, 211 ; Fray Alonso de Benavides, *The Memorial of Fray Alonso de Benavides, 1630*, trans. Edward E. Ayer (Chicago : privately printed, 1916), 44, 267.

(66) Ruth Underhill, *Here Comes the Navaho!* (Washington, D. C. : United States Indian Service, 1953), 81.

(67) 梅棹『狩猟と遊牧の世界』，86頁。

(68) Underhill, *Here Comes*, 110. ナヴァホ保留地一帯は，海抜1500-3000メートルの台地

や山々が連なり，比較的乾燥した土地が多い。標高差を利用しつつ限られた水源と草地を求めて，ナヴァホの人々は少なくとも年2回，ホーガンとよばれる住居を移した。たとえばレフト・ハンディッドの一族の場合は，冬はブラック・マウンテン（とよばれる台地）で生活をし，夏になると湖の多い裾野のアナザー・キャニオンへと下り，とうもろこしの栽培をしたという。他方，同じくナヴァホのフランク・ミッチェルは，一家はつねに移動していたと回想しており，トランスヒューマンスのような規則性はなかったようである。このように，移動の規則性については，ナヴァホ社会内部での地域差や貧富の差（よい牧草地の使用権の有無）があると考えられる。ちなみに，同様に牧羊を行うニューメキシコ州西部のプエブロ（アコマ・プエブロ，ラグーナ・プエブロなど）の場合は，冬は住居近くで放牧をし，夏になると同一居住集団のうちの1-2名が家族を離れてキャンプをしながら放牧するという形態をとる。Ruth Underhill, *The Navajos* (Norman : University of Oklahoma Press, 1956), 60 ; Left-Handed, *Left Handed, Son of Old Man Hat : A Navajo Autobiography*, recorded by Walter Dyk (Lincoln : University of Nebraska Press, 1938), 5 ; Charlotte J. Frisbie and David P. McAllester, eds., *Navajo Blessingway Singer : The Autobiography of Frank Mitchell, 1881-1961* (Tucson : University of Arizona Press, 1978), 59. 他に以下の文献も参照のこと。Emerson Blackhorse Mitchell, *Miracle Hill : The Story of a Navaho Boy* (Norman : University of Oklahoma Press, 1967).

(69) William Y. Adams, *Shonto : A Study of the Role of the Trader in a Modern Navajo Community*, Bulletin 188, Smithsonian Institution (Washington, D. C. : Government Printing Office〔以下，GPO と略記〕, 1963), 65 ; 江渕一公『文化人類学——伝統と現代』(放送大学教育振興会，2000 年)，第9章。ナヴァホの親族組織については以下の文献を参照。Gary Witherspoon, *Navajo Kinship and Marriage* (Chicago : University of Chicago Press, 1975).

(70) この時期にはペオン（債務強制隷属労働者）を擁する大農場が増加した。農場主はスペイン系（実際にはメキシコ生まれのスペイン系）が多く，ペオンの大半はメスティーソであった。David J. Weber, *The Mexican Frontier, 1821-1846* (Albuquerque : University of New Mexico Press, 1982), 190, 347 ; Carolyn Zeleny, "Relations Between the Spanish-Americans and Anglo-Americans in New Mexico : A Study of Conflict and Accommodation in a Dual-Ethnic Situation" (Ph.D. diss., Yale University, 1944), 82.

(71) Herbert O. Brayer, *Pueblo Indian Land Grants of the 'Rio Abajo,' New Mexico* (Albuquerque : University of New Mexico, 1939), 19, 22.

(72) ニューメキシコ州のタオスは奴隷取引の中心地であり，アパッチやコマンチなどがスペイン・メキシコ系入植者に対して「奴隷」(プエブロやナヴァホ，ときにスペイン系の子女も含まれていた）を供給し，かわりに銀，馬，武器などを受け取るというのが交易のパターンであった。なお，ナヴァホの有力者も数名の「奴隷」を所有していた。Underhill, *Here Comes*, 125.

(73) Joe S. Sando, *Pueblo Nations : Eight Centuries of Pueblo Indian History* (Santa Fe :

Clear Light, 1992), 6; David J. Weber, ed., *Foreigners in Their Native Land: Historical Roots of the Mexican Americans* (Albuquerque: University of New Mexico Press, 1973), vi; Carey McWilliams, *North From Mexico: The Spanish-Speaking People of the United States* (1948; reprint, New York: Praeger, 1990), 189.

## 第I部　合衆国による併合と南西部先住社会

### 第1章　「インディアン」と「市民」のあいだ

（1）カリフォルニアの先住民約7万人は除く。McWilliams, *North*, 57.

（2）9 Stat., 922.

（3）これは，先住民政策上の政治的判断というよりもむしろ，単純に議院内ポリティクスの結果であった。Cohen, *Handbook*, 106.

（4）詳しくは以下の拙稿を参照。「先住民・フロンティア・ボーダーランド」『学際講座アメリカ』第6巻（ミネルヴァ書房，2006年），第3章。

（5）引用部分の「成員」「子孫」はともに複数形である。Cohen, *Handbook*, 19.

（6）Hubert Howe Bancroft, *History of Arizona and New Mexico* (n. p.: History Co., 1890), 637-40. 準州最高裁判決 United States v. Lucero, 1 NM 422 などについては，Brayer, *Pueblo Indian*, 22.

（7）Ibid.

（8）24 L.Ed., 295.

（9）Bayer, Montoya, and Santa Ana, *Santa Ana*, 153. ここでいう「サンタクララ・プエブロ公認の歴史書」とは，サンタクララ・プエブロ政府が一部財政的支援を行い，史料や人材を供出した調査プロジェクトの成果の意である。

（10）Ibid.; 11 Stat., 374.

（11）拙稿「ヌエボ・メヒコからニューメキシコへ——合衆国による併合とネイティヴー国家関係の再編過程」油井大三郎・遠藤泰生編『浸透するアメリカ　拒まれるアメリカ』（東京大学出版会，2003年），147頁。

（12）Bayer, Montoya, and Santa Ana, *Santa Ana*, 140, 144, 152.

（13）"Unique Pueblo Indian Congress," *Santa Fe New Mexican*, 7 April 1904, in *Santa Fe: The Autobiography of a Southwestern Town*, ed. Oliver LaFarge and Arthur N. Morgan (Norman: University of Oklahoma Press, 1959), 182.

（14）58 L.Ed., 111.

（15）拙稿「『滅びゆくインディアン』から『レッド・アトランティス』へ」『アメリカ研究』第34号（2000年），193-209頁。

（16）Zeleny, "Relations," 160.

（17）Robert W. Larson, *New Mexico's Quest for Statehood, 1846-1912* (Albuquerque: University of New Mexico Press, 1968), 141, 336.

（18）Ibid.

（19）Marta Weigle and Peter White, *The Lore of New Mexico* (Albuquerque: University of New Mexico Press, 1988), 263.

(20) McWilliams, *North*, 79.

(21) Deutsch, *Refuge*, 20–21, 221 ; Nobakov, *Tijerina*, 27 ; A. R. Manby, "¿Are We Indians or Citizens of the United States?" *Taos Valley News*, 7 November 1922, 1. エヒードの不法な売却がグラント内の住民に与えた影響と混乱は大きかった。そのため 1913 年の州法改正により，評議会（a grant board of trustees）の合意なくしては分割・売却は不可能になった。なお，1891 年から 1905 年の間には併合地を対象とした私有地請求裁判所が開設されたが，係争中の約 3550 万エーカーの内，約 205 万エーカー（約 6％）に対してのみヒスパーノの所有権が認められた。さらに，訴訟経費を調達するために土地が売却されることも多かった。

(22) Felix S. Cohen, "The Spanish Origin of Indian Rights in the Law of the United States," *Georgetown Law Journal* 31, no. 1 (1942) : 8.

(23) 元来のプエブロ・グラント内の係争地の内，約 4 万 7000 エーカー（その内の約 6％のみが灌漑可能な土地）がプエブロによって購入（買い戻し）された。ただし，このような賠償や土地購入が全ての「インディアン」に対して行われたわけではなく，プエブロはむしろ例外である。S. D. Aberle, "The Pueblo Indians of New Mexico : Their Land, Economy and Civil Organization," *American Anthropologist* 50, no. 4 (1948) : Chap. II.

(24) "General Sherman on the End of the Indian Problem, October 27, 1883," in Prucha, ed., *Documents*, 158.

(25) 1883 年には，「インディアン改革者」のあいだの討論と意見調整の場としてレイク・モホンク会議が開催されている。同会議自体には行政的・法的権限はないものの，1917 年までの毎年開催されるようになり，先住民政策・業務一般に対して大きな影響力を与えるようになった。同会議は，プロテスタント諸派の聖職者や有力な信徒（東部の資産家や行政官，有識者など）が大半を占めていたという特徴があった。Hazel Whitman Hertzberg, "Indian Rights Movement, 1887–1973," in *History of Indian-White Relations,* vol. 4 of *Handbook of North American Indians*, ed. Wilcomb E. Washburn (Washington, D. C. : Smithsonian Institute, 1983), 305–11（以下，vol. 4 of *Handbook* と略記）; Hoxie, *Final Promise*, chap. 1 ; Francis Paul Prucha, *American Indian Policy in Crisis : Christian Reformers and the Indian, 1865–1900* (Norman : University of Oklahoma Press, 1976), chap. 5.

(26) Prucha, *Policy in Crisis*, 139.

(27) Ibid., 150 ; Hoxie, *Final Promise*, 12.

(28) Prucha, *Great Father*, 624.

(29) Szasz, *Education*, 10. カーライル校は 1917 年に閉鎖された。

(30) 内務省インディアン局所管の先住民のみを対象とした学校としては，1860 年に初の保留地内寄宿学校（ヤキマ）が設立された。他方，一般市民の初等教育については，1880 年代当時の南西部諸州においては，掛け声だけの「象徴的」段階から「実質的」段階へと移行しつつあった。Michael C. Coleman, *American Indian Children at School, 1850–1930* (Jackson : University Press of Mississippi, 1993), 61.

(31) "Supplemental Report on Indian Education, December 1, 1889," in Prucha, ed., *Documents*, 177–78.

(32) Robert Utley, ed., *Battlefield and Classroom : Four Decades with the American Indian, the Memoirs of Richard H. Pratt* (New Haven : Yale University Press, 1964 ; reprint, Norman : University of Oklahoma Press, 2003), 180.

(33) Utley, ed., *Battlefield*, xi, 235, 311, 335. 原文は "Kill the Indians and save the man." である。

(34) Prucha, *Policy in Crisis*, 285. ただし，各トライブの言語によるミサなどが行われてきたミッション・スクールでは，引き続きその使用は許可される傾向があった。Coleman, *American Indian*, 105, 123. 学校からの逃亡など，より重大な校則違反に対しては，鞭打ちや学校牢での監禁などの罰則があった。Margaret L. Archuleta, Brenda J. Child, and K. Tsianina Lomawaima, eds., *Away From Home : American Indian Boarding School Experiences* (Phoenix : Heard Museum, 2000), 42 ; Coleman, *American Indian*, 86 ; Lomawaima, *Prairie Light*, 4–5 ; Lewis Meriam and others, eds., *The Problem of Indian Administration* (Baltimore : Johns Hopkins Press, 1928 ; reprint, New York : Johnson Reprint, 1971) 396.

(35) たとえば，ホピのアルバート・ヤヴァの場合，学校用の名前は次のようにしてつけられた。彼の名はホピーテワ語で「舞い落ちる大きな雪（の結晶）」を意味するNuvayoiyavaであるが，学校ではYavaと短縮してこれを苗字とし，新たにアメリカ式の名前をあてがわれることになった。ある教師は彼をオリヴァーと名付けたが別の教師がアルバートの方がいいと主張し，最終的にアルバート・ヤヴァに落ち着いたという。Albert Yava, *Big Falling Snow : A Tewa-Hopi Indian's Life and Times and the History and Traditions of His People*, ed. and annotated by Harold Courlander (Albuquerque : University of New Mexico, 1978), 3, 82. 寄宿学校の実態については，以下の文献を参照のこと。Archuleta, Child, and Lomawaima, eds., *Away From Home*, pt. 1 ; Lomawaima, *Prairie Light*, chap. 1 ; Sally Hyer, *One House, One Voice, One Heart : Native American Education at the Santa Fe Indian School* (Santa Fe : Museum of New Mexico Press, 1990), chap. I. 図1-3は，ナヴァホの有力者マヌエリートの息子トム・トスリーノであるといわれている。カーライル校に到着した直後と在籍数年後に撮影された。

(36) Yava, *Big Falling Snow*, 12. ただし実態としては，学校以外の場で断髪を徹底することは困難であった。女性の場合は長髪は許可されていたが，学校ではシラミ退治のために灯油を頭からかけられたり何度も強く櫛を入れられたりしたという。学校在籍者・就学経験者かどうかを外見（髪型）で判断できるということは，当時の先住民社会において学校が異文化の象徴だったことを物語っている。Edward Everett Dale, *The Indians of the Southwest : A Century of Development Under the United States* (Norman : University of Oklahoma Press, 1949), 150 ; Coleman, *American Indian*, 83 ; Underhill, *Navajos*, 201.

(37) Estelle Reel, "Course of Study for Indian Schools," 10 August 1901, in Department of

the Interior, *Annual Reports of the Department of the Interior for the Fiscal Year Ended June 30, 1901* (Washington, D. C.: GPO, 1902), 419, 445, 457, 449（以下，*Annual Reports for 1901* と略記）; Dale, *Indians*, 187. 課外研修制度を通じて生徒たちが得た賃金については，学校側は銀行口座を開設して貯蓄を奨励したが，賃金収入の 50％までは個人消費に充ててもいいことになっていた。貯蓄と消費について学ぶことが目的であった。Archuleta, Child, and Lomawaima, eds., *Away From Home*, 33, 36.

(38) Ibid., 30–37.

(39) 41 Stat., 408; Coleman, *American Indian*, 45; Hoxie, *Final Promise*, 69.

(40) Coleman, *American Indian*, 41, 44.

(41) Congress, House, Interior Department Appropriations, 67th Cong., 4th sess., *Congressional Record* 64, pt. 1 (27 December 1922): 947.

(42)「コントラクト・スクール」制度に先立って，19 世紀前半には，1819 年文明基金法（3 Stat., 516）に基づき，キリスト教諸教派に学校運営を委託する政策が打ち出された。ただし実態としては，教区学校に対して連邦助成金が断続的に支給されたに留まり，同法は 1873 年に破棄された（17 Stat., 461)。なお，保留地は連邦政府の信託管理下にあるため，公有地譲渡証書（パテント）を得てはじめて土地を占有することができる。一般的に，保留地の画定後，キリスト教諸教派の組織が優先的にパテントを取得し，教会やミッションを建設するというケースが多かった。いうまでもなく，パテントを与える権限は先住民自身ではなく内務長官にあった。Dale, *Indians*, 175.

(43) Laurence F. Schmeckebier, *The Office of Indian Affairs: Its History, Activities and Organization* (Baltimore: Johns Hopkins Press, 1927), 198, 212; Prucha, *Policy in Crisis*, 57, 152; Department of the Interior, Census Office, *Report on Indians Taxed and Indians Not Taxed in the United States* (Washington, D. C.: GPO, 1894), 88; Meriam and others, eds., *Problems*, 828–30; 30 Stat., 62, 79; 40 Stat., 969, 988; Underhill, *Navajos*, 210. 本書では，先住民政策における国家とキリスト教諸団体の関係について詳述するいとまはないため，ここでは上記の文献に基づきその特徴を指摘しておきたい。20 世紀初頭までは，全国レベルでの政策決定過程においては，一般的な傾向として，カトリックよりもプロテスタント諸教派の方が発言力をもっていた。それは，政府の要職である The Board of Indian Commissioners の委員の構成比率や，レイク・モホンク会議などの影響力のある識者会議の主要メンバー（プロテスタント諸教派の代表者のみ）などに顕著に表れている。これとは対照的に，実務レベルでは，プロテスタント諸教派に比べてカトリックの方が活発な活動をしていたといわれている。一例として，コントラクト・スクール（連邦助成を受けていた教区学校）に対する連邦助成金の支給額内訳をみてみたい。1889 年のインディアン局報告書によれば，1886 年から 91 年の 5 年間において「インディアン教育」のための連邦助成金をもっとも多く受け取っていたのはローマ・カトリック教会（総額の 65％）であり，第 2 位の長老派（8％）を大きく引き離していた。カトリックへの迫害が強まった時期でもあったため，「ローマニズム」と蔑称を用いてカトリックの「成功」

を非難する者もいたという。『メリアム・レポート』は，学校教育の分野では先住民からの支持という点ではプロテスタント諸派よりもカトリックのほうが「成功」を収めてきた理由として，宣教師が独身であることや人的・金銭的サポート体制の確立を挙げている。なお，キリスト教諸団体への依存を改善すべく，1891年には，内務省所管の学校で雇用される教職員に対しては公務員規定が適用されるようになり，身分を保障することによって広く優秀な人材を募る試みがなされた。

(44) Hyer, *One House*, chap. I.

(45) Frederick J. Dockstader, "Hopi History, 1850–1940," in vol. 9 of *Handbook*, 526.

(46) 「友好派」・「敵対派」ということばは自他称として当時から用いられていたようである。後には，「進歩派」(the Progressives) と「守旧派」(the Traditionals) という自他称が用いられるようになった。Helen Sekaquwaptewa, as told to Louise Udall, *Me and Mine : The Life Story of Helen Sekaquaptewa* (Tucson : University of Arizona Press, 1969), 13.

(47) ロルローマイはインディアン局職員によって救出された。Leo W. Simmons, ed., *Sun Chief : The Autobiography of a Hopi Indian* (New Haven : Yale University Press, 1942), 68 ; Yava, *Big Falling Snow*, 11.

(48) さらに「友好派」のロルローマイを含む数人が政府の命令に背いたかどで拘束されるなど，混乱を極めた。Polingaysi Qoyawayma, as told to Vada F. Carlson, *No Turning Back : A Hopi Indian Woman's Struggle to Live in Two Worlds* (Albuquerque : University of New Mexico Press, 1964), 18 ; Coleman, *American Indian*, 166 ; Dockstader, "Hopi," in vol. 9 of *Handbook*, 526, 527.

(49) バートン校長は翌年転属を命じられた。Coleman, *American Indian*, 63.

(50) 当時のオライビには約1000人，その他の6つの村には合わせて1500人ほどの人々が生活していた。Simmons, ed., *Sun Chief*, 10.

(51) 当時のホピ保留地における学校観については以下の回想録を参照。Ibid., chap. V.

(52) Coleman, *American Indian*, 63 ; Sekaquaptewa, *Me and Mine*, 13 ; Simmons, ed., *Sun Chief*, 88–89.

(53) John M. Roberts, "Zuni Daily Life," Monograph II, no. 3 (1956), 106–07, Laboratory of Anthropology, University of Nebraska, Lincoln.

(54) Ibid.

(55) Qoyawayma, *No Turning Back*, 23. コールマンは，このような就学者から未就学者への「ピア・プレッシャー」(peer pressure) が強まっていく過程は各地でみられたと指摘している。Coleman, *American Indian*, chap. 7.

(56) セカクワプテワは1898年にオライビに生まれ，5–6歳のころ通学学校に通うことになった。Sekaquaptewa, *Me and Mine*, 12–14.

(57) Simmons, ed., *Sun Chief*, 89.

(58) House, Committee on Indian Affairs, *Indian Conditions and Affairs : Hearings before the Committee on Indian Affairs*, 74th Cong., 1st sess., 26 February 1935, 319, 342, 362, 365. 1931年の上院聴聞会時に提出されたプエブロ所管の監督官による報告

書によれば，プエブロでは初等教育への関心が高く，ここ数十年間は高い就学率を維持しているという。唯一通学学校が存在していないナンベ・プエブロからは，通学学校設立の強い要望があるという。“Statement by Chester E. Faris, Superintendent, Northern Pueblo Indian Agency, Santa Fe, N. Mex.,” in Congress, Senate, Committee on Indian Affairs, *Survey of Conditions of the Indians in the United States: Hearings before the Committee on Indian Affairs*, pt. 19, 71st Cong., 2nd sess., 2 May-13 May 1931, 10216-27（以下，*Survey of Conditions*, pt. 19 と略記）.

(59) Meriam and others, eds., *Problems*, 574-75.

(60) アリゾナ州・フェニックス博物館における「われわれのインディアン・スクール回顧展」(2000 年 11 月〜2005 年まで開催）では，寄宿学校制度を「文化的ジェノサイド」と形容していた。Archuleta, Child, and Lomawaima, eds., *Away from Home*, 10.

(61) David Wallace Adams, *Education for Extinction: American Indians and the Boarding School Experience, 1875-1928* (Lawrence: University Press of Kansas, 1995), 156-63.

(62) 課外研修制度は多くの寄宿学校では 1930 年代に廃止されたが，40 年代でも継続していた学校もあるという。Department of the Interior, *Annual Reports for 1901*, 445; Robert A. Trennert, “From Carlisle to Phoenix,” *Pacific Historical Review* 52 (August 1983): 267-91.

(63) Meriam and others, eds., *Problems*, 397, 574. 先住民を対象とした内務省インディアン局所管の学校には，1926 年現在，寄宿学校には約 2 万人，通学学校には約 5000 人が在籍していた。Schmeckebier, *The Office*, 216.

## 第 2 章 「野蛮なトライブ」から「自活しているインディアン」へ

(1) Dozier, *Pueblo*, 103; Dale, *Indians*, 48-49. 併合直後のニューメキシコ準州（現在のニューメキシコ州とアリゾナ州）における他の先住者の対応を略述しておこう。スペイン・メキシコ系下層民のあいだでは，1847 年にタオスの住民が暴徒化しベント (Bent) 知事らを殺害した事件を除いては，際立った抵抗はみられなかった。他方，旧支配層のスペイン・メキシコ系については，アングロサクソン系との通婚により新たな支配権力との絆を深めることで混乱を乗り切ろうとする者と没落の一途をたどる者というように，二極分化する傾向があった。また，ナヴァホ，ホピ，プエブロ以外の南西部の先住民については，ピマ (Pima)，トホノ・オーダム (Tohono O'odham) などの農耕民のあいだでは大きな混乱はみられなかったものの，ジェロニモのバンドとして知られるアパッチの一部などは新たな支配権力に対して真っ向から対抗する姿勢をとった。ただし，ジェロニモの武装蜂起については概説書などで頻繁に言及されているものの，アパッチと総称される先住民集団内のサブ・グループにすぎず，南西部においては合衆国軍に対して武装蜂起した例外的な事例であることに留意すべきであろう。アパッチの他のサブ・グループのなかには合衆国政府と協調路線をとり，ジェロニモ討伐の際には斥候の役割を果たしたものもあった。武装蜂起か協調かという過去の選択は，その後，アパッチの各グループに対する連邦政策のあり

方に大きな影響を与えたという。たとえば「ジェロニモのバンド」の末裔は，現在でもダム建設や土地権の拡大といった点で冷遇されているという。

（2）約2000人以上のナヴァホは，グランド・キャニオンなどへ逃避してロング・ウォークを免れたといわれている。Robert A. Roessel, Jr., "Navajo History, 1850–1923," in *Southwest*, vol. 10 of *Handbook of North American Indians*, ed. Alfonso Ortiz (Washington, D. C.: Smithsonian Institution, 1983), 510–13（以下，vol. 10 of *Handbook* と略記）; Underhill, *Here Comes*, 174.

（3）講和会議の発言については，すべて以下の議事録より引用した。Martin A. Link, ed., *Treaty between the United States of America and the Navajo Tribe of Indians* (Las Vegas: KC Publications, 1986).

（4）Ibid.; Virginia Hoffman, *Navajo Biographies*, vol. I (Phoenix: Navajo Curriculum Center Press, 1974), 114–15, 173.

（5）Fred Bia, T. L. McCarty, and Regina Lynch, *Of Mother Earth and Father Sky: A Photographic Study of Navajo Culture* (Rough Rock, Ariz.: Rough Rock Press, 1983), 11, 12.

（6）この支給を受けたのは約1万人であった。Underhill, *Here Comes*, 190.

（7）Link, ed., *Treaty*, 2.

（8）Wilson Aronilth, Jr., *Foundation of Navajo Culture* (n. p.; 1991), 30–34. 同書はナヴァホ・コミュニティー・カレッジ（現ディネ・コミュニティー・カレッジ）の「ナヴァホ文化概論」(NIS 111 Foundation of Navajo Culture) 用の教科書である。

（9）Underhill, *Navajos*, 163, 167; Roessel, "Navajo," in vol. 10 of *Handbook*, 520.

(10) Underhill, *Here Comes*, 225; Underhill, *Navajos*, 231.

(11) Robert W. Young, Left-Handed Mexican Clansman, and others, *The Trouble at Round Rock* (Washington, D. C.: United States Indian Service, 1952), 20–21; Underhill, *Navajos*, 232–33.

(12) Gellner, *Nations*, 29（ゲルナー『民族とナショナリズム』，52頁）. 原文は "the one-to-one, on-the-job method" である。ゲルナーは，社会的個人と集団の再生産の手段を「共同体内部の一対一の実地教育方式」と「地域共同体とは別個の教育訓練機関による集中化方式」と大きく二つに分けている。前者はいわば「族内教育」，後者は専門化された「族外訓練」（族外結婚のアナロジーとして）であり，近代的な国家的教育制度によってのみ供給されると述べている。

(13) Left-Handed, *Left-Handed*, 65–66. ナヴァホ語における肉親の呼称は英語のそれと対応しない。「父」オールドマンハットは，レフト・ハンディッドの実父とは同一氏族（クラン）に属する兄弟（クラン・ブラザー）の関係にあった。

(14) Ibid., 8.

(15) 連れ戻した馬にえさをやり，水場につれていくのも子どもの仕事であった。Broderick H. Johnson, ed., *Stories of Traditional Navajo Life and Culture by Twenty-two Navajo Men and Women* (Tsaile, Ariz.: Navajo Community College Press, 1977), 138, 141, 146, 184–85, 258–59.

(16) Ibid., 138, 154–55.
(17) Ibid.
(18) Ibid., 113.
(19) Aronilth, *Foundation*, 84.
(20) 学期中の平均出席者数は22名であったというから，同校はほとんど機能していなかったと考えられる。Dale, *Indians*, 176 ; Roessel, “Navajo,” in vol. 10 of *Handbook*, 522.
(21) 1900年以前には，ミッション・スクールを除いて，このフォート・ディファイアンスの寄宿学校が唯一の保留地内寄宿学校であった。当時，インディアン局は直接教職員を雇用していなかったため，同校は長老派教会が実質的に運営するコントラクト・スクールであった。Young, Clansman, and others, *Trouble*, 8.
(22) Ibid., 9–10 ; Frisbie and McAllester, eds., *Blessingway Singer*, 50, 54. チューバ・シティは，1910年頃までに保留地の他の地区から人口が流入し，学校やインディアン局事務所が増設されていた保留地西部の中心地である。人口の増加に伴って就学の圧力も強まったが，ポレン氏（Mr. Pollen，ナヴァホ語名は *Tádídíní*）と呼ばれていた人物は，チューバ・シティ寄宿学校から2度も逃げ帰ってきた娘の再就学を断固として拒否した。彼は，娘とともにチューバ・シティ近くのカイビト（Kaibito）に隠れていたが，ある日，監督官が派遣した騎馬警官と諍いになり，その場でポレン氏が射殺されるという惨事となった。この事件についての詳細は明らかにされておらず，公式にどのように処理されたのかは定かではない。射殺事件が起こったのは1930年代である。Johnson, ed., *Stories*, 268, 274.
(23) Young, Clansman, and others, *Trouble*, 20–21.
(24) プラマーの報告書によれば，10人ほどの参加者たちは「白人がこれほど多いとは思ってもみなかった」と驚きを隠せず，帰宅後は少なくとも2人が学校の重要性を人々に説き始めたという。この視察旅行は，インディアン局ではなく民間ロビー団体からの資金提供によって実現した。Ibid., 21.
(25) Henry Greenberg and Georgia Greenberg, *Power of a Navajo : Carl Gorman, the Man and His Life* (Santa Fe : Clear Light, 1996), 8 ; Underhill, *Navajos*, 206.
(26) Friesbie and McAllester, eds., *Blessingway Singer*, 74–75.
(27) Underhill, *Navajos*, 155, 162. マヌエリートは，1849年に対米協調派の義父が「アメリカ人」に殺害されるという事件をきっかけとして，強硬派・敵対派の旗手として知られるようになったが，その後，穏健派となった。
(28) Ibid. ; Hoffman, *Biographies*, 102. マヌエリートがアルコールに依存するようになったのは，警察長に再任されなかったことがきっかけという説もある。
(29) 1885年にカーライル校に在籍していた5名のナヴァホのうち，保留地に戻ることができたのはたった1人であった。Adams, *Education*, 214 ; Underhill, *Navajos*, 207–08 ; Hoffman, *Biographies*, 102.
(30) Young, Clansman, and others, *Trouble*, 11–12 ; C. H. Lamer, “Report of Superintendent of Navaho School,” in Department of the Interior, *Annual Reports for 1901*, 182.

(31) アーネスト・ネルソンによれば，1926年に入学したフォート・アパッチ寄宿学校では，逃亡を企てた男子生徒は罰として女装して女子のテーブルで食事をすることになっており，転校先のフォート・ウィンゲート校では学校牢に1週間監禁というより厳しい罰則があったという。また私立のミッション・スクールにおいても同様の厳しい罰則があった。たとえばマヌエリートの曾孫にあたるポール・ブラッチフォード（Paul Blatchford）は，1921年，レホボス（Rehoboth）キリスト教学校に5歳で入学したが，ホームシックのあまり半年足らずで2人の友人とともに学校から逃げ出してしまう。ところが，番号のついた長い下着を身につけていたためすぐに逃亡生であることがばれてしまい，学校に連れ戻されて罰として25回の鞭打ちを受けたという。Johnson, ed., *Stories*, 175, 232, 234-35, 240.

(32) Friesbie and McAllester, eds., *Blessingway Singer*, 56.

(33) たとえば，1883年，スペイン系入植者とナヴァホそれぞれが所有している「奴隷」の「解放」を行っていたデニス・リオーダン（Dennis Riordan）監督官は，ナヴァホ所有の「奴隷」が自ら元の「所有者」のところに戻っていくことに驚いたという。また，ジョン・ボーマン（John Bowman）監督官がマヌエリート所有の「奴隷」を解放するよう求めたところ，マヌエリートは顔色一つ変えず次のように返答した。「いずれにせよ私は彼らに対して何の支配権もない。彼らは奴隷ではない。私の家族の一員だが，どこに行くのも何をするのも自由だ」。このような事例から，ナヴァホ所有の「奴隷」は，強制的に連行・誘拐されたという点では確かに「奴隷」ではあるものの，その内実は，南部のアフリカ系奴隷とは異なっていたと考えるのが妥当であろう。Hoffman, *Biographies*, 101-02.

(34) Friesbie and McAllester, eds., *Blessingway Singer*, 56; Young, Clansman, and others, *Trouble*, 8.

(35) Friesbie and McAllester, eds., *Blessingway Singer*, 59-61, 67-69; Coleman, *American Indian*, 73.

(36) Johnson, ed., *Stories*, 26, 130.

(37) 一例として，以下の史料が挙げられる。Lamer, "Report of Superintendent," in Department of the Interior, *Annual Reports for 1901*, 182.

(38) Underhill, *Here Comes*, 227.

(39) "Report of School at Keams Canyon, Arizona," 31 July 1901, in Department of the Interior, *Annual Reports for 1901*, 517. 学校在籍者数については，1892年時点では就学年齢者1万6000人強のうちのわずか75名の就学が確認されただけであったが，1911年には約1000名（就学率12％），1920年には約2500名（同25％），1930年には5260名（同45％）と増加している。Underhill, *Here Comes*, 227; John Collier, "Navajos," *Survey* 51 (1 January 1924): 339. 当時のインディアン局はナヴァホの総人口を正確に把握していなかったため，就学率のデータは文献によって多少のばらつきがある。

(40) "Report of School at Keams Canyon, Arizona, 31 July 1901," in Department of the Interior, *Annual Reports for 1901*, 519.

(41) Bernard Haile, "Day Schools among the Navajo," *The Indian Sentinel* 1, no. 8 (April 1918) : 27-31. 1895年にはLittle Water Day School（定員130名）が開校された。Denis Foster Johnston, *An Analysis of Sources of Information on the Population of the Navaho*, Bulletin 197, Smithsonian Institution, Bureau of American Ethnology (Washington, D. C. : GPO, 1966), 48.

(42) Congress, House, Committee on Indian Affairs, *Indians of the United States : Hearings before the Committee on Indian Affairs*, 67th Cong., 1st sess., 16-18 May 1920, 730, 748（以下，House, *Indians of the U. S.*, 1920と略記）.

(43) カールトン准将は，1863年2月1日付のトマス（Lorenzo Thomas）准将あての書簡や同年5月のハレック（Henry W. Halleck）少将あての書簡などにおいて「世界で最も豊かな金脈がある可能性があると信じる」と述べているが，具体的根拠のないものであった。Roessel, Jr., *Pictorial*, 131 ; Young, Clansman and others, *Trouble*, 6.

(44) 1940年には在籍者は5756名であり就学率は46%と横ばいになっている。なお，1911年時点では，ナヴァホを対象とした学校は14校あり，定員を59名超過した1086名が在籍していた。Johnston, *An Analysis*, 49.

(45) Ibid., 49 ; Underhill, *Navajos*, 219.

(46) ドッジに全幅の信頼をおいていたリオーダン監督官（注33参照）は，「彼の的確なる判断力と冷静さ，如才なさのお陰で何度も命拾いした」と述べている。Hoffman, *Biographies*, 191.

(47) Underhill, *Navajos*, 209-10, 231-32.

(48) Hoffman, *Biographies*, 194.

(49) Johnson, ed., *Stories*, 112, 114, 183, 190.

(50) タライェスヴァによれば，多くのホピは，「白人」と同様にナヴァホも「高慢で横柄」であるとのイメージを抱いていたという。Qoyawayma, *No Turning Back*, 18-19 ; Simmons, ed., *Sun Chief*, 88.

(51) なかでも，同じ氏族に属する者を逮捕することは，ナヴァホの警官にとって心の葛藤なしには成し遂げられない任務であったという。Edna McGuire, *Navajo Life Today* (n. p. : Curriculum Development Center, Navajo Community College, 1975), 80.

(52) Johnson, ed., *Stories*, 177.

(53) Ibid., 70-80.

(54) Irene Stewart, *A Voice in Her Tribe : A Navajo Woman's Own Story* (n. p. : Ballena Press, 1980), 15, 35. スチュワートは1907年にキャニオン・ドゥ・シェイに生まれた。

(55) Meriam and others, eds., *Problems*, 574.

(56) 同校はカイバーの自宅から25マイル離れたところにあった。カイバーも皆と同じように英語の読み書きを習うべきだという兄の提言を受けて，母親はようやく末っ子のカイバーも学校に送る決心をしたという。Kay Bennett, *Kaibah : Recollection of a Navajo Girlhood* (Los Angeles : Westernlone Press, 1964), 156-57, 209.

(57) Robert W. Young, ed., *The Navajo Yearbook* (Window Rock : Navajo Agency, 1958), 356. たとえば，1928年にチューバ・シティ寄宿学校では，秋の始業日には盛大な昼

食会やスポーツ大会が開かれ，生徒や両親たちを招待してシチューやステーキが振る舞われるなど，生徒の登校を促す企画が実施されている。またサンタフェ校においても，毎学期終了時に子どもを迎えに来た家族に対して，食事を振る舞っていたという。Johnson, ed., *Stories*, 90 ; Hyer, *One House*, 28.

### 第I部　小　括

（1）Cohen, *Handbook*, chap. 2.

### 第II部　先住民政策改革運動の高揚と南西部先住社会

（1）"Indian Commissioner Morgan on Indian Policy, 1 October 1889," in Prucha ed., *Documents*, 175.

### 第3章　「トライバル」な組織・習俗をめぐる論争

（1）John Collier, "Plundering the Pueblo Indians," *Sunset* 50 (January 1923) : 22.

（2）既存の研究においては，1920年代は，1880年代以来の同化政策から30年代の一連の政策改革（通称「インディアン・ニューディール」）への移行期と位置づけられている。そのなかで，1920年代に全面的な政策改革を首唱し，その後インディアン局長に就任したジョン・コリア（在任期間1933-45年）の評価については，コリアが多作家であったこともあり，今なお百家争鳴の観がある。たとえば，ケネス・フィルプ（Kenneth R. Philp）によれば，白人社会にはもはや存在しない共同体的経験の属性をプエブロ社会に見出したコリアは，以後，先住民の諸権利を支持する強力な改革運動を押し進め，19世紀末以来の同化政策の代替案の形成に最も貢献したという。ヴァイン・デロリアとクリフォード・リトル（Clifford M. Lytle）は，プエブロにおける「ダマスカス的経験」（聖ポールの回心に因む喩え）を経たコリアは，「インディアンの伝統を理解・賞賛し，その思想を表現し，それを守るために熱狂的に戦った」最初の人物となったと評している。それに対し，ローレンス・ケリー（Lawrence Kelly）は，運動家としてのコリアは，政策を批判する術には長けてはいたものの，通説とは異なり，強制的同化に代わる政策の最終目的については曖昧であったと指摘している。それにもかかわらず，コリアの業績が過大評価される傾向があるのは，「天賦の才のある論客」であった「コリア自身の所説」を偏重しすぎたためであると主張した。これらの先行研究に対し，ジェイムズ・イン（James Riding In）は以下のような問題点を提起している。従来の研究では，連邦政府の政策形成・施行を主な分析対象としてきた。そのため，先住民自身の見解やそれに対する非先住民の改革運動家・政策担当者の理解や対応についての分析は，軽視されてきたと指摘している。Philp, *Collier's Crusade*, xiii, 243 ; Vine Deloria, Jr. and Clifford M. Lytle, *The Nations Within* (New York : Pantheon Books, 1984 ; reprint, Austin : University of Texas Press, 1984), 40 ; Lawrence C. Kelly, *The Assault on Assimilation : John Collier and the Origins of Indian Policy Reform* (Albuquerque : University of New Mexico, 1983), 100 ; E. A. Schwartz, "Red Atlantis Revisited : Community and Culture in the

Writings of John Collier," *American Indian Quarterly* 18, no. 4 (1994) : 507–31 ; James Riding In, "Scholars and Twentieth-Century Indians : Reassessing the Recent Past," in *New Directions in American Indian History*, ed. Colin G. Calloway (Norman : University of Oklahoma Press, 1988), 127, 135.

(3) プエブロや最大の人口を擁するナヴァホに対しては，土地割当ては実施されていない。ただし，南西部でも一部で，1887 年一般土地割当法（通称ドーズ法）が実施されたケース（たとえば，通称ユマ〔Yuma〕やトホノ・オーダム保留地の一部）がある。*Southwest*, vol. 9 of *Handbook*, 463, 526 ; *Southwest*, vol. 10 of *Handbook*, 94–95, 145, 520, 626 ; Lawrence C. Kelly, "United States Indian Policies, 1900–1980," in vol. 4 of *Handbook*, 70.

(4) Cohen, *Handbook*, 27, 33 ; Congress, Senate, Pueblo Indian Lands in New Mexico, 67th Cong., 2nd sess., *Congressional Record* 62, pt. 12 (11 September 1922) : 12324 (以下，*Cong. Rec.*〔11 September 1922〕と略記) ; House, *Indians of the U. S.*, 1920, 594–97.

(5) Manby, "¿Are We Indians?", 1.

(6) 田中他編『英米法辞典』，662 頁 ; Senate, *Cong. Rec.* (11 September 1922), 12324–325 ; Collier, "Plundering," 22–24.

(7) 先住民の儀式や工芸などに関心を抱いていた知識人や芸術家，そして実業家を主な会員とする「インディアン問題に関する東部連合」(The Eastern Association on Indian Affairs) や「インディアン問題に関するニューメキシコ協会」(The New Mexico Association on Indian Affairs) も結成された。

(8) Prucha, *Policy in Crisis*, 139. 改革諸団体の概要については，Hertzberg, "Indian Rights Movement," in vol. 4 of *Handbook*, 305–23.

(9) John Collier, *From Every Zenith : A Memoir* (Denver : Sage Books, 1963), 126.

(10) John Collier, "The Red Atlantis," *Survey* 49 (October 1922) : 16–18, 63, 66.

(11) Dozier, *The Pueblo*, 115–16. プエブロの「土着信仰・習俗」の司祭長については，1920 年代当時，（一般的には地方政治のボスを意味する）「カシケ」(cacique) という用語が使われることが多かった。ただし本書では，司祭長の役割・機能等に鑑み，「神聖首長」という訳語を用いる。また，プエブロの行政部の人事に関しては神聖首長の意向が尊重される場合が多かったが，少なくとも制度上の政教分離により，干渉を受けやすい一部の信仰・習俗を守ることが目的であった。Aberle, "Pueblo Indians," 61 ; Edward H. Spicer, "Spanish-Indian Acculturation in the Southwest," *American Anthropologist* 56, no. 4 (August 1954) : 669–70 ; Edward P. Dozier, "Rio Grande Pueblos," in *Perspectives in American Indian Culture Change*, ed. Edward H. Spicer (Chicago : University of Chicago Press, 1961), 94. ただし，この仮説は実証的な裏付けが不十分との批判もある。Fred Eggan, "Summary," in *New Perspectives on the Pueblos*, ed. Alfonso Ortiz (Albuquerque : University of New Mexico Press, 1972), 303. プエブロによっては，神聖首長が族長《ガバナー》を指名する場合もある。なお，族長《ガバナー》や評議会は独立性が高く，各プエブロで自律的に運営されている。Aberle, "Pueblo In-

dians," 61, 93.

(12) 先行研究においては，全プエブロ評議会の性格をめぐり相反する見解がみられる。ローレンス・ケリーは，評議会結成の発想が「インディアンのあいだで自発的に生まれたとするコリア自身の所説」には疑念を呈し，不明な点は残るもののおそらくコリアが組織したものと規定している。フランシス・プルーカは，政策史に関する大著の中で，同評議会について「大部分インディアンの白人の友によって組織され運営されていた」と補足説明しただけであった。両者とも，各プエブロ内の既存の統治組織については，全く言及していない。それに対し，人類学者アルフォンソ・オーティス（Alfonso Ortiz）は，17世紀のスペイン入植者との折衝のための機関が全プエブロ評議会の前身であると位置づけている。同じく人類学者のエドワード・スパイサーは，各プエブロの独立性ゆえに，汎プエブロ的活動は1680年のプエブロの叛乱以降は下火となっていたが，1922年の全プエブロ評議会結成によって再開されたと述べている。これらの人類学者は，スペイン植民地政府を模倣した各プエブロの行政組織の存在を前提として，それとの関連で全プエブロ評議会を捉えている。言い換えれば，ケリーやプルーカは，「もうひとつのコロニアル・ヒストリー」にはほとんど言及せず，「アメリカ合衆国史」の枠組みのなかで同評議会を評価する傾向があるといえる。いずれにせよこのような見解の相違は，全プエブロ評議会を単にお仕着せの組織として規定するのではなく，プエブロ既存の指導層と非先住民の改革運動家との関係を具体的に把握する必要性を示唆している。Kelly, *Assault*, 218 ; Prucha, *Great Father*, 799 ; Alfonso Ortiz, *The Pueblo* (New York : Chelsea House, 1994), 114 ; Spicer, *Cycles*, 173, 416.

(13) Kelly, *Assault*, 379-81.

(14) Collier, *Zenith*, 133-34 ; Leo Crane, *Desert Drums* (Boston : Little Brown, 1928), 317.

(15) Kelly, *Assault*, 215 ; Alice Corbin Henderson, "A Plea for the Study of Indian Culture," *El Palacio* 15, no. 6 (15 September 1923) : 91. しかし，バーサム法案廃案の直後，1923年2月に提出された妥協案（Lenroot bill）をめぐって，この法案にも反対するコリアと，妥協すべきとするウィター・ビナーなどのグループとのあいだで見解の相違がみられた。プエブロ評議会はコリアに同意し，同法案にも反対する立場をとった。Philp, *Collier's Crusade*, 45-48.

(16) プエブロ土地法のもとでは，プエブロの土地所有権や水利権が合衆国の過失により失効したと認められた場合に限り，賠償金が支払われた。この賠償金と他の連邦助成金により，総計約190平方キロメートルの土地（ただし灌漑地は内約11.6平方キロメートルのみ）をプエブロは購入した。Aberle, "The Pueblo Indians," 9, 11-12.

(17) Ibid., 10-11.

(18) この論争は，先住民史の先行研究においてしばしば言及されてきた。たとえば，フランシス・プルーカは，先住民政策史に関する著書のなかで同論争を取り上げ，インディアン局による「キリスト教の道徳を強化しようとする真面目な試み」に対して，ダンスに「美や神秘的な体験」を見出した知識人が反発して起きた論争と位置づけた。他方，歴史家のケネス・フィルプは，ダンスを規制しようとするインディアン局に対

し，従来の同化政策に疑問を呈してダンスを擁護した知識人の対立という捉え方をしている。先行研究では，概して，この論争を「インディアン局と保守派知識人」対「良心的・進歩派知識人」の対立と見なす傾向があり，ダンスをひとつの文化として認めるか否かが争点であるとされてきた。しかし，以下で詳しくみていくように，同論争においては，ダンスを認めるか否かを決定するのは誰なのか，そしてその権限は何に依拠しているのかという，それまでの政策論では不問に付されていた問題が新しい争点として含まれていたのである。そして，同論争の過程で規制導入の主体（インディアン局）が顕在化するに伴い，同局―「インディアン」関係の矛盾が浮き彫りにされるようになったのである。Prucha, *Great Father*, 803 ; Philp, *Collier's Crusade*, 243, chap. 3 ; Brian W. Dippie, *The Vanishing American : White Attitudes and U.S. Indian Policy* (Lawrence : University Press of Kansas, 1982), 279–82.

(19) Congress, Senate, Committee on Indian Affairs, *Survey of Conditions of the Indians in the United States : Hearings before the Committee on Indian Affairs*, 69th Cong., 2nd sess., 23 February 1927, 51 (以下，*Survey of Conditions*, 23 February 1927 と略記) ; John Collier, "Persecuting the Pueblos," *Sunset Magazine* (July 1924) : 50, 92.

(20) Ibid.

(21) "A Message," in *John Collier Papers*, Yale University Library, reel 9, microfilm (以下，*Collier Papers*, reel # と略記).

(22) 大平原地帯の先住民のサン・ダンスに対しては，19 世紀末に連邦政府による弾圧が行われた。Senate, *Survey of Conditions*, 23 February 1927, 51 ; Robert M. Kvasnicka and Herman J. Viola, *The Commissioners of Indian Affairs, 1824–1977* (Lincoln : University of Nebraska Press, 1979), 259 ; Hubert Work, *Indian Policies : Comments on the Resolutions of the Advisory Council on Indian Affairs* (Washington, D. C. : GPO, 1924), 9 ; Hubert Work, "Our American Indians," *Saturday Evening Post*, 31 May 1924, 92.

(23) Alice Beck Kehoe, *The Ghost Dance : Ethnohistory and Revitalization* (Fort Worth : Holt, Rinehart and Winston, 1989), 19–20.

(24) Kelly, *Assault*, 301 ; Philp, *Collier's Crusade*, 55–56 ; Herbert Welsh, "The Pueblo Indian Rites," *New York Times*, 26 October 1924, 12 (以下，*New York Times* は *NYT* と略記) ; Collier, "Red Atlantis," 20.

(25) たとえば，G. E. E. Lindquist, *The Red Man in the United States* (New York : George H. Doran, 1923), xvii, chap. IV. 同章においてダブは，プロテスタント諸教派間の対立が保留地におけるキリスト教布教活動の混乱・遅滞の主因であったが，近年では YMCA や YWCA などを通じて諸教派間の協調がみられ，先住民の若年層の間ではこれらの組織の活動が活発になりつつあると論じた。Edith Manville Dabb, "Evils of Tribal Dances," *NYT*, 2 December 1923, sec.9, 8.

(26) John Collier, "Indian Dances Defended," *NYT*, 16 December 1923, sec.8, 6 ; Collier, "Plundering," 22 ; John Collier, "Religious Persecution of Indians Charged by Defense League Official," *Sacramento Bee*, 23 August 1924, 12.

(27) Welsh, "Pueblo," 12.
(28) The Indian Rights Association, *Indian Truth* I, no. 3 (April, 1924) : 4.
(29) Kelly, *Assault*, 302.
(30) F. H. Hodge, "Rites of the Pueblo Indians," *NYT*, 26 October 1924, sec.8, 12.
(31) M. K. Sniffen, "Secret Dances of the Pueblos," *NYT*, 1 November 1924.
(32) John Collier, "The Religion of the Pueblos," *NYT*, 16 November 1924, sec. 9, 12.
(33) 1920年代当時，人類学者は先住民政策に関して公的な発言はほとんどしていない。ただし例外的に，人類学者のアルフレッド・クローバー（Alfred Kroeber）はIRAのウェルシュ宛に書簡を送っていた。その書簡によれば，クローバー自身は，IRAが自説の根拠として持ちだした「ファイル」の信憑性について否定的であった。この時期の人類学者の発言（あるいは沈黙）については以下の文献に詳しい。Edward A. Kennard and Gordon Macgregor, "Applied Anthropology in Government : United States," in *Anthropology Today*, ed. A. L. Kroeber (Chicago : University of Chicago Press, 1953), 832–40 ; Kelly, *Assault*, 306, 324.
(34) プエブロ指導層とAIDAとの書簡については，*Collier Papers*, reel 9 ; Ortiz, *Pueblo*, 114.
(35) IRAの支持を得た進歩主義評議会は，プエブロの総人口の約1割を代表していると主張していた。*Collier Papers*, reel 9.
(36) "Indian Envoys Visit City," *NYT*, 31 January 1924, 13 ; "Indians Make Plea in Song and Dance," *NYT*, 9 February 1924, 14 ; "Declaration of All Pueblo Council," 5 May 1924, in *Collier Papers*, reel 9. プエブロの声明文全文は以下のAIDAの機関誌に掲載されている。*American Indian Life* 2 (July-August 1925) : 1–2, in *Collier Papers*, reel 9 ; "Circular No. 17, To the Governors and Councils of the Northern Pueblos," 21 July 1924, in *Collier Papers*, reel 9 ; "The Pueblo's Reply," 18 August 1924, in *Collier Papers*, reel 9.
(37) Kelly, *Assault*, 312, 339 ; 拙稿「レッド・アトランティス」，202頁。ジョン・コリアからマヒュー・スニフェン宛の書簡（1929年10月21日付）のなかの言葉である。*Collier Papers*, reel 3.
(38) トゥルーやレネハンと土地問題については，コリアからプエブロ所管の行政官宛の書簡（1924年6月25日付）を参照。*Collier Papers*, reel 9. ウェルシュの発言は以下に引用されている。John Collier, "Do Indians Have Rights of Conscience?" *Christian Century*, 12 March 1925, 348. また，婦人クラブ連合は見解を表明しない方針を執った。そして，内部対立を避けるため，1924年11月をもってジョン・コリアとの（同連合インディアン福祉委員会の調査員としての）契約を打ち切っている。Prucha, *Policy in Crisis*, 139.
(39) *American Indian Life* 10 (October- November 1927) : 10–12, in *Collier Papers*, reel 9 ; "E. B. Meritt Addresses Pueblo Indian Council," *The Indian Leader* 32, no. 10 (16 November, 1928) ; Philp, *Collier's Crusade*, 69 ; Joe S. Sando, *Pueblo Profiles : Cultural Identity through Centuries of Change* (Santa Fe : Clear Light, 1998), 44–46 ;

*American Indian Life* 10 : 10–12, in *Collier Papers*, reel 9.

(40) *American Indian Life* 15 (January 1930) : 22, in *Collier Papers*, reel 9 ; あるプエブロにおけるダンスへの干渉については，Congress, House, Speech of Hon. James A. Frear, 69th Cong., 1st sess., *Congressional Record* 67, pt. 5 (4 March 1926) : 5048 (紙幅の都合上，以下では初出を除き，Senate または House, *Cong. Rec.*〔年月日〕: 頁と略記) ; John Collier, "A Reply to Mrs. Eastman," *Christian Century*, 8 August 1934, 1018.

(41) 23 Stat., 385 ; 35 Stat., 1088 ; Kelly, *Assault*, 369.

(42) Philp, *Collier's Crusade*, 68 ; Congress, House, Committee on Indian Affairs, *Reservation Courts of Indian Offenses : Hearings before the Committee on Indian Affairs*, 69th Cong., 1st sess., 13 February to 20 May 1926, 1–2.

(43) House, *Reservation Courts*, 19, 22–27.

(44) Ibid., 23, 74.

(45) Ibid., 100.

(46) Congress, House, *Cong. Rec.* (4 March 1926) : 5014 ; Congress, House, Reply of Hon. Charles H. Burke, Commissioner of Indian Affairs, to Congressman James A. Frear, 69th Cong., 1st sess., *Congressional Record* 67, pt. 7 (23 April 1926) : 8101.

(47) Philp, *Collier's Crusade*, 69 ; Senate, *Survey of Conditions*, 23 February 1927, 1–2, 51 ; Prucha, *Great Father*, 812–13. その後は，インディアン局に集中していた権限を分散する方針（たとえば同局の公衆衛生部門を保健教育福祉省へ移管）が採られたり，本章でみたようなインディアン局内の慣習法（連邦議会の審理を経ていないにもかかわらず実質的な法的効力をもつ諸規則）の撤廃や法制化が徐々に進められた。Szasz, *Education*, chap. 11.

(48) "Indian Envoys Visit City," *NYT*, 31 January 1924, 13 ; "Indians Make Plea in Song and Dance," *NYT*, 9 February 1924, 14 ; "Indian War Dance Thrills City Club," *NYT*, 2 February 1924, sec.2, 7.

(49) J. H. Suina, "Pueblo Secrecy : Result of Intrusions," *New Mexico Magazine*, January 1992, 60–63 ; Dozier, *Pueblo*, 115–16.

(50) Kenneth Philp, "Albert Fall and the Protest from the Pueblos," *Arizona and the West* 12, no. 3 (1970) : 243 ; Kathleen L. Howard and Diana F. Pardue, *Inventing the Southwest* (Flagstaff, Ariz. : Northland, 1996).

(51) Pauline Turner Strong, introduction to *Pueblo Indian Religion*, vol. I, by Elsie Clews Parsons (Chicago : University of Chicago Press, 1939 ; reprint, Lincoln : University of Nebraska Press, 1966), v–xxvii.

(52) Ruth L. Bunzel, *The Pueblo Potter : A Study of Creative Imagination in Primitive Art* (New York : Columbia University Press, 1929 ; reprint, Dover, 1972), 2.

(53) Dozier, *Pueblo*, 115–16.

(54) Suina, "Pueblo," 60–63. プエブロの「秘密主義」の歴史的経緯と意義については，以下の拙稿で論じた。「プエブロ——文化継承のための戦略と課題」富田虎男編『世界

の先住民族　第7巻　北米』（明石書店，2005年），291–307頁。

(55) Strong, introduction to *Pueblo*, by Parsons, v–xxvii ; Aberle, “The Pueblo Indians,” 3.

(56) Susan Sontag, *On Photography* (New York : Farrar, Straus and Giroux, 1977). 以下から引用した。スーザン・ソンタグ，近藤耕人訳『写真論』（晶文社，1979年），70–71頁。

(57) “Minutes of All-Pueblo Council, Santo Domingo Pueblo, July 4–5, 1933,” 109, in *Collier Papers*, reel 9.

(58) コリアの意見書「圧政を合法化する法案」は連邦議会内で広く回覧されただけではなく，同様の内容が有力誌等に掲載されて世論の注目を集めた。一例として John Collier, “Are We Making Red Slaves?” *Survey* 23 (January 1927) : 453–55.

## 第4章　「玉虫色の法案」とトライバル・ファンドをめぐる論争

(1) John Collier, “The Fate of the Navajos,” *Sunset, the Pacific Monthly* (January 1924) : 11.

(2) Cohen, *Handbook*, 553. 1920–24年の4年間では，年間1人当たりの国庫支出金(連邦助成金)は全先住民平均で54ドルであり，トライブによる差はあるにせよトライバル・ファンドの残高は限りなくゼロに近い状態であった。ナヴァホの場合，国庫支出金の1人当たりの平均は28.50ドル（その内約40％がインディアン局の人件費，約19％が医療費）であり，ファンドに残金はほとんどなかった。Congress, Senate, Urgent Deficiency Appropriations, 69th Cong., 1st sess., *Congressional Record* 67, pt. 5 (2 March 1926) : 4826 ; Congress, House, *Cong. Rec.* (4 March 1926) : 5036.

(3) 通称ドーズ法の抜粋は以下を参照。Prucha, ed., *Documents*, 170–73.

(4) John R. Brown, “Citizens and Wards Too,” *Survey* 54, no. 2 : 95.

(5) Ibid. 連邦議員のなかには，保留地在住の「インディアン」自らが市民権を要求する動きはないことに疑問を抱いていた者もいたが，当時は先住民側の意向を政策に反映させるという発想はなく，それがなぜなのかを理解しようとする動きはみられなかった。それは，「インディアン」という法的地位を保持したまま「市民」という法的地位を得ることの原理的矛盾と密接に関わっていたのだが，法案の審議過程ではこの点は不問に付されたのである。Hertzberg, “Indian Rights,” in vol. 4 of *Handbook*, 306–07.

(6) Frederick E. Hoxie, ed., *Talking Back to Civilization : Indian Voices from the Progressive Era* (New York : St. Martin’s, 2001), chap. 6, 7. たしかに，すべての先住民を対象とした24年市民権法は，法制度上の重要さとは裏腹に，その制定過程においてほとんど議論がなされていない。その背景には，第一次世界大戦中に兵役義務がないにもかかわらず先住民の志願兵が存在していたことや，大国アメリカ合衆国における国内の差別問題への国際的関心の高まりなどの政治的要因があったため，法的整合性の問題を棚上げにして連邦議会が一方的に市民権付与を宣言したという事情があった。そのため，同法の制定については，本文で言及した「民族自決」の高揚の他に，新興のソビエト社会主義政権からの「インディアン」差別への批判に対する連邦議会

主導の対諸外国向けのパフォーマンスの側面が強いこと，対象となる「インディアン」が数十万人であったという「数の論理」が働いたこと，そして日常生活に直結した施策レベルにおいては象徴的側面が強いこと（たとえば，参政権付与は依然として州の管轄とみなされていたため，ニューメキシコ・アリゾナ両州が参政権付与を否認したままであっても連邦政府は介入せず黙認した）などが，これまで指摘されてきた。なお，1887年の一般土地割当法など，個々人に割当地を分配する法律には，通常，一定期間後に市民権《シティズンシップ》を付与するとの規定がある。関連法規の抜粋は以下を参照。Prucha, ed., *Documents*, 170-72, 205, 215.

（7）第3章で論じたプエブロの事例はその典型である。この点については以下の文献も参照のこと。Cohen, *Handbook*, 644 ; Kelly, *Assault*, chap. 8.

（8）そしてヘイデン法案の原案では，石油採掘業者が得た収益に対しては非課税と規定されていた。また州に納められた（トライブが得た採掘料収入の）37.5％相当分については，当該州内の保留地の道路建設や先住民の学校教育のために使われることが明記されていた。Congress, House, Speech of Hon. James A. Frear, 69th Cong., 1st sess., *Congressional Record* 67, pt. 6 (23 March 1926) : 6112. ヘイデン法案以前の諸法案の審理については Philp, *Collier's Crusade*, 71-74 を参照。

（9）田中他編『英米法辞典』，439，681頁。

(10) 条約保留地の鉱業権については，1891年2月28日の法律（26 Stat., 795）と1924年5月29日の法律において（1）評議会の同意が必要であること，（2）天然資源の採掘によって得た収益への課税は非保留地と同率にすることが明記されている。House, *Cong. Rec.* (4 March 1926) : 5038.

(11) 合衆国に支払う採掘料の比率は，厳密にいえば，最初の640エーカーについては収益の5％，さらに隣接する3つのセクションについては最低12.5％（ただし入札の際は最初のセクションの賃借人に優先権がある）である。41 Stat., 437.

(12) フォール内務長官は，一般リース法のいう「合衆国によって所有された」土地のなかに行政命令保留地も含まれると曲解したのである。なお，フォール内務長官は，1924年に政府油田を特定業者に秘密裡に貸与したティー・ポットドーム収賄事件——のちにハーディング政権の代表的汚職事件といわれた——を起こしたが，それ以前から特定石油開発業者と結託していた。Philp, *Collier's Crusade*, 71.

(13) ワーク内務長官宛のハーラン・ストーン（Harlan F. Stone）司法長官意見の全文は，House, *Cong. Rec.* (4 March 1926) : 5042-44 に転載されている。司法長官意見とは，田中他編『英米法辞典』によると「法的拘束力はないが実際上行政部はほとんど常にこれに従って行動する」ものである。

(14) 一部の連邦議会議員のみならず行政官のあいだでも，ヘイデン法案には法的正当性がないとの意見があった。たとえば，カト・セルズ（Cato Sells）前インディアン局長は，1926年3月18日付のブラットン上院議員宛の書簡のなかで，ヘイデン法案は「不正であり，弁護の余地」がなく，行政命令保留地は条約保留地と同等に扱うべきであると主張していた。House, *Cong. Rec.* (23 March 1926) : 6117.

(15) Ibid., 6115.

(16) Ibid., 6110 ; House, *Cong. Rec.* (4 March 1926) : 5050.
(17) House, *Con. Rec.* (23 April 1926) : 8098–99.
(18) 婦人クラブ連合のステラ・アトウッドがクーリッジ大統領宛にヘイデン法案に反対する意見書（3月27日付）を送る一方，全プエブロ評議会もヘイデン法案に反対する声明文を発表した。さらにAIDAの会員60名は6月3日にニューヨークで反対集会を開催するなど，1926年には同法案に対する反対運動は最高潮に達した。Philp, *Collier's Crusade*, 75–76 ; Kelly, *Assault*, 360 ; *Collier Papers*, reel 8, reel 9.
(19) ナヴァホ保留地内の行政命令保留地については，条約保留地と同等の権原を有することが1934年の法律で明文化された。詳しくはCohen, *Handbook*, 495を参照。
(20) 橋の建設予定地は，アリゾナ州リー・フェリー（Lee Ferry または Lee's Ferry）からコロラド川沿いの6マイル下流の地点であった。なお同法の全文は以下に収録されている。Senate, *Cong. Rec.* (2 March 1926) : 4829.
(21) Kelly, *Assault*, 363.
(22) Congress, House, 69th Cong., 1st sess., *Congressional Record* 67, pt. 3 (4 February 1926) : 3326.
(23) House, *Cong. Rec.* (4 February 1926) : 3324–25.
(24) Ibid.
(25) しかも石油産出量は減少傾向にあった。House, *Cong. Rec.* (4 March 1926) : 5036 ; Collier, "The Fate," 61. 1913年，オセージに対して数年間にわたって総額1万3000ドルの現金が支払われ，子どもを含むすべての成員のあいだで配分された。Collier, *Zenith*, 253.
(26) Congress, Senate, Urgent Deficiency Appropriations, 69th Cong., 1st sess., *Congressional Record* 67, pt. 5 (24 February 1926) : 4468–70.
(27) Congress, Senate, Urgent Deficiency Appropriations, 69th Cong., 1st sess., *Congressional Record* 67, pt. 5 (25 February 1926) : 4554–58.
(28) Senate, *Cong. Rec.* (2 March 1926) : 4821–22.
(29) Ibid., 4824–26.
(30) Ibid., 4829–30. 同法案（1926年2月26日成立）についてのコンファレンス・レポートの採択結果は，賛成43，反対29，白票24であった。
(31) House, *Cong. Rec.* (4 March 1926) : 5036 ; House, *Cong. Rec.* (23 March 1926) : 6110, 6114.
(32)「バーク局長のインディアン局によって許可された77万1000ドルの負債」というフレア議員の言葉を引用し，バーク局長は「私が歳出配分の承認をしているとは知りませんでした。あなた方はご存知でしたか」と述べている。言うまでもないが，予算承認の権限をもっているのは内務省インディアン局ではなく連邦議会である。このようにフレア議員の演説には一部個人攻撃ともとれる箇所がある一方で，バーク局長の反論も多分に感情的であった。なおヘイデン法案やリー・フェリー橋については，AIDAのみならずバーク局長が所属していたIRAも反対していたが，同局長はIRAの反対については言及していない。House, *Cong. Rec.* (23 April 1926) : 8097–100 ;

Philp, *Collier's Crusade* 79.

(33) トライバル・ファンドに計上された負債については，1932 年 7 月 1 日に成立した法律によって内務長官に一部軽減あるいは帳消しにする権限が与えられた。その結果，1936 年までにはリー・フェリー橋の 10 万ドルを含む総計 1200 万ドルの負債が帳消しにされることになった。Philp, *Collier's Crusade*, 127.

(34) 当時のインディアン局の職員は約 5000 人であった。House, *Cong. Rec.* (4 March 1926) : 5034, 5050 ; Senate, *Cong. Rec.* (2 March 1926) : 4829.

(35) 26 Stat., 795.

(36)「ナヴァホ」としての帰属意識はなかったとはいえ，自他共に認める実力者が現れた場合は，バンドや地縁・血縁の枠を超えて統一行動をとることもあった。たとえば当時，人々の信頼を集めていたチー・ドッジは，重要案件については保留地各地で遊説を行いコンセンサスを形成する重要な役割を果たした。なかでも，天然資源開発に伴う採掘料や配当をめぐり，「非公式」――インディアン局や連邦議会が正式であると認めていないため，首都における政策形成過程での影響力はなかったという意味において――ではあるが「トライブ」としての意思決定に一役買っている。チー・ドッジはある集会において「頭割りで各個人が分け前をもらうという方法では長続きしない」と唱え，一部の人々が要求していた「ロイヤルティの頭割り」案には激しく反対して退け，その収入をトライバル・ファンドとして「必要なときまで」共同管理するという代替案を提示したという。おそらく，「ロイヤルティの頭割り」により，金銭をめぐる詐欺などのトラブルやアルコール中毒の増加といった社会問題を抱えることになった他の保留地の先例を踏まえてのことだろうが，いずれにせよ，ドッジには先見の明があった。事実，数十年後に本格化するナヴァホ育英奨学金の一部は，天然資源開発によるロイヤルティ収入から拠出されている。Johnson, ed., *Stories*, 197.

(37) 引用した抗議文（油田のあるサンファン管区からのものと推定される）と書簡はともにインディアン局のファイルに保管されているが，差出人の名は削除されているという。"Mr. Hagerman's Lease of the Rattlesnake Structure and What Preceded and Followed It," n.d., in *Collier Papers*, reel 8.

(38) Collier, "The Fate," 61. プエブロの指導層と評議会の関係については，拙稿「1920 年代の『トライバル・ダンス』論争――その展開と歴史的意義」『一橋論叢』第 129 巻第 2 号（2002 年），134–52 頁。

(39) Norman K. Eck, *Contemporary Navajo Affairs* (Rough Rock, Ariz. : Navajo Curriculum Center, Rough Rock Demonstration School, 1982), 1–2 ; Kelly, *Assault*, 182.

(40) チー・ドッジ，チャーリー・ミッチェル，チー・ベキス（Dugal Chee Bekiss）の 3 名が任命された。Eck, *Navajo Affairs*, 1–2.

(41) 1923 年 4 月の改正により，評議員数は 6 名から 24 名（代議員 12 名，発言権のみで投票権のない予備議員 12 名）に増員された。1927 年の改正により，議長と評議員の任期は 5 年となり，6 つの管区名も北部（代議員，予備議員ともに 3 名），西部(各 2 名)，南部(各 4 名)，東部(各 1 名)，ルップ（各 1 名），ホピ（各 1 名）と改称された。なお 1928 年には定足数が過半数へと変更され，女性の投票権も認められた。Chas.

H. Burke, Office of Indian Affairs, "Regulations Relating to the Navajo Tribe of Indians," 27 January 1923, E.B.Meritt, Office of Indian Affairs, "Regulations Relating to the Navajo Tribe of Indians," 24 April 1923, "Amendments to the Regulations Relating to the Navajo Tribe of Indians approved April 24, 1923," 20 April 1927, in *Collier Papers*, reel 8. 1923年7月7日の最初の評議会で，ヘガマン弁務官は保留地の一部拡張を約束したという。1923年から28年までの初代議長はチー・ドッジである。Philp, *Collier's Crusade*, 109.

(42) これは条約保留地におけるリース権についての決議である。"Resolution of the Navajo Tribal Council," 7 July 1923, in *Collier Papers*, reel 8.

(43) このことは，あるロビー団体がヘイデン法案に対するナヴァホ評議会の意見を書面にて求めたところ，ヘガマン弁務官から返答がきたという一件からもうかがい知ることができる。また，何らかの理由で評議員選挙が行われなかった場合，内務長官が評議員を任命することになっていた。*American Indian Life*, Supplement to Bulletin, no. 6 (July-September 1926), 1 ; Eck, *Navajo Affairs*, 2–3.

(44) House, *Cong. Rec.* (23 April 1926) : 8105.

(45) Ibid., 8104 ; House, *Cong. Rec.* (23 March 1926) : 6113.

(46) House, *Cong. Rec.* (4 February 1926) : 3003 ; Senate, *Cong. Rec.* (24 February 1926) : 4469.

(47) Senate, *Cong. Rec.* (25 February 1926) : 4551, 4554–55 ; House, *Cong. Rec.* (23 April 1926) : 8097.

(48) Collier, "Navajos," 335.

(49) *American Indian Life* (July-September 1926), 2 ; Philp, *Collier's Crusade*, 103.

## 第Ⅲ部 「インディアン・ニューディール」と南西部先住社会

## 第5章 改革のモデルケース

(1) Deloria and Lytle, *Nations*, 61, 62.

(2) Collier, *Zenith*, 173.

(3) Sando, *Pueblo Profiles*, 47 ; Rodney Dutcher, "Pueblo Indians : Ancient 'Communists' Fight Encroachment on Tribal Lands," *The NEA Service News*, 24 January 1933, 1.

(4) ローズベルト大統領就任直後の効率化のための部局の統廃合の一環として，同評議会は廃止された。Congress, House, "Abolishing the Board of Indian Commissioners," *House Document* no. 57, 73rd Cong., 1st sess., 25 May 1933, 1–2.

(5) コリア自身は，すべての「インディアン」に対して同法を適用すべきだと考えており，住民投票の必要性はないと考えていた。再組織法と同法に関するコリアの見解については，下記文献所収の "Wheeler-Howard Act (Indian Reorganization Act)," "Indian Commissioner Collier on the Wheeler-Howard Act : Extract from the *Annual Report of the Commissioner of Indian Affairs*" それぞれの抜粋より引用した。Prucha, ed., *Documents*, 223–29.

(6) 以下，会議における質疑応答はすべて議事録からの引用である。"Minutes of All-

Pueblo Council, Santo Domingo Pueblo, 15 March 1934," in *The Indian Reorganization Act : Congresses and Bills*, ed. Vine Deloria, Jr. (Norman : University of Oklahoma Press, 2002), chap. 6（以下，Derolia, ed., *The IRA* と略記）.

（7）Ibid., 196.

（8）Ibid., xi, 7.

（9）「地方自治体」の定義については，田中他編『英米法辞典』を参照。

(10) Kenneth R. Philp, ed., *Indian Self-Rule : First-Hand Accounts of Indian-White Relations from Roosevelt to Reagan* (Logan : Utah State University Press, 1995), 49.

(11) Derolia, ed., *The IRA*, xiv.

(12) 田中他編『英米法辞典』; Derolia, ed., *The IRA*, xii.

(13) Ibid., 198–99.

(14) Ibid., 195.

(15) 48 Stat., 984–88. サンタクララ，イスレタ，ラグーナの各プエブロは同法のもとで「部族憲法」を採択している。ヘメス・プエブロは同法を承認しなかったが，行政措置によって「自治政府」などは設立された。Deloria, ed., *The IRA*, x, xv.

デロリアは，HR7902と再組織法を比較し次のように指摘している。HR7902の「自治政府」の章は，具体的な構成や権限の範囲などに関して不明瞭かつ矛盾する点があるため，各地で開催された「インディアン・コングレス」においても混乱や反発を招くことになった。他方，「インディアン裁判所」の章は「コリアの天才的発想と予言的展望」が結実した珠玉の司法改革案を提示しているにもかかわらず，土地や自治政府をめぐる反発や議会での説明不足から同章の重要性を十分周知することができず，最終法案からは削除されてしまったという。そのため，「自治政府」「高等教育奨学金」「土地」「インディアン裁判所」の4つの章をそれぞれ独立した法案として提出したならば，とくに裁判所については手間取ることは想定されるものの，結果としてコリアの原案により近い形で法案が成立しただろうとデロリアは述べている。

また，デロリアによれば，再組織法の基調をなす「インディアンによる経済発展と自治政府」という理念の原型は，1920年代のクラマス（Klamath）族の提案にあるという。それは，内務省インディアン局ではなく連邦地裁の管轄下にある連邦機関（federal corporation）として自らを組織するという提案であった。当時のクラマス指導層は，保留地の森林資源が搾取され続けていることに抗議して，それを阻止できないインディアン局の管理から離れて連邦機関として資源の自主管理をしたいと申し出たのである。結局，当時は連邦地裁に監督権があるのかどうか不明であったため，この提案は却下された。その後，1960年代に学校統合を推進すべく裁判官が監督権を行使したことを鑑みれば，クラマスの慧眼には驚くべきものがあるとデロリアは指摘している。ただし筆者は，クラマスの提案の画期性・重要性には同意するものの，それと同時に，「プエブロ既存の政府」の存在とそのあり方こそがコリアなどの改革推進派に大きな影響を与えていた事実を見逃してはならないと考えている。

(16) Prucha, ed., *Documents*, 226.

(17) Deloria and Lytle, *Nations*, 62.

(18) Derolia, ed., *The IRA*, 179, 180.

(19) "Circular no. 2970 — Indian Religious Freedom and Indian Culture," in Congress, Senate, Committee on Indian Affairs, *Survey of Conditions of the Indians in the United States : Hearings before the Committee on Indian Affairs*, pt. 34, 75th Cong., 1st sess., 18 March–21 August 1936, 18319–20（以下，*Survey of Conditions*, pt. 34 と略記）.

(20) 宗教教育は約18カ月間に及ぶとあるが，そのうち何日間，学校を欠席する必要があるのかはさだかではない。Kvasnicka and Viola, *Commissioners*, 259 ; 41 Stat., 408–11.

(21) S. A. M. Young to Hilario Baca, 23 January 1926 ; Jesus Baca to John Collier, 26 February 1926 ; Videl Sanchez to John Collier, 19 March 1926, in *Collier Papers*, reel 9.

(22) Philp, *Collier's Crusade*, 60–61.

(23) レイフェルはローズバッド保留地出身であり，25歳のときに農業指導者としてオグララに派遣された。Philp, ed., *Self-Rule*, 54.

(24) Elaine Goodale Eastman, "Does Uncle Sam Foster Paganism?" *Christian Century*, 8 August 1934, 1016–18.

(25) John Collier, "A Reply to Mrs. Eastman," *Christian Century*, 8 August 1934, 1018–20.

(26) Senate, *Survey of Conditions*, pt. 19, 9954–59.

(27) Will Kymlicka, *Multicultural Citizenship : A Liberal Theory of Minority Rights* (Oxford : Oxford University Press, 1995), 35. ただし，引用部分は以下からの引用である。ウィル・キムリッカ（角田猛之・石山文彦・山﨑康仕監訳）『多文化時代の市民権——マイノリティの権利と自由主義』（晃洋書房，1998年），51頁。

(28) 前者の規定とは，プエブロの女性が部族外の男性と結婚した場合，その子どもは部族の成員としての資格はみとめられないが，プエブロの男性が部族外の女性と結婚した場合はその限りではないという規則のことを指す。この「男女不平等」な規則の違憲性が法廷で争われたが，1978年のサンタクララ・プエブロ対マルティネス裁判の判決により同規則は支持された。なお68年市民権法（82 Stat., 77–81）により，先住民評議会は権利章典にほとんどの領域で服することになったものの，同評議会は連邦裁判所ではなく部族裁判所の所管となっている。キムリッカ同上書，57頁。

(29) キムリッカ同上書，245–50，339頁。

(30) キムリッカ同上書，247頁。

(31) Derolia, ed., *The IRA*, 187.

(32) Meriam and others, eds., *Problems*, 3, 22, 88, 396, 818 ; D'Arcy McNickle, *Native American Tribalism : Indian Survivals and Renewals* (New York : Oxford University Press, 1973), 92 ; D'Arcy McNickle, *Indian Man : A Life of Oliver La Farge* (Bloomington : Indiana University Press, 1971), 71.

(33) Kvasnicka and Viola, *Commissioners*, 264, 267 ; Ray Lyman Wilbur, "Uncle Sam Has a New Indian Policy," *Saturday Evening Post*, 8 June 1929, 5, 136.

(34) Hyer, *One House*, 30.

(35) Senate, *Survey of Conditions*, 23 February 1927, 7-8, 29, 50 ; Congress, Senate, Committee on Indian Affairs, *Survey of Conditions of the Indians in the United States : Hearings before the Committee on Indian Affairs*, pt. 18, 71st Cong., 3rd sess., 27 April-20 May 1931, 8998-9001 (以下，*Survey of Conditions*, pt. 18 と略記).

(36) "The Rules for Sending Children to Schools" と題された 1917 年の通達については，Lomawaima, *Prairie Light*, 36.

(37) Congress, House, Interior Department Appropriations, 67th Cong., 4th sess., *Congressional Record* 64, pt. 1 (27 December 1922), 947.

(38) たとえば，Collier, "The Fate," 61.

(39) W. Carson Ryan, "Recent Trends in Indian Education in the United States," *Indians at Work* 3, no. 5 (15 October 1935) : 36.

(40) Willard W. Beatty, "Education for the Whole Community," *Indians at Work* 3, no. 21 (15 June 1936) : 28-29 ; "Beatty to Indians," *TIME*, 10 February 1936, 36 ; Willard W. Beatty, "Planning Indian Education in Terms of Pupil and Community Needs," *Indians at Work* 4, no. 2 (1 September 1936) : 6-7.

(41) "50 Navajos Take Training to Teach New Community Day School Program," *Gallup Independent*, 29 October 1934, 3.

(42) サンタフェ校については，Hyer, *One House*, 29, 31, 37 を参照。

(43) Senate, *Survey of Conditions*, pt. 19, 10141-43, 10216-27.

(44) ゲルナーは以下のように述べている。「民俗伝承にもとづく文化ではなく学校が伝える文化だけが，産業人に有用性，尊厳，自尊心を与える。この事実の裏面は，それに匹敵するほどの事を行うことができるのは学校以外にはないという事実である」。ゲルナー『民族とナショナリズム』，61 頁。原書では，「民俗伝承にもとづく文化」は "a folk-transmitted culture"，「学校が伝える文化」は "a school-transmitted culture" である。Gellner, *Nations*, 36.

(45) Hyer, *One House*, 32-35, 42, 43.

(46) 2 年間のアートプログラムには，1933-42 年のあいだに 50 人の卒業生を輩出したが，そのうちの半数はプエブロとナヴァホであった。Hyer, *One House*, 31, 42, 45.

(47) Dorothy Dunn, *American Indian Painting of the Southwest and Plains Area* (Albuquerque : University of New Mexico Press, 1968), 273. ただし，インディアン局所管の学校全体では，1900 年代にカーライル校でデコラ (DeCora) という教員が先住民の伝統的モチーフなどを教材とした図画工作を教えていた先例はある。

(48) 他には，ヤンクトナイ・スーのオスカー・ハウ (Oscar Howe)，コーチティ・プエブロのジョー・ヘレラ (Joe H. Herrera) などが当時の工房で学んでいる。Hyer, *One House*, 46.

(49) Bruce Bernstein and W. Jackson Rushing, *Modern by Tradition : American Indian Painting in the Studio Style* (Santa Fe : Museum of New Mexico Press, 1995), 20 ; Dunn, *Indian Painting*, 224, 252, 263 ; Dorothy Dunn, "Indian Children Carry

Forward Old Traditions," *School Arts Magazine* 34, no. 7 (March 1935) : 435.

(50) David Steinberg, "A Well-Crafted Life," *Albuquerque Journal*, 16 June 1996, D1, D4 ; Pop Chalee, "My People's Arts," *School Arts Magazine* 36, no. 3 (November 1936) : 147.

(51) ダンの手紙については，Bernstein and Rushing, *Modern*, 12, 44.

(52) Kenneth M. Chapman, "Indian Art for Indian Schools," *School Arts Magazine* 27, no. 3 (November 1927) : 131.

(53) チャップマンがサンタフェ校で生徒の作品を集めていたときに起こった事件である。J. J. Bordy, *Indian Painters and White Patrons* (Albuquerque : University of New Mexico Press, 1971), 127.

(54) Dorothy Dunn, "Going to School with the Little Domingos," *School Arts Magazine* 30, no. 7 (March 1931) : 473-74.

(55) Hyer, *One House*, 44.

(56) Department of the Interior, Indian Arts and Crafts Board, *Native American Arts 1 : Institute of American Indian Arts* (Washington, D. C., 1968), 8.

(57) Jamake Highwater, *Song From the Earth : American Indian Painting* (Boston : New York Graphic Society, 1976), 149.

(58) Steinberg, "A Well-Crafted Life," D4.

(59) キムリッカは「インディアンに対する政府の政策は，大量殺戮，駆逐，隔離，同化とあらゆるものが行われてきた」が，一貫して変わらなかったことは，「政府が『先住民族は，自分たちの文化とは異なりはするが劣ってはいない文化をもつ，独自の民族であると真に承認する』ことは決してなかった」点であると述べている（キムリッカ『多文化時代の市民権』，32 頁）。たしかに，1930 年代には一部の政府高官のあいだでプエブロなどの特定トライブの文化的独自性を容認する動きがみられたものの，政策として「真の承認」がなされたとはいえないだろう。

(60) Miguel H. Trujillo, "Indian Education Throughout the Years," *Indians at Work* 4, no. 18-19 (May 1937) : 29 ; Philp, ed., *Self-Rule*, 93.

(61) 一例として，Derolia and Lytle, *Nations Within*, 250.

### 第6章 「第二のロング・ウォーク」の波紋

(1) 当時，約2万平方マイルの土地を4万人弱のナヴァホと2000人強のホピで共有しており，ナヴァホの占有面積は約1万5000平方マイルであった。Collier, "The Fate," 333.

(2) Richard White, *The Roots of Dependency : Subsistence, Environment, and Social Change among the Choctaws, Pawnees, and Navajos* (Lincoln : University of Nebraska Press, 1983), 231.

(3) Senate, *Survey of Conditions*, pt. 34, 17554, 17564-67.

(4) 内務長官の諮問機関である The Board of Indian Commissioners の報告書からの引用である。Collier, "The Fate," 334.

(5) ただし，ナヴァホの場合，年収という観点からみれば，牧畜が農業よりも高い割合を占めていたものの，生存水準の維持のためには牧畜よりも自耕自給農業の比重が大きかった。そのため，1人当たりの平均所有家畜数の減少をもって窮乏化が深刻化したとは単純にはいえない。White, *Dependency*, 220, 222.

(6) Ibid., 251.

(7) Ibid., 228, 258–59.

(8) Derolia, ed., *The IRA*, 160.

(9) Senate, *Survey of Conditions*, pt. 34, 17540–42.

(10) John Collier, "Indians at Work," *Survey Graphic* 23, no. 6 (June 1934) : 263.

(11) キムリッカ『多文化時代の市民権』，51 頁。

(12) 同プロジェクトの場合，ため池や水路の建設等に従事し，1日あたり2ドルの報酬を得るというケースが一般的であった。CCC ファンドは年間約 123 万ドル（1937 年度）であった。Ruth Roessel and Broderick H. Johnson, comp., *Navajo Livestock Reduction : A National Disgrace* (Chinle : Navajo Community College Press, 1974), 164 ; Parman, *The Navajos*, 185 ; Collier, "Indians at Work," 263. 決議文については Derolia, ed., *The IRA*, 159 より引用した。

(13) Senate, *Survey of Conditions*, pt. 34, 17987–88 ; Parman, *The Navajos*, 45–48.

(14) そして 1935 年の秋以降の削減については，ナヴァホ評議会が削減政策を支持する決議を行っていないため，実質的に，評議会の承認なしに，インディアン局が強制的にさらなる削減を断行する形となった。Senate, *Survey of Conditions*, pt. 34, 17987–88 ; David F. Aberle, *The Peyote Religion Among the Navaho* (Chicago : Aldine, 1966), 58, 67 ; Philp, *Collier's Crusade*, 192 ; Charles Morrow Wilson, "Navajo New Deal," *Current History* 48 (June 1938) : 49.

(15) M.K. Sniffen, "Navajo Chaos," *Indian Truth* 12, no. 7 (October 1935) : 1–8 ; "Religious Liberty," *Indian Truth* 13, no. 9 (December 1936) : 2–3.

(16) Moris Burge, *The Navajo and the Land : The Government, the Tribe, and the Future*, Bulletin 26 (New York : National Association on Indian Affairs and American Indian Defense Association, 1937), 7–8 ; White, *Dependency*, 396.

(17) Roessel and Johnson, comp., *Livestock Reduction*, 107, 159.

(18) Senate, *Survey of Conditions*, pt. 34, 17801.

(19) Derolia, ed., *The IRA*, 194.

(20) Ibid., 169.

(21) Roessel and Johnson, comp., *Livestock Reduction*.

(22) Ibid., 25, 140, 159, 171–73, 176, 181, 201.

(23) Aberle, *Peyote*, chap. 17 ; Roessel and Johnson, comp., *Livestock Reduction*, ix–xi.

(24) Roessel and Johnson, comp., *Livestock Reduction*, 17, 110, 157.

(25) Ibid. 筆者は，1996 年にニューメキシコ大学でメアリー・ベルガード（Mary Belgarde）教授の大学院セミナーで「ナヴァホ教育」に関する共同研究をする機会に恵まれた。その際，ナヴァホのある大学院生が披露してくれたエピソードである。

(26) アベルによれば，削減前後の家畜所有数の変化についてはこのデータ以外には見当たらないという。Aberle, *Peyote*, 62 ; Senate, *Survey of Conditions*, pt. 34, 17766.
(27) White, *Dependency*, 311-12.
(28) Ibid.; Derolia, ed., *The Act*, 159.
(29) Derolia, ed., *The Act*, 159 ; White, *Dependency*, 312.
(30) White, *Dependency*, 311-12.
(31) 第5章第2節参照。キムリッカ『多文化時代の市民権』，51頁。
(32) Parman, *The Navajos*, 19 ; Donald L. Parman, "J. C. Morgan : Navajo Apostle of Assimilation," *Prologue* 4, no. 2 (1972) : 83-88.
(33) バイアリリとは超自然力を持つ男の意である。Aberle, *Peyote*, 40.
(34) Kelly, *The Navajo Indians*, 66.
(35) この「南北対立」の一因として，ドッジとシップロックの監督官との個人的軋轢も挙げられるという。なお，1923年2月26日，ドッジら6名によるナヴァホ商業委員会を批判する請願書がサンファン管区の住民から監督官宛に提出されたが，同年7月のナヴァホ評議会においてはドッジを批判する動きはみられなかった。Parman, *The Navajos*, 17 ; Robert W. Young, *A Political History of the Navajo Tribe* (Tsaile, Ariz.: Navajo Community College Press, 1978), 64 ; Johnson, ed., *Stories*, 197 ; Kelly, *The Navajo Indians*, 67, 70.
(36) Deloria, ed., *The IRA*, 167-68, 174.
(37) Ibid., 159, 161, 170.
(38) 議事録をみる限り，ナヴァホ評議会議員のなかで，連邦聴聞会において削減政策自体を支持した者はほぼ皆無であった。またすでにみたように，チー・ドッジらの有力者たちは，インディアン局に対して削減政策の見直しや延期を求め続けていた。けれども，保留地拡張のための交渉は水面下で行われることもあって，一般住民からは弱腰とみなされたのである。ただし後述するように，1940年以降は，インディアン局との対立も辞さなくなったドッジと協調路線に転じたモーガンとでは立場が逆転することになる。Senate, *Survey of Conditions*, pt. 34, 18035-36.
(39) Deloria, ed., *The IRA*, 408-09, 412-13 ; Eck, *Navajo Affairs*, 4.
(40) Young, *Political History*, 86.
(41) 1936年3月にガナドで開催されたナヴァホの有力者による会合では，ドッジとモーガンはともに当局の方針（評議会の再編，削減政策の実施）に反対していたが，その後，コリアがドッジを説得した結果，ドッジは再組織法のもとでの評議会再編への支持を表明するようになったという。Parman, *The Navajos*, 121-23 ; Senate, *Survey of Conditions*, pt. 34, 17445-69, 17472-959.
(42) Aberle, *Peyote,* 51, 55 ; Morgan-Palmer, clipping from Santa Fe New Mexican, 19 February 1938, in Senate, *Survey of Conditions*, pt. 34, 17829-30.
(43) Parman, *The Navajos*, 172, 178.
(44) 1938年の規則によって，評議会は年1回開催し，その経費はトライバル・ファンドから支出することが定められた。また費用をまかなうことができるのならば2回以上

の開催も認められた。Young, *Political History*, 115.

(45) "Jack Morgan Broadcast, 1940.11.20" については以下の文献を参照。Parman, *The Navajos*, 253 ; White, *Dependency*, 401.

(46) Young, *Political History*, 118 ; "U. S. Files Suits Against Navajos to Stop Overgrazing," *Albuquerque Journal*, 1 June 1938, 1.

(47) 1945年に開催されたナヴァホ評議会では，民意をよりよく反映させうるとの理由で，30年代以前の6つの監督官管区制の復活などを含む様々な決議が採択されている。ところが，これらの決議に対しては，インディアン局が拒否権を発動し，結果的にすべて却下された。Aberle, *Peyote*, 75, 78.

(48) Senate, *Survey of Conditions*, pt. 34, 18015.

(49) John Collier, "Indians at Work," *Survey Graphic* 23, no. 6 (June 1934) : 262 ; Edward H. Spicer, ed., *Human Problems in Technological Change : A Casebook* (New York : Russell Sage Foundation, 1952), 207.

(50) W. Carson Ryan, Jr., "Social and Educational Implications of the Navajo Program," *Proceedings of the National Conference of Social Work at the Sixty-first Annual Sessions Held in Kansas City, Missouri, 20-26 May 1934* (Chicago : University of Chicago Press, 1934), 557-61.

(51) Congress, House, Committee on Indian Affairs, *Conditions and Affairs : Hearings before the Committee on Indian Affairs*, 74th Cong., 1st sess., 26 February and 1 March 1935, 319, 342-43, 362-63, 365 (以下，House, *Conditions and Affairs* と略記).

(52) Bureau of Indian Affairs, *You Asked About the Navajos*, Information About American Indians-Pamphlet V (Washington, D. C. : GPO, n. d.), 8 ; R. M. Tisinger, "Navajos to Open Community Center," *Gallup Independent*, 7 February 1935, 1. ホーガンスクールについては Davida Woerner, "Education among the Navajo : An Historical Study" (Ph. D. diss., Columbia University, 1941), 138.

(53) Ryan, Jr., "Navajo Program," 557-61 ; *Gallup Independent*, 29 October 1934, 3. さらにこれらの工芸品の販路を拡張するために，1941年にはナヴァホの職人のための工芸組合が結成されることになった。

(54) House, *Conditions and Affairs*, 361.

(55) Willard W. Beatty, "Indian Education in the United States," *Indians at Work* 8, no. 8 (April 1940) : 40.

(56) House, *Conditions and Affairs*, 319, 342-43, 362-65.

(57) "Navajo Fail to Revolt," *Albuquerque Journal*, 13 July 1934, 7.

(58) House, *Conditions and Affairs*, 323-24 ; J.C. Morgan, "Concerning the Navajo Language," *Farmington Times Hustler*, 7 November 1941, 3.

(59) Congress, Senate, Committee on Indian Affiars, *Survey of Conditions of the Indians in the U.S. : Hearings before the Committee on Indian Affairs*, pt. 37, 75th Cong., 2nd sess., 17 June 1937, 20916, 21009-10.

(60) Congress, Senate, Conditions Affecting Navajo Indians, 75th Cong., 3rd sess., *Congres-*

*sional Record* 83, pt. 1 (21 January 1938) : 870–71 ; George A. Boyce, *When Navajos Had Too Many Sheep : the 1940's* (San Francisco : Indian Historian Press, 1974), 109–10.

(61) Collier, *Zenith*, 270 ; Boyce, *Too Many Sheep*, 109.

(62) Flora Warren Seymore, "Thunder Over the Southwest," *Saturday Evening Post*, 1 April 1939, 72.

(63) Boyce, *Too Many Sheep*, 115, 144–45.

(64) Alison R. Bernstain, *American Indians and World War II : Toward a New Era in Indian Affairs* (Norman : University of Oklahoma Press, 1991), 38.

(65) Ibid.

(66) たしかに，多くの先住社会において，退役軍人が政治的な発言力を増し，部族評議会議員に選出される傾向がみられた。しかし，この現象を尚武の気風のみに帰することはできない。本書でみたように，主流文化に精通していること（たとえば，英語力や諸制度・法律に関する専門知識の有無）が，先住社会内で自己の政治的・経済的影響力を高める要因だったからである。文化的要因のみを強調することは，本質主義的議論に陥りやすいことに注意すべきであろう。ナヴァホ・プエブロ両社会における退役軍人の地位については，以下の論文を参照。John Adair, "The Navajo and Pueblo Veteran : A Force for Culture Change," *The American Indian* IV, no. 1 (1947) : 5–11.

(67) Broderick H. Johnson, ed., *Navajos and World War II* (Tsaile, Ariz. : Navajo Community College Press, 1977), 13, 61.

(68) Johnston, "An Analysis of Sources," 50.

(69) Johnson, ed., *Navajos and World War II*, 66.

(70) Bernstain, *Indians and WWII*, 34. 第一次世界大戦時と同様，第二次世界大戦中には先住民の言語をベースにした暗号が開発された。第二次世界大戦時には，敵国ドイツの人類学者によって研究されていないなどの理由で，ナヴァホ語に基づいた暗号が開発された。結局，太平洋戦線においては，各大隊に1人ずつ配属された合計350人のナヴァホの暗号士（コード・トーカー）が軍事機密の交信に従事したといわれている。Johnson, ed., *Navajos and World War II*, 54–55 ; Department of the Interior, Office of Indian Affairs, *Indians in the War* (Lawrence : Haskell Printing Department, 1945), 25.

(71) このような事態に対処すべく，1946年4月には，保留地内の数カ所において学校教育や保健に関する公開討論会が開催された。Young, comp. and ed., *Navajo Yearbook*, 1–2.

(72) Congress, Senate, Committee on Indian Affairs, *Navajo Indian Education : Hearing before the Committee on Indian Affairs*, 79th Cong., 2nd sess., 14 May 1946, 2–3, 12–13, 17.

(73) Congress, House, Committee on Indian Affairs, *Investigate Indian Affairs : Hearings before the Committee on Indian Affiars*, pt. 3, 78th Cong., 2nd sess., 14 November 1944, 864–65, 872, 874–76, 879–10.

(74) White, *Dependency*, 309.
(75) Ibid., 168, 172.

## 終　章

(1) フェルナン・ブローデル（松本雅弘訳）『文明の文法II――世界史講義』（みすず書房，1996年），167頁。
(2) "Cherokee Nation v. Georgia. 1831," in Prucha, ed., *Documents*, 57-58.
(3) Wilkinson, "Indian Tribes," 110.
(4) Houghton, "Legal Status," 519.
(5) "Cherokee Nation v. Georgia. 1831," in Prucha, ed., *Documents*, 57-58.
(6) 広義の意味の「移民」には，後天的に国籍を取得した者も含まれる。近藤敦「人権・市民権・国籍」近藤編『外国人の法的地位と人権擁護』，14, 15頁。ただし，アメリカ合衆国の1924年移民法では，「移民」は「アメリカ合衆国外の地域を離れ，最終入国地を合衆国とする外国人」と定義されている。木下尚一・有賀貞他編『史料が語るアメリカ』（有斐閣，1989年），168頁。
(7)「段階的な市民権」や図終-4（本章の目的にあわせて一部改変した）については，近藤敦編同上書，29頁。
(8) 貴堂嘉之「〈アメリカ人〉の境界と『帰化不能外国人』」油井大三郎・遠藤泰生編『浸透するアメリカ　拒まれるアメリカ』（東京大学出版会，2003年），66頁。
(9) 9 Stat., 922, 930.
(10) 田中他編『英米法辞典』，575頁。
(11)「カリフォルニア先住民」というカテゴリーは，当該地域の先住民の多様性を反映しておらず，あまりにも曖昧であるとの謗りは免れないであろう。けれども，ここでは，「インディアン」という法的概念の恣意性・政治性を示す具体例として，そしてプエブロとの対比という視点を提供する事例として，カリフォルニアの先住社会のケースに言及する。
(12) Chauncey Shafter Goodrich, "The Legal Status of the California Indian," *California Law Review* 14, no. 3 : 163.
(13) Ibid., 164-66, 173.
(14) Ibid., 162. 原典の書簡名は，"Letter of Hon. John H. Edwards, Assistant Secretary of the Interior, dated March 31, 1925, addressed to a representative of the California State Federation of Women's Clubs" である。
(15) Prucha, ed., *Documents*, 166.
(16) また，第二の理由として，国政の場での各州（準州）のもつ政治力の相違が挙げられる。1850年代の連邦議会においては，西部の準州で奴隷制を認めるか否かをめぐって政党内で激論がかわされており，政党の分裂と再編が行われつつあった。そしてカリフォルニア州選出の上院議員は，当時としては唯一の西部選出議員として，いわば新入りではあったものの，勢力均衡を保つ上で重要な位置を占めるようになった。こうした状況のなかで，カリフォルニア州内の先住民に対する連邦政府による政策は，

地元の意向と利害関係を如実に反映することになったのである。

(17) Berkhofer, "Cultural Pluralism," 36.

(18) Goodrich, "Legal Status," 180.

(19) Prucha, ed., *Documents*, 172. 個別土地割当法が実施された地域では，一定期間（1887年法では25年間），割当地は非課税とされた。その根拠としては，居住者が「無能力者」（incompetent：行為能力責任能力が欠けている者）であるとの表現が用いられることが多かった。

(20) カリフォルニア州法については，Goodrich, "Legal Status," 171を参照。兵役の義務はないものの，第一次世界大戦時には，多くの先住民の志願兵が存在していたことは，広く知られている。

(21) Ibid., 173.

(22) Ibid., 179–80. 1924年法以前にも，たとえば1887年の個別土地割当法の施行などに伴い，先住民に選挙権を付与していた州は少なくない。しかしその場合でも，通常，割当地は一定期間（たとえば25年間）は非課税との規定がある。

(23) Ibid., 172–73.

(24) この「財産を譲渡する権利」は，「財産権」のひとつとして，「十全なる市民」に認められた個人的権利のなかでも最も重要視されてきた権利である。すでにみたように，準州レベルで主流となっていた，ある先住民集団が「市民」であるとの判決の背景には，この「財産権」への利害関心があった。1913年の最高裁判決まで，プエブロはニューメキシコ準州裁判所において「財産を譲渡する権利」（the right to alienate their property）を有するとされていた事例は，その典型である。Congress, House, Committee on Indian Affiars, "Pueblo Indians," *House Report* 1730, 67th Cong., 4th sess., 27 February 1923, 5.

(25) Frederick E. Hoxie, "The Curious Story of Reformers and American Indians," Alfonso Ortiz, "Indian/White Relations: A View from the Other Side of the 'Frontier,'" in *Indians and American History*, ed. Hoxie and Iverson, 6–8, 180. オーティスは，「明白なる天命」を掲げた西部開拓の後も先住社会が各地に存在している事実から，先住民側の適応力や戦略を説明するために新しい分析概念が必要であると指摘している。

(26) Matt Mygatt, "Quiet 50th Anniversary of N.M. Indian Voting Rights," *Albuquerque Journal*, 26 April 1998, B6.

(27) 田中編『英米法辞典』より引用。

(28) 大平原地域の都市在住の先住民を中心としたアメリカン・インディアン・ムーヴメント（1968年創設のAmerican Indian Movement，以下，AIMと略記）の創設者デニス・バンクスは，自らが率いるAIMが掲げる要求について，「公民権」ではなく「条約権」と総称される「インディアンの集団的権利」であると主張している。そして，ローズバッド・ラコタ族出身の公民権運動家ロバート・バーネット（Robert Burnett）との政治的立場の違いについて，こう述べている。

　　私はロバートを尊敬していた。彼は長年にわたる公民権運動の活動家だった。しかし「公民権」の思想をめぐって，私と彼とは根本的に異なる立場をとった。

「公民権」とは現存する立法・政治制度を改善する努力を通してインディアンも白人並みの公民権を獲得しようという概念だ。しかし私は「条約権」の立場に立った。この立場はアメリカ合衆国とインディアン国（ネイション）との間に交わされた何千，何百もの条約（この条約のほとんどを一方的に合衆国が破った）の履行を主張し，インディアン国を再興するということだ。インディアンの自治権，自然権，すなわち漁業，狩猟，聖なる山・川・海で儀式をあげる権利。AIM の最終目標は「条約権」の獲得にあり，「公民権」ではなかった。（森田ゆり『聖なる魂——現代アメリカインディアン指導者デニス・バンクスは語る』朝日新聞社，1989 年，148 頁）

バンクスのいう「条約権」や「自治権」の内実については，バンクスの著書のなかでは必ずしも明確ではない。とはいえ，バンクスの主張は，合衆国の法理の枠内での「インディアン」としての権利要求というよりもむしろ，国際法に基づく「アボリジナル・ライツ」（先住権）に近く，国民国家の枠組みを超えたより広汎な権利要求であると捉えるべきであろう。ただしここでは，「先住インディアン」としての権利要求は，「公民権」概念に基づく「市民」としての権利要求とは別個のものであるとのバンクスの主張に注目したい。なぜなら，両者の違いを認識することが，「インディアン」と「市民」という二つの法的概念が並存していた南西部の歴史的状況を分析するうえでは，重要なポイントとなるからである。

ちなみに，AIM は，大平原地域の主に都市在住の先住民を会員とした政治団体である。警察権力の濫用や差別的な歴史教科書の使用をめぐって，世論の喚起にとどまらず法廷闘争にも積極的に関与していった。けれども，ロビー活動やデモに加えて暴力的手段の行使も辞さなかったため，次第に支持者は離反していった。1973 年のサウスダコタ州パインリッジ占拠（第二次ウンデッド・ニー事件）以後は，事実上活動を停止した。そして後に，バンクスは暴行容疑で逮捕された。南西部では，主に保留地外に居住している若年層には AIM に共感をもつ者が少なくなかったものの，一般的に「過激な」AIM に対しては批判的な見解が多かった。

(29) 小熊英二『〈日本人〉の境界——沖縄・アイヌ・台湾・朝鮮　植民地支配から復帰運動まで』（新曜社，1998 年），638 頁。

(30) ヒーター『市民権とは何か』，193 頁。

(31) Taylor, *New Deal*, xi–xii, chap. 6.

(32) キムリッカ『多文化時代の市民権』，35 頁。詳細は第 5 章参照。

(33) ホレス・カレン（Horace M. Kallen）は，ジョン・コリアの政策上の理念や具体的な諸施策についてこう述べている。「インディアンとして恐れや蔑みや懲罰を受けずに尊厳を保ち生きる権利や，われわれの多元主義的な連邦の市民として文化や肌の色にかかわらず同等な権利と義務を有するインディアンとして自由に生きる権利」が保障されなければ，「『インディアン』であることをやめる権利という選択肢は意味がないという考えは，コリアや彼の友人コーエンらによって共有されていた」。コリアの改革運動や先住民政策の理念を思想史的文脈に位置づける作業は，重要な課題のひとつであろう。Horace M. Kallen, “On ‘Americanizing’ the American Indian,” *Social*

*Research : An International Quarterly of Political and Social Science* 25, no. 4 (1958) : 472.

(34) Philp, ed., *Self-Rule*, 69.

(35) Ibid., pt. 1.

(36) Derolia, ed., *The IRA*, xvi, chap. 3, chap. 9.

(37) Adams, *Shonto*, 66–67.

(38) チャプター制度は，ナヴァホ保留地の 6 つの管区のうちのひとつであるルップ管区を所管していたジョン・ハンター（John Hunter）監督官のアイディアだったといわれている。Aberle, *Peyote*, 43–43 ; Eck, *Navajo Affairs*, chap. 2.

(39) ブローデル『文明の文法II』，167 頁。

(40) 1924 年の市民権《シティズンシップ》付与後には，「インディアン」であっても，人身の自由，表現の自由，信教の自由といった個人的権利を有するとの観点から，内務長官の裁量権の濫用が問題視されるようになったのは，すでにみたとおりである。このような観点からみれば，「インディアン」への市民権《シティズンシップ》付与は，前述のような矛盾を孕みながらも，個人の自由のために必要な諸権利への再考を促したという意義はあったといえるだろう。

(41) Collier, *Zenieth*, 203. コリアはこの回想録のなかで次のように述べている。「当時，首都ワシントンのインディアン局には，インディアン・ニューディールから学び，『発展途上の』地域における自治政府と経済政策について情報交換するために，世界の各地域から多くの研究者や指導者が訪れました。外国からの訪問者はいつも決まってこう質問したのです。『この政策は同化政策ですか。あるいは土着文化の保護を目的としたものですか』。私はいつもこう答えました。『その両方です』」(Ibid., 199)。

(42) キムリッカ『多文化時代の市民権』，113 頁。

(43) ラフロック校については以下の拙稿を参照。Yumiko Mizuno, "*Dinê bi Olta* or School of the Navajos : Educational Experiments at Rough Rock Demonstration School, 1966–1970," *The Japanese Journal of American Studies* 9 (1998) : 143–69.

(44) Mizuno, "School of the Navajos," 159.「条約上の権利」(treaty rights) という用語は，様々な文脈で使用されるものの，その性格と具体的内容についての共通了解があるわけではない。たとえば，1923 年にワーク内務長官は，インディアン業務の分権化について，インディアン局の業務を「条約上の権利や土地権（land titles）の執行」に限定すべきであると述べていた。前後の文脈から判断すれば，ここでいう「条約上の権利」とは，「インディアン条約」に明記された，当該先住民集団に付与された諸権利（連邦政府の義務）というほどの意味であろう。Goodrich, "Legal Status," 182–83.

(45) ヒーターは，「受給資格（エンタイトルメント）」と「サービス提供（プロヴィジョン）」との差異に注意を促し，「受給資格とは市民が理論上所有すべき諸権利をさす。しかし供給は，実際上市民が所有することを許可された諸権利をさす。もらえるものとあたえられたものの間の違いである」と指摘している（ヒーター『市民権とは何か』，38 頁）。

(46)「シチズン・プラス」概念については，以下の文献を参照のこと。加藤普章「近代国民国家と先住民——異邦人と市民のあいだ」初瀬龍平編『エスニシティと多文化主

義』(同文舘，1997年)，252頁。ただし筆者は，「シチズン・プラス」とは「市民であることと異邦人であることが可能であり，その選択は先住民にゆだねるべき」という加藤の解釈には与しない。「異邦人」という曖昧な概念ではこの主張の真意は説明できないからである。「市民」であって，なおかつ先住民としての（市民には認められていない）権利も保障されるのでなければ，単なる無権利状態に陥る危険性があることは，すでにみたとおりである。

(47) なかでも次世代の育成方法にかかわる学校教育の分野では，従来の温情主義的な施策や外部の専門家から与えられた「あるべき姿」への批判が高まり，保護者や地域社会が率先して学校運営に参加する動きがみられるようになった。また第5章でみたように，美術教育の分野において従来の「インディアン・アート」観への批判が高まったのも，一連の「当事者性」回復の動きと連動したものであった。「当事者主権」については，以下の文献を参照のこと。中西正司・上野千鶴子『当事者主権』(岩波新書，2003年)。中西と上野は，「当事者主権は，何よりも人格の尊厳に基づいている。主権とは自分の身体と精神に対する誰からも侵されない自己統治権，すなわち自己決定権をさす」と述べている（3頁)。連邦政府の温情主義に対抗して，自己統治権・自決権を要求していった1960年代の運動も，当事者主権の要求とみなすことができる。